JN302887

特別支援教育の学習指導案と授業研究

子どもたちが学ぶ楽しさを
味わえる授業づくり

目　次

本書の目的と内容 ……………………………………………………………………… 6

第1章　特別支援教育における授業づくり
　第1節　授業づくりで大切なこと ………………………………………………… 10
　第2節　授業づくりの手順とは …………………………………………………… 14

第2章　授業のデザイン～学習指導案のポイントと書き方～
　第1節　学習指導案とは何か ……………………………………………………… 20
　第2節　学習指導案で書く内容 …………………………………………………… 21
　第3節　学習指導細案の作成 ……………………………………………………… 25
　　1　学習指導細案を書く際のポイント ………………………………………… 25
　　2　学習指導細案のワンステップアップのために …………………………… 30
　第4節　学習指導案の実際 ………………………………………………………… 35
　　1　国語科 ………………………………………………………………………… 35
　　　(1)　基本的な考え方　35
　　　(2)　学習指導案　中学部：「おとをきこう，わけよう」　37
　　　(3)　学習指導案　高等部：「討論会をしよう」　42
　　2　算数・数学科 ………………………………………………………………… 47
　　　(1)　基本的な考え方　47
　　　(2)　学習指導案　小学部：「かずしらべをしよう」　49
　　　(3)　学習指導案　高等部：「比例」　54
　　3　音楽科 ………………………………………………………………………… 59
　　　(1)　基本的な考え方　59
　　　(2)　学習指導案　高等部：「リズムを楽しもう」　61
　　4　図画工作・美術科 …………………………………………………………… 66
　　　(1)　基本的な考え方　66
　　　(2)　学習指導案　小学部：「ねんどであそぼう」　68
　　　(3)　学習指導案　高等部：「版画で表そう」　73
　　5　体育・保健体育科 …………………………………………………………… 78
　　　(1)　基本的な考え方　78
　　　(2)　学習指導案　中学部：「風船バレーボールをしよう」　80
　　　(3)　学習指導案　中学部：「健康な身体」　85
　　6　職業・家庭科，職業科，家庭科 …………………………………………… 90
　　　(1)　基本的な考え方　90
　　　(2)　学習指導案　高等部：「アイロン掛けをしよう」　92

        7　総合的な学習の時間 ──────────────────────────── 97
            (1)　基本的な考え方　97
            (2)　学習指導案　高等部：「将来の自分」　99
        8　日常生活の指導 ────────────────────────────── 106
            (1)　基本的な考え方　106
            (2)　学習指導案　小学部：「朝の会」　108
        9　遊びの指導 ──────────────────────────────── 113
            (1)　基本的な考え方　113
            (2)　学習指導案　小学部：「ウォーターランドであそぼう」　115
        10　生活単元学習 ────────────────────────────── 120
            (1)　基本的な考え方　120
            (2)　学習指導案　中学部：「なかまの家に泊まろう」　122
        11　作業学習 ───────────────────────────────── 127
            (1)　基本的な考え方　127
            (2)　学習指導案　中学部：「皿やスプーンを作ろう」　129
            (3)　学習指導案　高等部：「養護商会で働こう」　134
        12　特別活動 ───────────────────────────────── 139
            (1)　基本的な考え方　139
            (2)　学習指導案　小学部：「○○小学校の友達となかよくなろう」　141
        13　自立活動 ───────────────────────────────── 146
            (1)　基本的な考え方　146
            (2)　学習指導案　小学部：「みんなであそぶためには？」　148
    第5節　学習指導略案の作成 ─────────────────────────── 153
        1　学習指導略案を書く際のポイント ─────────────────────── 153
            (1)　略案を書くことの意義　153
            (2)　指導案例（略案）　154
        2　学習指導略案の実際 ──────────────────────────── 155
            (1)　国語科学習指導略案　　　　小学部：「ひらがなをよもう，かこう」　155
            (2)　算数・数学科学習指導略案　高等部：「速さを計算しよう」　156
            (3)　音楽科学習指導略案　　　　中学部：「箏に親しもう」　157
            (4)　保健体育科学習指導略案　　高等部：「みんなで走ろう」　158
            (5)　生活単元学習指導略案　　　小学部：「なかまのいえにとまろう」　159
            (6)　作業学習（窯業）指導略案　中学部：「皿を作ろう」　160

第3章　授業づくりの実際～次の授業につながる授業研究，授業改善のプロセス～
    第1節　授業研究 ────────────────────────────────── 164
        1　授業研究とは何か ───────────────────────────── 164
            (1)　授業研究とは　164

(2)　充実した授業研究にするために　164
　2　授業後の授業研究の具体的方法 ———————————————————— 165
　　(1)　授業研究会のポイント　165
　　(2)　授業研究会の進行役の役割　168
　　(3)　授業研究会の具体的な進め方　168
第2節　次の授業につながるために～授業改善のプロセス～ ———————————— 170
　1　授業改善の必要性 ———————————————————————————— 170
　2　各教科等における授業改善の実際 ———————————————————— 171
　　(1)　国語科における実践　　　　　小学部:「ひらがなをよもう，かこう」 172
　　(2)　算数・数学科における実践　　高等部:「速さの計算をしよう」 177
　　(3)　音楽科における実践　　　　　中学部:「箏に親しもう」 182
　　(4)　保健体育科における実践　　　高等部:「みんなで走ろう」 187
　　(5)　生活単元学習における実践　　小学部:「なかまのいえにとまろう」 192
　　(6)　作業学習における実践　　　　中学部:「皿を作ろう」 197

おわりに

執筆者一覧

ブラッシュアップのための "11"

ブラッシュアップ1	特別支援教育における教育課程とは	17
ブラッシュアップ2	個別の教育支援計画と個別の指導計画の関係とは	18
ブラッシュアップ3	「題材」か「単元」か	23
ブラッシュアップ4	「○○科の指導」と「○○科の時間における指導」	24
ブラッシュアップ5	「できる」ことと「する」こと	32
ブラッシュアップ6	子どもを理解する（実態把握）	33
ブラッシュアップ7	実態を把握する方法（知能検査と発達検査）	34
ブラッシュアップ8	評価の考え方	104
ブラッシュアップ9	授業環境の設定	105
ブラッシュアップ10	授業の振り返りを大切に（授業の記録）	161
ブラッシュアップ11	授業と生活の接続を	162

本書の目的と内容

本書は特別支援教育の次の疑問にこたえます！

- 特別支援教育の学習指導案はどう書くの？
- 特別支援教育の授業研究はどうやって行うの？
- 特別支援教育の授業をする上で参考になるヒントはないかな？

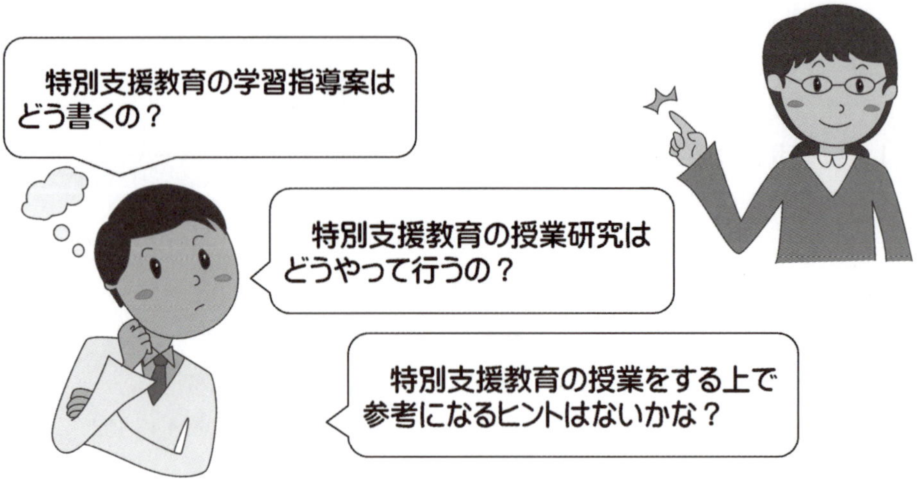

1　本書の目的

「子どもたちが学ぶ楽しさを味わい，生き生きと活動する授業をしたい。」これは，いつの時代も教師誰しもがもっている願いである。この願いが子どもに届く授業を展開するには，目標設定や指導計画の作成などを授業の設計段階で十分に検討し，授業実施後には，目標の達成度や教材・教具の有効性などについて丁寧な振り返りを行うことが重要である。

本校は，創設以来30年以上，教育実習校・研究校として障害のある子どもの授業づくりについて実践的研究を積み重ねてきた。その中で，子どもの豊かな学びをはぐくむためには，授業設計としての学習指導案を充実し，授業後の効果的な授業研究の実施が必要不可欠であることを実証してきた。

そこで本書では，特別支援教育の学習指導案はどのように書くのか，授業研究はどのようにして行うのかなどについて，様々な授業例を挙げながら分かりやすく紹介する。

教職を目指している学生，新しく特別支援教育に携わる教師，特別支援学校，特別支援学級，通級による指導等で直接授業を担当している教師，通常の学級で支援を必要とする子どもを担当している教師，さらには障害のある子どもの関係者等の研究や授業実践の参考にしていただければ幸いである。

2　本書の内容

本書は，特別支援教育の授業づくりのすべての過程が分かるように，その考え方から授業を設計，実施，評価，改善する方法までを具体的に記述した。

第1章では，特別支援教育の授業づくりで大切にしたいことや，授業と個別の指導計画の関連など，授業

づくりの基本的な考え方について述べた。

第2章では，授業の設計段階に焦点を当て，学習指導案の具体的な書き方を各教科等や領域・教科を合わせた指導ごとに記した。

第3章では，授業実施後に焦点を当て，授業を振り返り次の授業に向けて改善する授業研究の考え方や具体的方法について述べた。

第4章では，実践した様々な授業を教材・教具や授業場面などの写真を用いながら紹介し，授業を設計し改善していく過程や子どもの変容を中心的に述べた。

こんなことが分かります。参考になります。

(1) 特別支援教育の学習指導案の考え方，書き方が分かる。
(2) 特別支援教育の授業研究の考え方，方法が分かる。
(3) 特別支援学校の授業の実際や，授業を改善する方法が分かる。
(4) 教育実習や初任者研修，経験者研修で学習指導案を書く際の参考になる。
(5) 校内研修会等で授業研究会を行う際の参考になる。

3　本書の使い方

授業の考え方
・授業づくりの考え方を知りたい！
・授業づくりの考え方を更に深めたい！
→ 第1章「特別支援教育における授業づくり」へ

学習指導案
・学習指導案の書き方を知りたい！
・学習指導案を書く際の参考がほしい！
→ 第2章「授業のデザイン〜学習指導案のポイントと書き方〜」へ

授業研究
・授業研究の方法を知りたい！
・授業研究会を充実させたい！
→ 第3章第1節「授業研究」へ

授業実践
・授業のヒントを得たい！
・授業を改善する方法を知りたい！
→ 第3章第2節「次の授業につながるために〜授業改善のプロセス〜」へ

『ブラッシュアップ』【1〜11】

本書には，専門性を更に高めてもらうために，コラム欄を設け，特別支援教育のキーワードに関する解説を加えてある。

指導者の更なるブラッシュアップの参考にしていただきたい。

第1章

特別支援教育における授業づくり

第1節
授業づくりで大切なこと

1　授業づくりに取り組む前に

　授業は，様々な要素から構成されている。田中（2007）は，それらがないと成立しないという要素（全体性），一貫したまとまりを保証する要素（整合性），問題の所在を確定し改善の方途を探ることのできる要素（実践性）の三つの条件を手掛かりに，「教育目標」，「教材・教具」，「教授行為・学習形態」，「教育評価」の四つの要素の重要性を指摘している。さらに田中は，この4要素を授業づくりに自覚的に適用することによって自分の授業の改善や「よい授業」の合理的な創造を進めることができると述べている。これから自らが取り組む授業がどのような要素や構造によって構成されているのかを考え，それらに関する情報を収集・吟味しながら授業づくりに取り組むことと，ただ明日の授業をとりあえず行うための授業づくりとでは，地図を手にして自らの位置を確認した上で，目の前の周囲の状況を見ながら進む方向を考えて行う旅と，目に入る周囲の状況のみを見ながらこれからを考える旅との差異があるであろう。どちらの立場で旅を続けたいかは，一目瞭然である。

　地図を持っての旅にしても，地図上の情報が具体的で詳細であることは，旅の計画を作る上でも大きな助けとなる。この視点からすると先の4要素は，加筆・修正の余地があると考えられる。筆者は，授業を「授業の構成要素」と「授業の基礎構造」から成り立っていると考えており，それを図式化すると図1－1のように整理することができる。

　古川（1999）は，組織の構造を分析する際に，「目に見える（ハード）―目に見えない（ソフト）」といった視点を導入しており，そこから組織の改革の手掛かりを提案している。この「目に見える（ハード）―目に見えない（ソフト）」の視点は，私たちが，自分の授業を設計し，分析・評価を行っていく上でも有用であると筆者は考えている。したがって，図1－1の「授業の構成要素」と「授業の基礎構造」のそれぞれも，この視点を導入することで，整理を行った。なお，この整理における「ハード構造」と「ソフト構造」の定義は，それぞれ「一般的に図や文章として記録されたり可視化されたりすることによって確認可能なもの及び物理的に存在するもの」，「時間的，空間的に正確な再現が困難な授業における活動や価値観，指向性，集団内での暗黙のルールといった教師や構成員の認識や知識，思考が関与しているもの」とした。田中の示した4要素のうち「教育目標」，「教材・教具」，「教育評価」は，「授業の構成要素」のハード構造の中に含まれ，「教授行為・学習形態」は，それらが指導案などに明記されるとハード構造となり，実際の授業においてはソフト構造を構成する中身となると整理することができる。実際の授業づくりの手順については本章の次の節に詳しいので，ここでは，図1－1をもとに，授業づくりにおける「授業の構成要素」と「授業の基礎構造」を意識することの重要性について考えてみたい。

2　「授業の構成要素」のハード構造の核となる学習指導案

　実際に実施する授業の計画を立てる段階で重要となるのは，学習指導要領や個々の子どもの

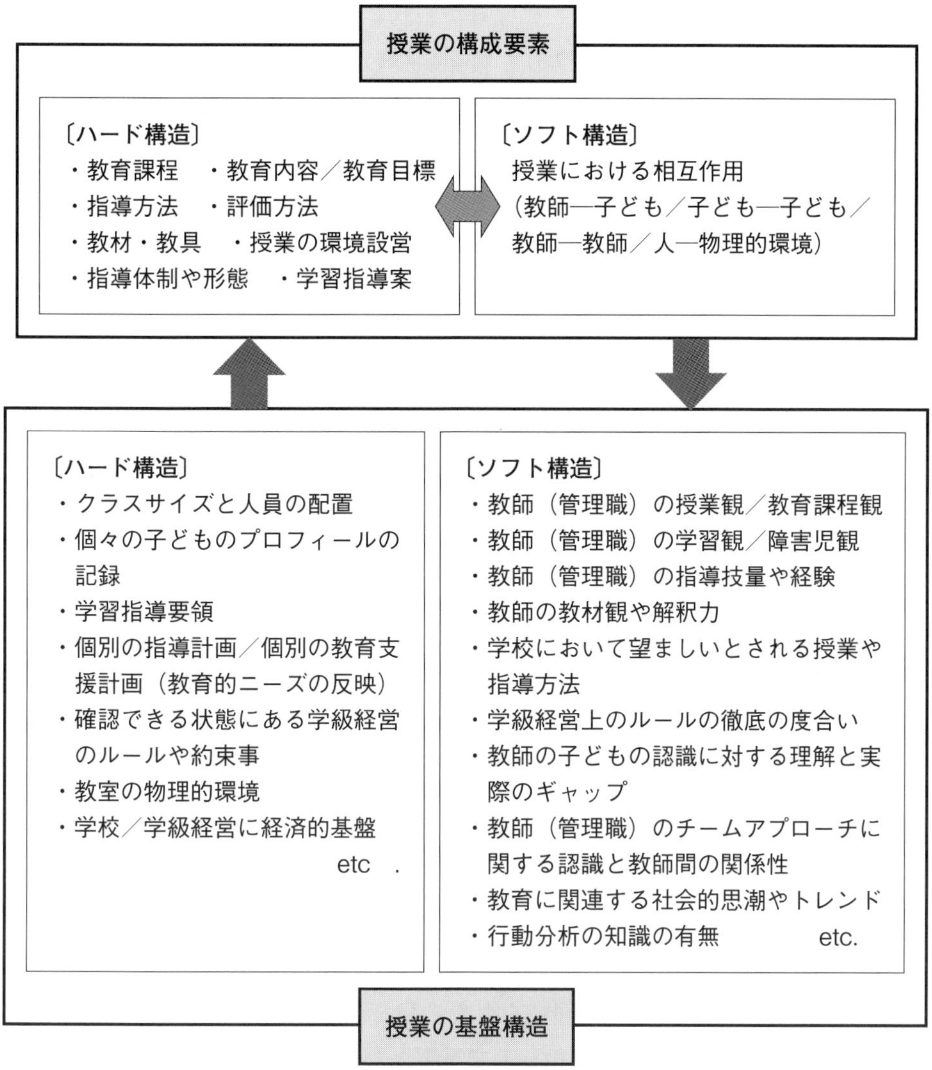

```
┌─────────────────────────────────────────────────────┐
│                 授業の構成要素                        │
│  ┌──────────────────────┐ ┌──────────────────────┐  │
│  │〔ハード構造〕          │ │〔ソフト構造〕          │  │
│  │・教育課程 ・教育内容／教育目標│ │授業における相互作用    │  │
│  │・指導方法 ・評価方法   │ │（教師―子ども／子ども―子ども／│  │
│  │・教材・教具 ・授業の環境設営│ │教師―教師／人―物理的環境）│  │
│  │・指導体制や形態 ・学習指導案│ │                      │  │
│  └──────────────────────┘ └──────────────────────┘  │
└─────────────────────────────────────────────────────┘
```

（図：上下の枠が矢印で相互に結ばれている）

```
┌─────────────────────────────────────────────────────┐
│  ┌──────────────────────┐ ┌──────────────────────┐  │
│  │〔ハード構造〕          │ │〔ソフト構造〕          │  │
│  │・クラスサイズと人員の配置│ │・教師（管理職）の授業観／教育課程観│
│  │・個々の子どものプロフィールの│ │・教師（管理職）の学習観／障害児観│
│  │　記録                │ │・教師（管理職）の指導技量や経験│
│  │・学習指導要領         │ │・教師の教材観や解釈力  │  │
│  │・個別の指導計画／個別の教育支│ │・学校において望ましいとされる授業や│
│  │　援計画（教育的ニーズの反映）│ │　指導方法            │  │
│  │・確認できる状態にある学級経営│ │・学級経営上のルールの徹底の度合い│
│  │　のルールや約束事     │ │・教師の子どもの認識に対する理解と実│
│  │・教室の物理的環境     │ │　際のギャップ        │  │
│  │・学校／学級経営に経済的基盤│ │・教師（管理職）のチームアプローチに│
│  │                 etc. │ │　関する認識と教師間の関係性│  │
│  │                      │ │・教育に関連する社会的思潮やトレンド│
│  │                      │ │・行動分析の知識の有無  etc.│  │
│  └──────────────────────┘ └──────────────────────┘  │
│                 授業の基盤構造                        │
└─────────────────────────────────────────────────────┘
```

図1-1　特別支援教育における授業の構成要素とそれを支える基盤構造

実態をもとに作成された教育課程とそれに基づく日々の授業の教育目標や教育内容の選定であろう。また，この教育目標や教育内容を達成するための教材・教具の選定と指導方法の選択が，実際の授業の活動や教室内の相互作用（ソフト構造）を規定する大きな要因となる。一般的に授業づくりとは，このような過程を踏んで行われていく。このように考えてくると「授業の構成要素」のハード構造は，そのソフト構造に大きく影響を与えていくことが分かる。また，授業中，授業後の評価は，次時の授業改善の大きな情報元となり，「授業の構成要素」のハード構造に大きな変化をもたらしうるものとなる。つまり，「授業の構成要素」のハード構造とソフト構造は互いに影響を及ぼし合いながら，授業改善のサイクル（PDCAサイクル）を構成しうるものである。しかし，このサイクルを動かす仕掛けは，ハード構造内の評価方法の設定にある。この設定がより具体的であればあるほど，このサイクルの循環を推し進めていくことになる。つまり評価方法の具体性が授業改善の鍵となり，この評価方法の明文化が必要となってくる。

　この明文化を可能とするハード構造は，「学習指導案」である。これまで，学習指導案の作

成は，授業づくりに欠かせないものとして取り扱われてきており，教育課程上の位置付け，教育目標や教育内容，教材・教具，指導方法，授業環境の設営，本時の授業計画などがその中に記されてきた。この中に評価方法に関する具体的な記述を行うことで，学習指導案自体が，授業改善の大きなツールとしての役割を果たすことになる。また，この中に，授業における相互作用を行う上での教師側の基本的な原則やスタンス，方法などに関する情報を載せることができれば，授業の流れの記述に加え，より効果的な授業における学習活動の推進に寄与できると筆者は考えている。

3　授業における相互作用の分析：教授学習過程モデルと行動分析の意義

　通常の小・中学校の授業研究で頻繁に用いられたものに教授学習過程のモデルがある。図1-2はその模式図である。教師は設定された教育目標や内容を解釈するといった①情報処理を行い，②情報提示する。子どもは，その教師からの情報を③受容し，それを④情報処理し，⑤反応を出す。教師はその子どもからの反応を⑥診断・情報受容し，⑦評価する。この評価をもとに子どもの反応へのフィードバックを返すことになる⑧KR（knowledge of result）情報の提示を行うといったモデルである。このモデルは，教師が教えようとする学習内容（教科内容）を子どもの反応に対するフィードバックを行いながら確認，定着させていく場合は，非常に汎用性の高いモデルであるといえる。

　しかしながら，実際の授業場面では，教師が意図した学習内容を子どもが学習するか否かといった部分のみで構成されるのではない。教師が意図していないこと（いわゆる授業場面での教師が不適切であると判断しがちな行動など）も子どもは授業場面において学習している。一般的に授業では，教師の選定した内容に関心が向けられるため，「指導目標の○○を学習したか否か。」の問いが提出されることが多いが，本来は「指導目標は○○であったが，子どもはこの授業で何を学習したか。」という問いを私たちは行うべきなのである。授業場面に子どもは何を学習しているかに関する分析を行う上で重要となるのが，行動分析の知見である。行動分析の詳細については，他書（肥後，2010など）に譲るが，授業を分析する視点として行動分析を導入することは，特別支援教育における授業分析のみならず，小・中学校等における授業分析の手法として，非常に有用であると思われる。

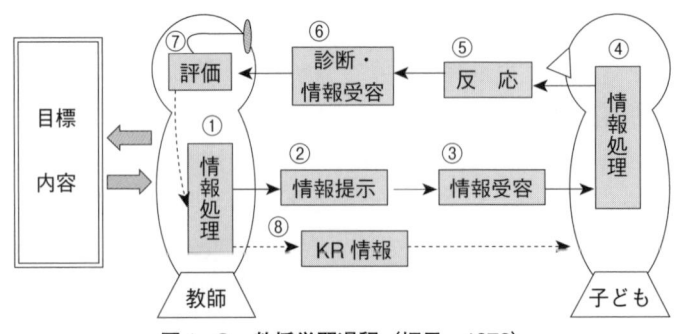

図1-2　教授学習過程（坂元，1976）

4　「授業の基盤構造」とその重要性

　実際の授業づくりの中では，意識されることは決して多くないが，無視することができない

のが「授業の基盤構造」である。授業の実施に際して，選択された教材・教具，授業中の学級の設営，あるいは指導体制や形態（担任一人かチームティーチングの採用かなど）もこの基盤構造のハード構造に影響を受けざるを得ない。つまり，実際の授業は，この基盤構造から大きな制約を受けていると考えてよい。

また，基盤構造のハード構造のみが，授業づくりに影響を与えているのではない。ソフト構造も非常に大きな役割を果たしている。図1-1の「授業の基盤構造」のソフト構造に挙げた内容に過不足がないかについては議論が必要であるが，ここに挙げた項目は，いずれも授業づくりを行う教師が意識的あるいは無意識的に影響を受けているものである。クラスに在籍する障害のある子どもの授業中の学習内容や課題は，担任自身の障害のある子どもの学習観や指導場面での成功経験の有無に大きく影響を受けると考えられ，ノーマライゼーションに強い価値を感じている教師と，そうでない教師とでは，授業における障害のある子どもの授業参加への工夫が異なることが予測される。さらに，チームアプローチにあまり価値を感じていない教師では，複数の教師が関わる授業において，話し合いを極力もたずに済むような，授業展開や授業構成を考えるであろう。また，行動分析の知識のある教師は，自分の対応が子どもの行動の習得に大きな影響を及ぼすことを知っているために，授業中の自らの対応を意図的に操作し，目標が達成されるように授業を行っていくであろう。このように考えてくると，「授業の基盤構造」のソフト構造に含まれる内容は，授業づくりやアイデア，求める到達点といった授業の背骨に当たる部分に大きな影響を与えるものであることが理解できよう。

このように，「授業の基盤構造」のハード構造，ソフト構造ともに「授業の構成要素」に重大な影響力をもっている。しかし，その一方で授業づくりを行い実践することにより，基盤構造のハード構造の問題点が明確になったり，授業の実際の経験が，ソフト構造の変更や強化に影響を及ぼしたりすることも考えられる。つまり，「授業の構成要素」と「授業の基盤構造」は，決して静的な構造をもったものではなく，相互に影響を及ぼし合いながら，常に進歩や後退といった変化を伴う動的なものであると考えられる。

5　特別支援教育の授業展開の多様性とそれを支える私たち

授業は，なかなか変わりづらいものであるとの考えをもつ方も少なくないであろう。しかし，図1-1に示したように理解することで，授業は変わりうるものであることは理解いただけたのではないだろうか。自分の授業をより一歩進めるためには，図1-1の様々な部分へのアプローチが重要であるといえる。しかしながら，各部分への取り組みやすさが，すべて同じであるとはいえない。例えば，クラスの定員や教員数の変更は，個人的には解決が難しいものであろう。一般的には，ハード構造よりもソフト構造のほうが変更しやすいかもしれない。このことは，授業者のもつ認識や価値観を変え，授業中の対応を変えていくことを意味する。このこと自体，決して容易ではないが，授業を改善するためにどのように自らが，授業づくりを行うかと考えたとき，取り組んでみる価値のあることであると，筆者は確信をしている。

（肥後祥治）

第2節
授業づくりの手順とは

　教師として子どもたちの前に立つとき，「子どもが分かる，変わる，そしてできる自信をもつ授業」を目指したい。
　では，どのような手順で進めていけば子どもたちが学ぶ楽しさを味わえる授業につながっていくのか，その授業づくりの手順を図1-3をもとに確認していきたい。

1　実態把握

　まずは，子どもの行動観察や発達検査等で興味・関心や特性などの実態をよく見極めることが重要である。保護者の願いとともに，現在から将来にわたっての未来予想図を思い描きたい。教育課程（カリキュラム）の編成や個別の教育支援計画等へと展開していく基礎となる。特別支援教育の授業づくりでは，最も大事にしたいところである。

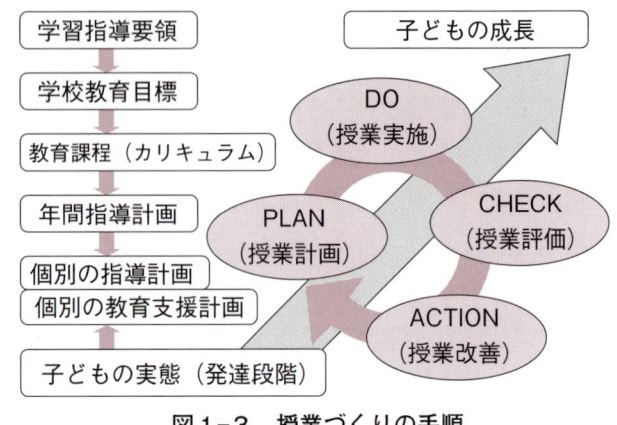

図1-3　授業づくりの手順

2　学習指導要領と教育課程の編成

　十分な実態把握の後，学習指導要領や学校教育目標等をもとに，各校の特色を生かした教育課程を編成し，指導の形態等の年間指導計画を作成することになる。
　学習指導要領は，全国のどの地域で教育を受けても，一定の水準の教育を受けられるようにするため，文部科学省が学校教育法等に基づき，各学校で教育課程を編成する際の基準を定めているものである。この学習指導要領では，小学校，中学校，高等学校ごとに，それぞれの教科等の目標や教育内容を定めている。各学校では，この学習指導要領や年間の標準授業時数等を踏まえ，地域や学校の実態に応じて，教育課程を編成することになる。
　教育課程とは，教育基本法や学校教育法をはじめとする教育課程に関する法令に従い，学校教育の目的や目標を達成するために，各教科，道徳，外国語活動，総合的な学習の時間，特別活動及び自立活動について，それらの目標やねらいを実現するような教育の内容を子どもの心身の発達に応じ，授業時数との関連において総合的に組織した学校の教育計画である。各学校では，それぞれの障害種や子どもの実態等を考慮しながら，独自の教育課程を編成していく。
　さて，特別支援学校では，幼稚園，小学校，中学校，高等学校に「準ずる教育」を行うとともに，障害による学習上又は生活上の困難を改善・克服するために，「自立活動」という特別の指導領域が設けられている。また，子どもの障害の状態等に応じた弾力的な教育課程が編成できるようになっている。さらに，知的障害者を教育する特別支援学校については，知的障害の特徴や学習上の特性などを踏まえた独自の教科及びその目標や内容が示されている。

また，小・中学校の特別支援学級においては，学校教育法施行規則において「特別の教育課程によることができる。」としている。この場合，小・中学校の目的及び目標を達成することを前提とするが，学級の実態や障害の程度等を考慮の上，特別支援学校小学部・中学部学習指導要領を参考とし，自立活動を取り入れたり，下学年代替や教科等を合わせた指導を行ったりすることができる。

　小・中学校における通級による指導についても同様に，自立活動の内容を取り入れるなどの学習活動を行うことができる。さらに，各教科の内容を補充するための指導を一定時間内において行うことができるようになっている。

　なお，教育課程の編成や年間指導計画等の作成に当たっては，これらのことを踏まえながら，学習指導要領はもちろんのこと，学習指導要領解説や教科書解説（国語，算数・数学，音楽）等を十分確認しておくことが重要である。

3　個別の教育支援計画と個別の指導計画等の作成

　各学校，学部，学級においては，子どもの実態や関係機関との連携，教育課程，年間指導計画などとの整合性を図りながら，個別の教育支援計画や個別の指導計画を作成する。

　個別の教育支援計画は，子どもを中心に他機関との連携を図るための長期的な視点に立った計画である。一人一人の子どもについて，乳幼児期から学校卒業後までの一貫した長期的な計画を学校が中心となって作成する。作成に当たっては関係機関との連携が必要であり，保護者の意見等も十分反映されていることが不可欠である。

　また，個別の指導計画は，具体的な指導を行うためのきめ細かい計画である。子ども一人一人の教育的ニーズに対応して，指導目標や指導内容・方法を盛り込んだ指導計画として充実させたい。その意義として，以下の4点が挙げられる。

> ①　ある一定期間の指導を個の視点から評価，改善，検討することができる。
> ②　最適な学習活動を明確にすることができる。
> ③　一人一人に合った指導の工夫・改善が取り組みやすい。
> ④　子どもを中心にして，保護者と教師が連携して取り組むことができる。

　個別の指導計画の内容は，子どもの実態把握，目標の設定，指導計画の作成，指導の実際，評価・改善といったPDCAサイクルの中で具体化される。実態把握には，障害の種類や程度，言語・運動・情緒・行動面での発達の状態，社会性の発達や興味・関心などを十分考慮して記入する。また，個別の教育支援計画において就学前施設や医療機関・福祉施設などの関係機関から寄せられた情報を整理し，目標設定につなげる。

　目標設定に当たっては，長期的な観点に立った指導目標（長期目標）と学期ごとや単元，題材ごとの短期的な具体目標（短期目標）を設定する。学年や学期，単元等ごとに作成され，それに基づいた「具体的な手立て」がとられ，常に評価，改善が図られるように，フィードバック機能を重視したPDCAサイクルが必要である。この「具体的な手立て」の質を高める段階で，特別支援教育に関わる教師としての専門性が要求される。評価においては，子どもの学力

や行動を的確に評価し，次の目標を提示するとともに，教師自らが実践を評価して，次の課題を設定する機会としたい。

4 目標設定と授業計画

これまでのような情報を踏まえ，いよいよ具体的な授業づくりに入る。全体指導計画や個別の指導計画等をもとに，単元や題材における指導の全体構想を練る。個別の指導計画の長期目標や短期目標を達成するために，この単元や題材では，どのような目標で，どのような内容を指導していくのか，といった授業計画を立案していくことになる。その目標や内容に照らし合わせながら，一単位時間ごとのより具体的な個人目標や指導内容へと掘り下げていきたい。

5 PDCAサイクルによる授業づくりの深化

授業計画から授業実践へと進み，授業評価が行われる。子どもたちの成長が確認できた部分，支援が不十分だったところなど，客観的な評価が要求されるが，重要なのは，その後の授業改善への過程である。この過程をスパイラルに充実することで，「子どもが分かる，変わる，できる自信をもつ授業」へと発展していくことができる。

教師は，これらの手順を踏みつつ日々の授業づくりに取り組むことになるが，その結果として子どもの成長・発達につながっていくのである。ただ，教師間だけの授業づくりに終わらせるのではなく，子ども本人や保護者，関係者間で目標等の共有を図ることで連携が更に深まり，広範囲でより質の高い指導・支援が実現しやすくなるのはいうまでもない。

子どもたちが学ぶ楽しさを味わえる授業を目指し，教師それぞれの個性と専門性を生かしながら，丁寧な授業づくりを積み重ねたい。

◇ 授業づくりの手順は
　　確認できたでしょうか？

◇ 授業者として，
　　さっそく取り組んでみましょう！

ブラッシュアップ1
特別支援教育における教育課程とは

　特別支援学校を初めて見学した学生から,「朝の会」が時間割の中に組まれていることに驚いた,参観した授業の教科が分からず戸惑ったという感想が時折聞かれます。初学者にとっては印象深く,小・中・高等学校にはない独特の指導形態をもつ教育課程の特徴やその目的意義について学ぶ端緒となっているようです。

　教育課程は,学校教育の目的や目標を達成するために各学校が作る教育計画であり,学校の教育目標や指導内容,授業時数（時間割）等を中心とした内容で編成されます。各学校で編成することには,児童生徒の実態や学校の地域特性等に即した特色ある教育を可能にする意義があります。また,特別支援学校の場合,障害や発達の特性を考慮する必要性から,さらに柔軟な編成が可能になっています。

　特別支援学校の教育課程のもっとも特徴的なこととして,「教科等を合わせた指導」を指摘できます。通常の学級では,授業は必ず各教科や指導領域ごとに行われますが,特別支援学校では,知的障害のある児童生徒を対象とする授業を,複数の教科及び領域の内容で構成することができるのです。これには,知的障害のある児童生徒の一般的発達特性と,教科指導の特性とが関係しています。その多くは全体的な発達が緩やかに経過することが一般的特性として知られています。また,個人差が大きく,得意な能力と苦手な能力に差がある場合もあります。そのため,知的機能が生活年齢に比して未分化な段階にあることや,より進んだ発達段階の特徴である抽象的な思考に困難を伴う傾向が指摘されます。一方,教科の内容は,学年が上がるにつれて細分化するとともに抽象的な内容が増えます。そのため,知的障害のある児童生徒にとって,学年進行に沿った教科別の系統的指導が,実態に合わない場合があります。そこで,教科別の指導が難しいと判断される場合には,生活に即した身近で具体的な事柄を題材に,複数の教科等を組み合わせた学習が行えるように工夫されているのです。上述の朝の会などが設定される「日常生活の指導」のほか,「遊びの指導」,「生活単元学習」,「作業学習」といった指導形態があります。いずれも,教科の内容との関連性や系統性を十分考慮して題材（単元）が設定される必要があります。

　特別支援学校の教育課程の特徴のもう一つに,「自立活動」があります。自立活動は,「個々の障害による学習上又は生活上の困難を改善・克服」するための指導であり,「人間として調和のとれた育成」を目指すものとして,特別支援学校に特別に設けられた指導領域です。学習指導要領には,心身の健康維持や運動機能,環境や人との関わりなど多岐にわたって指導内容が示されています。具体的な指導内容は個人に即した課題から構成し,学習指導要領に示されている指導内容との関連を明確にして,個別の指導計画を作成することになっています。また,学習指導要領では,個別の指導計画の作成に際し,児童生徒の状態像だけでなく生活や学習環境などの実態把握も行うこととされています。さらに,活動しやすい環境の設定や,必要に応じて周囲の人に支援を求めたりすることができるような指導内容も扱うこととしています。これらには,国際生活機能分類（世界保健機関,2001）による障害と社会参加の概念が反映されていることを指摘できます。

（雲井未歓）

ブラッシュアップ２
個別の教育支援計画と個別の指導計画の関係とは

　「個別の教育支援計画」と「個別の指導計画」は，言葉が似ていることから，書くべきことを混乱したり，いずれか一方を作成しておけば大丈夫だろうと思ったりするかもしれません。しかし，これら二つの計画書は，子どもを支援していく上で，互いに切り離せない関係となっています。

　そもそも個別の教育支援計画は，教育が中心となりつつも，医療，福祉，労働など関係諸機関において，その子の特性やこれまで受けてきた療育等についての情報を共有し，共通理解を図ることで，一貫した支援を可能にするものです。これは，同じ障害であっても，程度や発達段階，子どもの特性や生育環境が異なることから，個々のニーズを明確にすることの大切さが前提となっています。そして，関係諸機関という横のつながりと，ライフステージという縦のつながりの中で，支援の内容やタイミングを検討し，継続して子どもとその家族を支えていくものです。

　一方，個別の指導計画は，日々の学校での指導において，どんな手立てをすればその子どもがより理解ができるかを，あらかじめ検討し，授業に反映していくためのツール（道具）だといえるでしょう。同じ授業科目，単元，内容であっても，指導目標や到達目標，また，それらの目標にたどりつく道筋は様々です。だからこそ，個に配慮した計画書を立てる必要があるわけです。ただし，「個」を大事にするあまり，学校教育の基本ともいえる，集団指導の視点を忘れてはいけません。個別化された計画は大切ですが，それにより指導が「孤別（孤立）化」しないよう，グルーピングや設定課題の検討が重要となります。また，個別の指導計画を，そのまま授業計画と捉えてしまう場合があるようですが，それでは表面的な指導や訓練に終始してしまいます。付けたい力を付けていくことや，身に付けた力を定着させていくためには，教育の系統性や主体性，子どもの生活背景などを考慮することが求められます。

　例えば，ある子に対して，「おはよう。」，「ありがとう。」といった挨拶の言葉を言えるようにしたいと考えたときに，それは，その子ども自身から発信されているニーズかどうかの確かめを行い，保護者の願いとも照らし合わせ，教師はそれが今の課題にふさわしいかの判断をするでしょう。ここで，個別指導として，「おはよう。」と繰り返し言わせて学習させるという方法もありますが，教師としては，どういう場でこの言葉を使うのかを知らせたり，言いたくなるような状況を設定したり，言えなかったときの手立てや意味を考えたりすることを行っていくのではないでしょうか。ほかに，声の大きさや態度，発音など技術面も検討する教師や，コミュニケーションの言葉として，伝えたい相手が分かるという人間関係の形成に力を注ぐ教師もいるかもしれません。こうして考えたことを個別の指導計画として表し，日常生活の指導，国語，生活単元学習など，指導の場を想定して友達や教師（おとな）の関係の中で学べる内容や手順を検討していくわけです。一方，同じ課題を，構音や発音といった医療の視点から働き掛けたり，職場で使えるようにうまくいった方法を労働機関に引き継いだりすることは，個別の教育支援計画の役割となります。したがって，障害のある子どもたちが豊かな人生を送るためには，責任の所在を明確にし，互いに連携していくことが不可欠なのです。

（片岡美華）

第2章

授業のデザイン
~学習指導案のポイントと書き方~

第1節
学習指導案とは何か

　私たち教師にとって,「授業」は日々繰り返される教育活動の中心である。子どもたちとの日々の関わりと授業を通して,教師という専門職の楽しさや難しさ,奥深さなどを感じることができる。
　このように,授業をすることで教師という仕事の醍醐味を感じられるのは,なぜだろうか。それは,授業が教師と子どもとのリアルな関係性の中で相互主体的に教材に働き掛ける過程だからこその感覚であろう。この相互主体的な関わり合いを成立させるためには,子どもの学びたいというニーズと教師の教えたいという願いとをつなぐ何らかのツールが必要である。そのツールこそが学習指導案なのである。したがって,学習指導案は,「子どもの学びたいことと教師の教えたいこととをつなぐためのデザイン（設計図）」であり,子どもの実態やよさ,各指導の形態の考え方や教育課程等を踏まえて,「どんな授業を組み立てようとしているのか。」,「どんな授業をデザインしようとしているのか。」を分かりやすく整理したものでなくてはならない。では,私たちは学習指導案を誰のために書くのだろうか。

1　学ぶ主体である子どもたちのために書く

　本来,子どもたちは「もっとやりたい。」,「できた。」,「分かった。」という思いを有している。その思いに応える授業を展開するためには,計画段階で子どもたちの情意面,既有知識や認知面等を十分に把握した上で,指導目標や指導内容を明確にすることが大切である。このことが「どの子も生きる状況づくり」と「生き生きとどの子も参加できる学習活動の設定」などにつながる。

2　授業を行う教師自身のために書く

　子ども一人一人の姿から題材（単元）の意義・価値を示し,学びの道筋を明らかにしていくことで,教師自身の思いを整理し授業に対するイメージを明確にもつことにつながる。子どもたちの姿や授業の様子をイメージしながら学習指導案にまとめていく過程は,もちろん悩みはあるが,それ以上に夢のある過程でもある。

3　授業を参観する人たちのために書く

　学習指導案を見ることで,参観者は授業者の教育観や指導観,価値観などを知る。そのことが,お互いの意見交流を生み,力量を高め合うことにつながる。

　学習指導案は,授業をどう創造的に展開していくかデザインすることにその本質がある。この過程で,悩んだり期待感をもったりしながら学習指導案に整理したことは,きっと授業の中で子どもの成長・発達として表れてくるに違いない。

第2節
学習指導案で書く内容

　学習指導案は，子どもたちのためのものであり，授業者自身のためのものでもあり，参観者のためのものでもある。そして，授業を行った教師個人だけでなく，学校全体の授業の充実につながる財産でもある。しかしながら，「実際，どんな学習指導案を書けばいいの？」という悩みは多くみられる。

　そこで，ここでは学習指導案の機能面からみた種類と学習指導細案に記入すべき内容について述べる。

　本校で作成する学習指導案は，目的に応じて図2-1の三つの形に整理される。

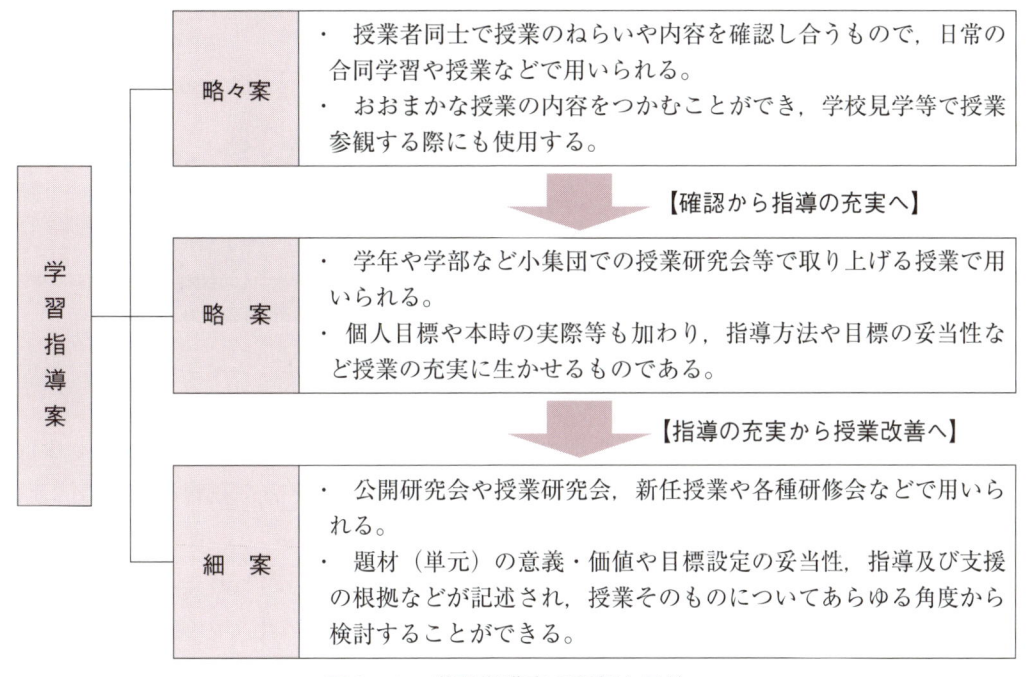

学習指導案
- 略々案
  - 授業者同士で授業のねらいや内容を確認し合うもので，日常の合同学習や授業などで用いられる。
  - おおまかな授業の内容をつかむことができ，学校見学等で授業参観する際にも使用する。

【確認から指導の充実へ】

- 略案
  - 学年や学部など小集団での授業研究会等で取り上げる授業で用いられる。
  - 個人目標や本時の実際等も加わり，指導方法や目標の妥当性など授業の充実に生かせるものである。

【指導の充実から授業改善へ】

- 細案
  - 公開研究会や授業研究会，新任授業や各種研修会などで用いられる。
  - 題材（単元）の意義・価値や目標設定の妥当性，指導及び支援の根拠などが記述され，授業そのものについてあらゆる角度から検討することができる。

図2-1　学習指導案の種類と目的

　学習指導案は，目的に応じて文量も項立ても，作成に費やす時間も異なる。いずれにしても学習指導案は，よりよい授業のためにあるもので，作成そのものにエネルギーを注ぐといったことにならないようにしたい。そのためには，学校，学部，学級，個人など，どのレベルでもいつでも書けるような，何らかの学習指導案の型をもっておくことが効率的である。

　ここでは，その型の一例として学習指導細案に記入する内容について紹介する。本校では，次のように内容を構造化し，学習指導細案を整理している。

```
1  題材（単元）
2  題材（単元）について
   (1) 題材（単元）設定の理由
       ＜児童（生徒）の実態＞
       ＜題材（単元）の意義・価値＞
       ＜ねらい＞
       ＜指導観＞
       ＜展望＞
   (2) 児童（生徒）の実態
3  題材（単元）目標
   (1) 全体目標
   (2) 個人目標
4  指導計画
5  本時の学習
   (1) 全体目標
   (2) 個人目標
   (3) 指導及び支援に当たって
   (4) 実際
   (5) 場の設定
   (6) 教材・教具
   (7) 評価
```

特別支援教育では，子どもの実態からスタートすることに，大きな意味があります。

通常の小・中・高等学校等との決定的な違いは，実態，目標，指導方法，評価等において「個」に視点を当てるところです。

　まず，授業で扱う題材（単元）観について明らかにする必要がある。そのために，子どもの実態の分析から身に付けていく必要があると考えられる内容を明らかにし，どのような内容，時間，方法で学習していけば効果的か，指導の形態の基本的な考え方や教育課程との関連などその意義・価値を示していく。

　次に，題材（単元）を指導するに当たり，必要な力を子どもたちがどのくらい獲得しているか，どんな支援がこれまで有効だったかなど，題材（単元）を行う上での実態を明らかにし，全体目標及び個人目標を設定していく。

　さらに，指導の方向性としての指導計画を検討し，本時の学習の目標や具体的な指導及び支援の手立て，実際の学習活動，留意点などについて整理していく。こうした手順を踏むことで，題材（単元）全体の意義・価値及び子どもの実態を受けた本時の学習の位置付けやねらいなどを踏まえたデザインが完成する。

　最後に，改善につなげるために子どもの学びを評価する。目標が達成された姿を具体的にイメージすることで，子どもの学びに着目した評価ができる。なぜ，目標が達成されたのか，達成されなかったかについて，教師の手立ても含めて評価することで，次の授業に生かす学習指導案（細案）になる。

　以上のような学習指導案を，参観者として見る際には，「何のためにこの題材（単元）があるのか。」，「子どもの実態をどう捉えているのか。」，「何を教えたいと思っているのか。」などの授業者の教材観や指導観，方法論等を理解しようとして参観することが，お互いの意見交流や力量形成につながる。

ブラッシュアップ3
「題材」か「単元」か

　指導案には,「1　単元名　学習発表会」といったタイトル名を,最初に書きますが,その際,「単元名」とするのか,「題材名」とするのか,また「活動名」,「主題名」などの名称を使うのかといった戸惑いは,誰しも経験することではないかと思います。
　「生活単元学習というぐらいだから,とりあえず『単元』でいいだろう……。」,「先輩方の指導案が『題材』を使っているから,これが無難だよね……。」といった人も多いのかもしれません。
　しかし,特に特別支援教育では,指導者が「題材」とするか,「単元」にするかで,学習内容や学習計画は大きく変わりますので,この使い分けは重要な意味をもちます。
　本書では,その教科等や学習の内容構成等によって次のように使い分けています。

【単元】　学習内容の有機的なまとまりを示すものであり,学習に順序性があり,計画から実際の学習の展開,まとめを一連の活動として設定しているもの。
【題材】　教科における系統性等を背景にもった学習活動の材料を示すもので,教材の一部分であり,学習活動の最低のまとまりとして設定しているもの。

　例えば,次の二つの学習について,その使い分けを考えてみましょう。

―生活単元学習の場合―
「○○ランドで遊ぼう」（全34時間）
　① 段ボールで遊ぶ　　　2時間　　② 遊び場作りを話し合う　2時間
　③ 段ボールを集める　　3時間　　④ 迷路トンネルを作る　　8時間
　⑤ 色を塗る　　　　　　5時間　　⑥ 迷路トンネルで遊ぶ　　10時間
　⑦ 思い出を絵に描く　　2時間　　⑧ 片付けをする　　　　　2時間

　ここでの学習は,「導入―計画―準備―実践―まとめ」といった一連の学習が,有機的なひとまとまりになり,子どもたちがつながりのある学習活動を行うことによって生活上の課題を解決しています。すなわち「単元」として学習が構成されています。

―遊びの指導の場合―
「紙遊び」（全10時間）
　① 新聞紙で遊ぼう　　　　　　　　2時間　　② 新聞紙で森を作ろう　2時間
　③ 新聞紙で作った動物と遊ぼう　　2時間　　④ 紙飛行機で遊ぼう　　2時間
　⑤ いろいろな紙で遊ぼう（折り紙）2時間

　この遊びの指導では,遊びそのものを,その都度素材を変えて,各時間ごとに活動しています。つまり,実践部分の連続であり,学習活動の最低のまとまりとしての「題材」として学習が構成されています。
　このように,「単元名」としているか,「題材名」としているかの違いは,指導者が学習内容や学習活動をどのように考えているかという点において,読み手側がおおよその予想を立てられる重要なポイントなのです。各学校や学部,学級,あるいは個人において,教科等の特性を踏まえた上で,今一度,整理をしておきたいものです。
　　　　　　　　　　　　　　　　　　　　　　　　　　　　　　　　　　（岩本伸一）

ブラッシュアップ4
「○○科の指導」と「○○科の時間における指導」

　知的障害特別支援学校（特別支援学級）においては，各学部（学級）で以下のような教科の指導が行われます。

小学部…生活，国語，算数，音楽，図画工作，体育
中学部…国語，社会，数学，理科，音楽，美術，保健体育，職業・家庭，外国語
高等部…国語，社会，数学，理科，音楽，美術，保健体育，職業，家庭，外国語，情報

　各教科の指導に当たっては，各学校（学部，学級）で次のような手順で指導計画を具体化していく必要があります。ここでは，国語について考えてみましょう。

【国語の場合】
① 国語教育の意義を学校全体の実態に応じて明確にする。
② 国語科の目標と内容（指導すべきこと）を学習指導要領等で確認する。
③ 学校（学部，学級）における国語指導の目標を立てる。
④ 学校（学部，学級）における国語指導の内容を選択し，明確にする。
⑤ 目標達成のために，教科の内容を，どこでどのように指導するのかを構造的に整理する。
⑥ 国語科の時間における具体的な指導計画を作成する。

　ここで，留意したいのは，「○○科の指導」は「○○科の時間における指導」だけで行われるのではないということです。特に，知的障害教育の中では，子どもたち一人一人のニーズに合わせた柔軟な実践を展開することができます。子どもの特性から，様々な状況や場面で，繰り返し，自然な形で，主体的に取り組むことができるように，総合的に学習を進めることも重要になってきます。

　例えば，生活単元学習という指導の形態で，単元「学習発表会」において，案内状を書く活動を想定しましょう。生活単元学習では，生活上の課題を解決するために，子どもたちの学習発表会への意識を高めながら，見に来ていただく人への思いが伝わるような案内状作りにしたいわけですが，その案内状の国語的な質については，二の次の目標になる場合が多くなります。

　そこで，同時期に「国語科の時間における指導」において「案内状・手紙」という題材を設定し，生活単元学習での指導を補充・深化するための学習を集中的に行うのです。「国語科の時間における指導」では，案内状作成に必要な基礎的な言語能力を，細かで丁寧な実態把握に基づき，系統的・段階的に指導できます。

　この二つの指導の形態の連携によって，学習内容を有機的にリンクさせ，一人一人の子どもの総合的な国語の力を伸ばしていくことができるわけです。

　このように，「○○科の指導」は，「○○科の時間における指導」を要としながら，関連する指導の形態や全教育活動の中で，子どもの生きる力につながるように実際的な生活と結び付け，その指導内容を充実させていくことが大切です。

（岩本伸一）

第3節
学習指導細案の作成

1 学習指導細案を書く際のポイント

　学習指導案の形式は，学校の特性や指導者の立場，目的に応じていろいろなものが考えられる。ここでは，指導案の流れに沿って項目ごとに留意点を確認する。

○○科学習指導案

```
                                    平成○○年○月○日○曜日○校時
                                    ○学部○年 男子○人 女子○人 計○人
                                    場　所　○　○　○　○
                                    指導者○○○○（CT）　○○○○（ST）
```

> 題材と単元の使い分けについては，P.23参照。

> CT：チーフティーチャー
> ST：サブティーチャー

1　題材（単元）　　　○○○○○

2　題材（単元）について
　(1) 題材（単元）設定の理由

> 　指導案の生命線と言える部分であり，本題材（単元）に関する児童生徒の実態や意義・価値，目標（ねらい），指導観，展望などについて述べる。
> 　述べる順序は，児童生徒の障害の状況，発達段階，興味・関心や題材（単元）のタイプなどによって異なってくる。

【段落構成例】
　＜児童（生徒）の実態＞

> 集団や個人の姿が，具体的にイメージでき，目標につながるようにする。

> 　指導者の子ども観に基づきながら，本題材（単元）に関連する児童生徒の実態や既習経験等を述べる。本題材（単元）のねらいや学習内容に関する現在の児童生徒の姿を捉えて，できること，これまで経験していること，どんな活動に意欲を見せるか，などを述べていく。また，ねらい達成のための指導の方向性が明確になるように，本題材（単元）において課題となることについても述べる。

　＜題材（単元）の意義・価値＞

> 　本題材（単元）をなぜ設定したのかという意義・価値を述べる。児童生徒の生活と題材（単元）の関連性を捉え，発達段階や指導する時期的なことも考慮しながら，この題材（単元）でなければならない必然性について明らかにする。

> 指導者の教育観，障害観，教材観等が如実に表現される部分であり，特に力を注ぎたい部分である。

<ねらい>

　1〜2段落の児童生徒の実態や意義・価値をもとに，本題材（単元）で指導者が目標とする内容を述べる。「3（1）全体目標」との整合性を図る。

→ 指導者の願いを具体化するとともに，評価ができるような内容とする。

<指導観>

　ねらい達成のために，具体的にどのような活動を設定して，どのように学ばせていくかなどの学習内容を構造化した上で，本題材（単元）全体を通しての基本的な展開の仕方や指導及び支援上配慮していくことを述べる。

→ 「〜をすることで，〜ができるようにする。」など具体的な表記を大事にする。

<展望>

　本題材（単元）の学習を通して得たことが，児童生徒の生活の中でどのように反映されていくのかという，期待される発展的な姿を述べる。

→ 次の単元（題材）への接続や将来への生活への期待等も加える。

(2) 児童（生徒）の実態

　本題材（単元）の意義・価値やねらい，学習内容等に関する児童生徒の実態を深く理解する意味から，具体的な項目，観点を設けて述べる。項目，観点は，本題材（単元）で設定した学習内容について，児童生徒の興味・関心や，これまでの生活経験，学習経験から見た達成の状況などについて述べる。また，個々に応じた指導の手掛かりとなるように，否定的に捉えるのではなく，支援や状況設定によっては，「〜する，○○の支援でできる。」と肯定的な表現も心掛けたい。

【項目，観点例】
- 児童生徒名，学年，性別，生活年齢
- IQなどの検査結果（検査名，実施年月日明記）
- 内容に関わる学習経験や生活経験
- 題材（単元）全体に関する興味・関心の方向や度合い
- 活動内容に関わる関心・意欲・態度，思考・判断・表現，技能，知識・理解
- 課題解決に関する能力や主体的な学習方法の習得の度合い
- 見方，考え方，感じ方の傾向
- 本題材（単元）の学習に関わる言語・数量等の習得状況
- 指導上特に留意しておくべき障害の程度や状態像

→ 個人情報管理に十分配慮する。
　実態把握については，p.33，p.34参照。

3 題材（単元）目標
(1) 全体目標

> 本題材（単元）のねらいを２(1)(2)を踏まえて，具体的に「関心・意欲・態度」，「思考・判断・表現」，「技能」，「知識・理解」等の面から集団全員の共通目標として述べる。

【表現例】
　ア　〜することで（〜を通して）…できる。
　イ　〜の活動で…を身に付けることができる。

→ 児童生徒の立場で表記し，評価可能な目標とする。

(2) 個人目標

> 全体目標を受けて，児童生徒それぞれの個人目標を設定する。本書では，個別の指導計画に設定されている目標の欄を設け，妥当性を高めている。

児童（生徒）	個別の指導計画の目標	個人目標
A （3年，男）	○ 3けたの計算ができるようになり買物ができる。 ○ ・・・・・・・。	○ 筆算で，1,000－○百の計算ができる。 ○ ・・・・・・・。

4 指導計画（総時数○時間）

> 目標達成のために，題材（単元）全体の主な学習活動・内容を，どのような順序で指導していくかを述べる。また題材（単元）の中で学習活動・内容のまとまりが複数ある場合は，まとまりごとに「次」でくくって時間配分し，本時の位置を明示する。
> 指導計画の形式については，それぞれの指導の形態の特性を踏まえ，学習活動・内容の展開の仕方が最もよく表せるように工夫する。

◇ 標準的な形式（本書はこの形式で示す。）

次	主な学習活動・内容	時数	資料・準備
一	1　学習内容について話し合う。 2　・・・・・・・。	本時 （○時間目／次時数）	・ VTR

◇ 本校では独自の欄を設け，計画作成の意図を補説している。
　（P.30, P.32 参照）

次	主な学習活動・内容	時数	習得型と活用型の学習活動について
一	1　○○について話し合う。	4 本時 （2／4）	【習得】第1時では，○○に対する関心を高め，第2時で○○に必要な□□について方法を知ることができるようにする。

5 本時の学習（○／○○） ← ○時間目／総時数
　(1) 全体目標

> 単元（題材）の中での本時の位置付けを明確にして，集団全員の中核的なねらいを児童生徒の立場で述べる。
> 当然，単元（題材）の目標より具体化され，○時間目の目標として，1単位時間でねらえる内容にすることが重要である。

【表現例】
　ア　～することで（～を通して）…できる。
　イ　～の活動で…を身に付けることができる。

→ 児童生徒の立場で表記し，評価可能な目標とする。

　(2) 個人目標

> 2 (2) の児童生徒の実態をもとに，本時の目標を個々に応じてできるだけ具体的に下ろして述べる。

児童(生徒)	個　人　目　標
A （3年，男）	ア　○○することで（○○を通して）○○することができる。 イ　○○○○の活動で，○○○○を身に付けることができる。

→ 5 (1) 全体目標の「ア」と「イ」について対応させながら，具体的な個人目標を設定する。

　(3) 指導及び支援に当たって

> 題材（単元）全体における本時の位置付けと，2 (1)(2) や 5 (1)(2) を踏まえての本時の指導及び支援に当たって配慮することを述べる。必要に応じて，教材・教具の準備や資料についても述べる。

【段落構成例】
1段落：　これまでの学習経験について記述する。前時までの本題材（単元）での活動内容と児童生徒の様子とともに，本時の学習を設定するに当たっての児童生徒の課題等も述べる。
2段落：　本時でのねらいと指導観を述べる。5 (1)(2) の本時の目標や1段落で述べたことを踏まえて，具体的にはどのような活動で，どのようなことをねらっていくのかを述べる。
　　　　　また，本時の学習を展開していくに当たり，学習意欲を高めるために配慮することや，課題解決のための配慮及び工夫すること（教材・教具の提示や活用の仕方，集団構成，発問や板書の仕方，称賛や激励の仕方，具体的な活動内容，個々に応じた関わり方など）についてもより具体的に述べる。

(4) 実際

> 本時の目標が達成できるように学習活動を組織し，学習活動や実際の流れを詳しく述べるとともに，それぞれの学習活動に即して指導及び支援上の留意点を，全体と個に視点を当てながら述べていく。

過程	主な学習活動	指導及び支援上の留意点	資料・準備
導入 （〇分）	1　〇〇について・・・。	・〇〇〇・・・。	・〇〇〇

「過程」，「主な学習活動」では…

※　どこでどんな活動をするか，児童生徒の学習する過程や活動する姿がイメージしやすいように記入する。
※　児童生徒に提示する本時のめあては▢で囲む。

【導入】
・児童生徒の生活（経験）と結び付いた内容
・具体物や経験から活動に結び付きやすい内容
・学習に対する興味・関心を引き付け，動機付けが十分になされる内容

【展開】
・児童生徒が自主的に活動（作業）できる内容
・関心・意欲・態度，思考・判断・表現，技能，知識・理解が身に付く内容
・児童生徒同士や児童生徒と教材・教具などの関わりの場が準備されている内容

【終末】
・本時の活動のまとめや，良かった点，頑張った点を振り返り，評価ができる内容
・本時終了後の生活に生かされる内容
・次時の活動に対する意欲付けがなされる内容

「指導及び支援上の留意点」では…

※　教師の手立ての意図や，CT，ST の役割分担について明確に分かるように記入する。

(5) 場の設定
　学習中の児童生徒の座席や教師の配置を明確にし，目標がよりよく達成できるように工夫する。必要に応じて板書計画等も示す。

(6) 教材・教具
　準備した教材・教具の名称だけでなく，目的を記入する。

(7) 評価
　表記は，5 (1) (2) の本時の目標の裏返しだが，児童生徒の授業中の活動を通して評価できるように工夫する（本書では，教師の具体的な手立てについても評価欄を設けている）。

2　学習指導細案のワンステップアップのために

ここでは，これまで述べてきたベースとなる学習指導細案に工夫を加えて，より授業全体の構成を整理しやすくしたり，集団と個の対応を明確にしたり，評価を具体的にしたりするためのステップアップ法を紹介する。

(1) ステップアップⅠ　「指導計画に一工夫」

指導計画は，目標を達成させるためにどのような活動をどのような順序で指導していくかをまとめるものである。その指導計画を立案する際に，ぜひ取り入れてほしいのが，「習得」と「活用」の考え方である。習得とは，基礎的・基本的知識及び技能の習得を目指した学習活動の型であり，活用は，習得した基礎的・基本的な知識及び技能を新たな文脈の中で使うことを目指した学習活動の型である。つまり一題材（単元）の指導計画を立案する際に，習得型と活用型の学習活動を相互に関連付けていくことで，一つの活動でねらうべき内容が明確になるとともに，習得したものをどのような文脈でどのように活用するかを意識した指導計画とすることになり，指導計画上のつながりがより一層図られる。表2-1は，その一例（作業学習）である。

表2-1　習得型と活用型を意識した指導計画

主な学習活動・内容	主なねらい	習得―活用
1　道具や材料を自分で準備して作業に取り組む。 (1) 作業前点検と作業後点検を行う。 (2) 自分の仕事の流れを把握して作業する。	○ 点検表を用いて自分でチェックしたり，その時間の作業内容をメモしたりすることができる。	【習得】 ・点検表の使い方　・作業メモの書き方 ・準備物の理解 ・工程表の見方理解と作業内容理解 【活用】 ・点検表を使って自分で準備 ・作業メモ確認 ・異なる作業種の設定 ・生徒だけでの作業
2　友達や教師と関わり合いながら作業に取り組む。 (1) 点検結果を相互に確認する。 (2)	○ 友達と一緒に点検結果を正しく振り返ることができる。	【習得】 ・発表の仕方 ・点検の仕方

主なねらいを立て学習活動同士のつながりとねらいを明確にするとともに，何をこの時間で習得し，それをどのような形で活用するかを整理することで，より具体的な授業の構成や学習活動や場の設定等に生かされるものになる。

(2) ステップアップⅡ　「本時の学習の『実際』に一工夫」

本時の学習の「実際」部分は，授業者がいかに授業全体をシミュレーションできるかどうかが鍵となる。また，障害のある子どもに対する授業において難しいのが，「集団と個の指導をどうするか。」「目標に迫る活動をどう設定するか。」である。その課題を解決するためには，「実際」の中に集団と個の活動を入れ込みつつ，どのような手立てを設定して目標に迫っていくかを具体的に記述することが有効である。表2-2は，その一例（国語科）である。

表2-2 集団と個の指導を考慮した本時の実際

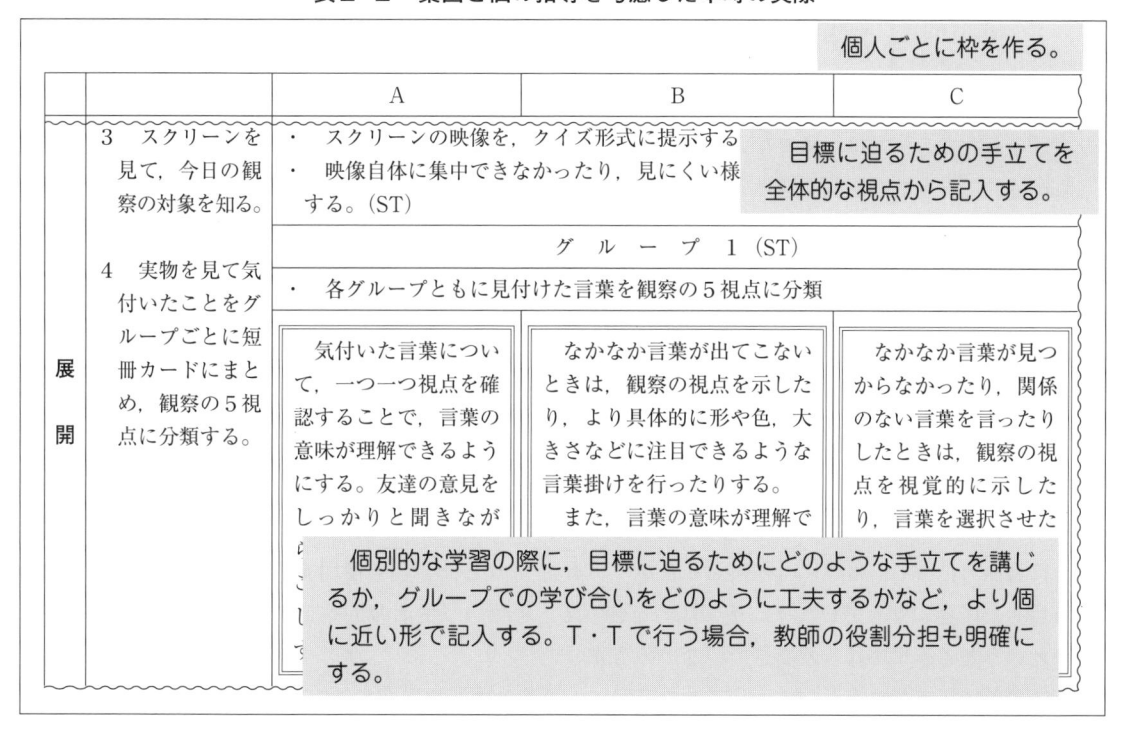

		A	B	C
展開	3 スクリーンを見て，今日の観察の対象を知る。	・スクリーンの映像を，クイズ形式に提示する ・映像自体に集中できなかったり，見にくい様…する。(ST)		
	4 実物を見て気付いたことをグループごとに短冊カードにまとめ，観察の5視点に分類する。	グループ 1 (ST) ・各グループともに見付けた言葉を観察の5視点に分類		
		気付いた言葉について，一つ一つ視点を確認することで，言葉の意味が理解できるようにする。友達の意見をしっかりと聞きなが…	なかなか言葉が出てこないときは，観察の視点を示したり，より具体的に形や色，大きさなどに注目できるような言葉掛けを行ったりする。 また，言葉の意味が理解で…	なかなか言葉が見つからなかったり，関係のない言葉を言ったりしたときは，観察の視点を視覚的に示したり，言葉を選択させた…

（右上）個人ごとに枠を作る。
（右中）目標に迫るための手立てを全体的な視点から記入する。
（下）個別的な学習の際に，目標に迫るためにどのような手立てを講じるか，グループでの学び合いをどのように工夫するかなど，より個に近い形で記入する。T・Tで行う場合，教師の役割分担も明確にする。

(3) ステップアップⅢ 「評価に一工夫」

　小・中学校等では評価規準や評価基準を設けて評価するのがスタンダードになっている。しかし，特別支援教育においては行動観察による評価が中心になりがちである。目標に対して評価の観点をもち，評価規準（何を評価するか），評価基準（どれだけ達成したか）を設けることは，学習における子どもの変容を的確に捉える上で極めて有効である。表2-3はその一例（算数科）である。

表2-3 評価規準を設定した学習指導案の例

(2) 全体目標に関する評価

評価の観点	評 価 規 準
算数への関心・意欲・態度	① 二つの数を合併することに関心をもち，数字を半具体物…で取り組もうとする。

(3) 個人目標

児童	個 人 目 標
A （4年，男）	○ 和が10までの数同士の合併後の大き…めを行うことを通して，「合わせる」の…とに気付くことができる。【関・意・態…

（右上）評価の観点を立て，観点ごとに評価規準を立てる。
（右下）評価規準をよりどころに，どのような観点を踏まえて個人目標を見ていくかを明らかにし，つながりをもたせる。
（下）評価項目では，量的に評価基準を立てることもある。個人目標に対し達成されたと思われる姿を評価基準として立て，具体的に評価できるように工夫している。

ブラッシュアップ5
「できる」ことと「する」こと

　子どもたちの生活は，様々な人や物との関わり合いの中で形づくられ，それぞれ個性的で発達的な展開を遂げています。私たち教師は，その一人一人の発達の個人差に着目しながら，子どもを取り巻く状況を丁寧に，的確に捉え，支援の方法を探っていく必要があります。

　さて，その子どもの状態像を捉えるとき，ぜひ留意したいのは，子どもの「できる」ことと「する」ことを，いったん分けて考え，その差異の中から生の姿を見つめてみたい，ということです。

　私たちの教育現場には歴史的にテスト信仰があり，様々な検査や調査，見立てといった過程で，ある一面（主に知的な機能ですが）からのみの情報で子どもの発達が位置付けられ，それらをもとにした指導目標や支援方法が設定され，評価が行われます。私たちの作成する指導案も，能力の発達を中心に実態を把握し，目標に「～することができる。」といった表現を使用するなど，「できる」ことに着目した内容になっています。その能力を使って，どういう生活の世界を作り上げていく（「する」）かというところまでは言及できていないのです。

　この「できる」ことと「する」ことの混同は，発達と生活を混同してしまうことにもつながりかねません。例えば，「繰り上がりの足し算ができる。」ことを目標に指導を行い，その結果できるようになったとしても，足し算の能力を実際の生活場面の中で生かすことができない，使えない状況はよく見られます。生活の中で，足し算ができることが生きる力として機能していくためには，一つ一つの能力の発達を単体として捉えた指導だけではなく，それぞれの能力を複合的に絡め合わせ，その関係の中で全体として見ていく視点が，授業づくりの中でも必要になってくるのです。

　そこで，本校の指導案の中には，指導計画に，下表のような「習得」と「活用」に関する欄を設け，できるだけ具体的に，「○○で学んだことを□□の状況の中で活用する。」等の内容を記述するようにしました。（本書の指導案例では割愛しています。）

4　指導計画（総時数○○時間）

次	主な学習活動・内容	時数	習得型と活用型の学習活動について
一	1　○○について話し合う。 2　・・・・・・・・・。	4 本時 （2／4）	【習得】第1時では，○○に対する関心を高め，第2時で○○に必要な□□について方法を知ることができるようにする。
二	3　○○の活動を行う。		【活用】二次では，一次で学んだ△△を実際に，△△の状況で使う学習活動を設定する。

　このように，「できる」ことと「習得」，「する」ことと「活用」を密接に関連させ，その違いを見極めながら学習内容を設定し，そのための手立てを考えていく授業づくりの過程を踏むことが大事であると考えます。今，向き合う子どもたちの能力，特性の発達的変化を目指すだけではなく，生活全体の中で人や物と関わり合いながら，どうよりよく生きていくかを問えるような丁寧な授業づくりを志向したいものです。

（岩本伸一）

ブラッシュアップ6
子どもを理解する（実態把握）

　学生が練習で書いた特別支援学校の学習指導案に，疑問をもつことがあります。それは，子どもの実態把握のほとんどが困難なことの内容（できないこと）に関する記述となっていることが多いためです。養成段階ゆえの未熟さは，「できないこと探し」中心の実態把握となって表れることが多いのかもしれません。しかし，彼らの小学校の指導案を見ると，そこには児童が学んできたことや興味のあることのほか，今後できそうなことやできるようになりたいと願っていること，さらには，その先にある生活の広がりや学びの深まりが記されていました。この違いからは，障害のある子どもの教育に対しては，種々の能力を高めて社会適応を目指す訓練的なイメージが今なお強いのではないかと感じられるのです。

　できないことが減り，できることが増えることは，確かに子どもの成長にとって望ましいことです。また，そのことが教育において特に重要視されたという経緯もあります。しかし，適応能力への偏重は，今日の特別支援教育が目指すものとはやや異なります。特別支援教育は子どもの自立と社会参加を目指して行われるものです。その際の自立は，"その人らしい自立"を意味するのであり，独力でできることを増やすばかりでなく，必要十分な支援が用意されることと相まって達成されます。また，社会適応よりも社会参加という言葉が使われるようになっています。これには，個人の尊厳に対する敬意と，現在の本人のありようをいっそう尊重する意味が含まれているのです。

　この点から授業づくりを考えると，実態把握では，未獲得の力を特定することだけでなく，社会的な文脈で機能しうる力を特定することも大切になります。例えば，ある児童は事物を3個数えて取り出すことができ，4個の取り出しは未獲得です。その児童にとって，4個の取り出しは必要となる指導内容ですが，同時に，3個までの安定した操作で多様な社会的場面を経験することも期待できます。その点では，物を配布したり調達したりする活動が，社会参加を意味するより重要な指導課題となります。また，適切な支援の下で，できる経験を広げる中でこそ，次の段階（操作）への関心や動機づけも生じます。子どもが身に付けてきた力を中心に，その力で社会参加を果たす姿やその可能性を，必要な支援の内容とともに言及することが，指導につながる実態把握に必要なことなのです。

　実態把握では客観的な視点の大切さが強調されますが，これは一つの側面であり，実態把握全体から主観を除くことではありません。客観的な視点は，観察者間で判断が一致するような基準として，子どものもつ種々の能力やその特性を把握するのに役立ちます。しかし，それらが生活や社会参加の中でもつ意味ないし指導上の課題設定などは，客観的基準から直接得られるものではありません。この点に関しては，社会的あるいは文化的な価値基準が不可欠です。そして，子どもに対する大人の期待は，それが実態に合ったものである限り，社会的・文化的価値そのものです。このように考えると，客観的な視点とともに，社会的な価値に基づいた子どもへの期待も，指導のための実態把握には大切な視点であるということができます。

（雲井未歓）

ブラッシュアップ7
実態を把握する方法（知能検査と発達検査）

　知的機能や日常的行動の発達に関する検査は，子どもの状態像の記述とともに，指導目標や支援の手立てを適切に設定するための基礎資料として，多く利用されています。また，障害の状態やニーズの内容によっては，言語や認知機能ないし社会性，さらに性格や親子関係等に関する検査などを適宜組み合わせて，いわゆるテストバッテリーを組みます。子どもに関する情報をより多く得ることは良いことですが，検査の利用には，明確な必要性と合目的性が不可欠です。

　知能検査は，用意された検査課題を子どもに与え，課題の成績から知能を測定するものです。代表的なものの一つである田中ビネー知能検査は，多種多様な課題が難易度に基づいて年齢別に整理されています。得られる情報が知的発達の全体的水準のみに限られますが，発達を考慮して低い年齢級の問題には言葉を使う課題が少なく設定されていることや，測定手続きと結果の処理が比較的短時間で行えることから，知的障害のある子どものアセスメントには適しており，広く用いられています。もう一つの代表であるウェクスラー式知能検査は，知能を構造的に捉える視点をあわせもっています。検査課題が種類別に分類されており，課題ごとの成績が偏差値で得られます。また，特定の課題の組み合わせで，言語理解，知覚推理，ワーキングメモリ，処理速度の4種の指標が得られます。全体的な知的水準と，能力の強い面と弱い面が特定されるので，合理的な支援を考える上で役立つとされます。

　知能検査で教示の理解や課題の遂行が難しい場合には，発達検査が代用されます。新版K式発達検査は，知能検査と類似した内容構成ですが，検査場面での課題遂行だけでなく日常場面での観察も含めるなど，子どもの能力がより積極的に評価されるよう工夫されています。また，津守式乳幼児精神発達質問紙や遠城寺式乳幼児分析的発達検査など，日常の行動に関するチェックリストによる方法もあります。

　検査は，子どもの実態を客観的に把握する上で有効な方法です。客観的とは，検査が測定対象とする概念以外の要因に，結果が影響されないことを意味します。そのことで，個人が，ある側面について相対化すなわち比較可能な尺度上に表現されるようにしているのです。こうした尺度は普通，正規分布に基づいて作られています。正規分布は測定された値の出現率を示すので，知能指数（IQ）や発達指数（DQ）などの値は，能力の多寡を単に量的に表すのではなく，集団内における順位の情報をもっているのです。例えばIQが85未満の人の出現率は約16％なので，IQ85は上から84％の位置にあることが分かります。一方，この出現率は平均から離れるほど低くなります。IQやDQが70未満の人の出現率は2.3％，55未満は0.14％，40未満では0.003％です。すなわち55未満の領域は，検査の作成過程で十分な数のサンプルで確かめられたものでなく，信頼性が低いことに注意が必要です。この点から，検査によっては55未満の値を特定せず，測定不能とするものもあります。

　最後に，検査結果が示す数値は，「断片化」された情報であり，生身の子どもの姿との距離があることも忘れてはなりません。検査結果に従って子どもを解釈するのではなく，子どもの実態を検査結果で説明するという視点が大切だといえます。

（雲井未歓）

第4節
学習指導案の実際

1 国語科

(1) 基本的な考え方

ア 国語科の意義

対人関係や社会生活を営む上で，言語の果たす役割は大きい。言語能力，すなわち言語を用いてお互いの考えや意思を伝え合ったり，言語を用いて外界の事象を理解・表現したりする能力を意図的・系統的に指導していくことに，国語科の指導の意義がある。

特別支援教育における国語科教育では，実際の生活経験と密接に結び付いた音声や文字，またはそれに類する言語能力の獲得が主なねらいとなる。これらは，各教科等の指導や学校生活，家庭生活，地域生活などを通して身に付くことも多く，児童生徒の生活全体を視野に入れることが大切である。指導内容の設定に当たっては，児童生徒の実態を十分に把握した上で，「聞くこと・話すこと」，「読むこと」，「書くこと」の3領域を考慮しながら，バランスよく意図的，系統的に設定し，国語力の調和的発達が促されるようにすることが重要である。

イ 国語科における指導の基本的な考え方

児童生徒においては，理解言語や表出言語の少ない者から，日常生活に必要な言語能力をある程度身に付けている者まで実態は様々である。しかし，どの児童生徒にも共通して見られるのは，社会生活の中で，他者と何らかの形で関わろうとする姿や自分の考えや意思を伝え合おうとする姿である。その意欲を大切にしながら，そこで築かれる人間関係がよりよいものとなるように，自分がもっている言語能力を可能な限り生かすことができるような指導，さらに高次の言語能力を獲得できる指導が必要である。

そこで，身の回りの事物・事象に多く働き掛け，ものを認識する力を高めながら言語概念形成を十分に促し，実際の生活と結び付いた言語能力の獲得を図ることで，日常生活に必要な言語能力を育て，養い，伸ばし，さらには社会生活に必要な言語能力を高めること，自分の思いや考えを適切な方法で伝え合うようにすることが大切である。

小学部では，日常生活に身近な人やものの名前，動作や状態，感情を表す言葉などを，話をしたり聞いたりして理解することや，記号・文字に関心をもち，それらを読んだり書いたりして，生活の中で生かす力として身に付けるといった日常生活に必要な国語の理解を育成することが求められる。また，発語を促し話をしようとしたり，意思を伝え合おうとしたりするコミュニケーションに関する意欲や態度を育成することも大切にしたい。

中学部では，小学部での指導を踏まえながら，日常生活に必要な国語を理解する能力，国語で表現されたものの内容や事柄を理解する能力を伸長することが求められる。また，人と対話し意思の疎通を図る能力を高め，国語を使って様々な事柄を表現する能力，さらに表現しようとする意欲や態度を育て，生徒がそれらを日常生活の中で活用できる力を育

成することも大切にしたい。

　高等部では，中学部までに培った力を日常生活から社会生活に広げるとともに，卒業後の社会生活や職業生活に必要な国語の力を身に付けることが求められる。また，中学部までに培ったコミュニケーション能力を高めるとともに，社会生活を営む上での対人関係におけるコミュニケーション能力を重視し，実際の生活の中で場面や状況などに応じて，適切に活用しようとする主体的な態度を育成することも大切にしたい。

ウ　題材設定の考え方と指導上の留意点

　題材は，児童生徒の生活年齢，言語経験，生活経験，さらには，興味・関心の対象など様々な背景を考慮して設定するようにする。

　小学部段階では，日常生活で用いられる初歩的な国語の知識，技能を身に付け，生活の中で生かすことが重要であることから，身近な生活の中にある具体的な題材や，興味・関心を示す題材を設定し，実際的・具体的活動を通した指導を行う。

　中学部段階では，小学部での学習状況を踏まえ，身近な生活の中にある具体的な題材や，興味・関心，意欲を喚起する題材を用いる。その中で，これまで身に付けた知識・技能や態度を活用する場面を設定し，言語能力や思考力を更に伸ばすことができるようにする。

　高等部段階では，卒業後も充実した生活を送り，円滑な対人関係を形成するためのコミュニケーションに必要な理解を高め，適切な活用方法を身に付けさせたい。生活の中で使われる情報通信機器の活用等も含め，生徒の生活年齢や興味・関心等に即した題材を設定する。

　これらのことを踏まえ，児童生徒の身近な生活の中にある具体的な題材や興味・関心を示す題材を用いて，生活に密接に関連し，言語生活をより一層豊かにする国語能力を，確実に身に付けていくことが大切である。

国語科の授業における一場面

(2) 学習指導案　中学部：「おとをきこう，わけよう」

国語科学習指導案

　　　　　　　　　　　平　成　○　年　○　月　○　日　○　曜　日　○　校　時
　　　　　　　　　　　中学部Ａグループ　男子3人　女子1人　計4人
　　　　　　　　　　　場　所　　　　中　学　部　3　年　教　室
　　　　　　　　　　　指　導　者　　　○○○○（CT）　　○○○○（ST）

1　題材　「おとをきこう，わけよう」

2　題材について
　(1) 題材設定の理由
　　＜生徒の実態＞　→　音の聞き分けに関するグループ全体の主たる実態と，これまでの学習経過を述べる。　　　現在，獲得している力と今後の課題を述べ，その分析を加える。

　　本グループは，音声言語によるやりとりや，文字の使用に関して困難を示す生徒で構成されている。これまでの学習の中で，音当て遊びや声当て遊びを通して，身近な音への興味・関心が高まるとともに，絵カードと単語カードを合わせる学習を通して，身近な単語をひとまとまりとして捉えることができるようになり，音や文字への興味・関心が高まってきているところである。しかしながら，示された数に合わせて手で拍をとったり，楽器をたたいたりすることができる一方で，単語を視覚的に提示し読み上げながら拍をとろうとするとうまくいかない状況がある。これは，単語が音節で構成されていることへの気付きが十分に育っていないことが推測される。

　　＜題材の意義・価値＞　→　上記の実態を踏まえ，学習内容を系統立てて捉え，この題材そのものの意義と学習する意義について指導方法等を交えながら述べる。

　　以上のような実態を踏まえ，音韻意識を高めるために本題材「おとをきこう，わけよう」を設定した。
　　身近な単語を聞き，その数だけ手をたたいたり前へ進んだりするという遊びは，音韻意識の高まりが芽生える発達段階でよく見受けられる遊びである。それらの遊びを学習として再構成し設定したものが本題材である。本題材「おとをきこう，わけよう」は，教師が単語を読み，その音節数を絵カードと一緒に視覚的に提示し，その数だけ手やカスタネットで拍をとったり，その数だけはめ板を行ったりするという身体動作を伴う学習活動を中心とする。この学習を行うことで，単語がいくつかの音節で構成されていることに体感を通して気付くとともに，平仮名のもつ「一字一音の原則」と結び付いていくのではないかと考える。

　　＜ねらい＞　→　本題材で，どのような事柄を身に付けてほしいのかを述べる。「3（1）全体目標」と整合させる。

　　そこで本題材では，上記のような学習活動を通して，3音節までの単語を音節分解したり，平仮名五十音チップを使って構成したりすることができるようにする。

　　＜指導観＞　→　指導者の意図が最も表れる箇所である。ここでは教材・教具選定の考え方，扱い方を述べるとともに音韻意識を感覚的に学んでほしいという思いを述べている。

　　学習の中で取り扱う単語は，生徒がこれまでの学習の中で用いた絵カードを中心に，母音で始まり，かつ清音2〜3音節で構成されたものを選定する。また，2音節目以降の母音が1音節目の母音と重複するものはできるだけ避けるようにする。このことによって，単語に含まれる音節を明確に意識することができるようにしたい。教材・教具については，生徒の実態に応じて音や光などを効果的に用いて，感覚的に正解が得られるものを準備するようにしたい。
　　また本グループは，学習展開がパターン化すること，学習手順を理解し定着することで，その後の理解がスムーズになる傾向がある。したがって，第一次では学習の手続きを理解することをねらい，第二次では，第一次で定着した手続きを活用して主体的に課題に取り組むことができるようにしたい。　→　本グループの生徒の学習特性を踏まえた上で指導計画を立てることを述べている。

第4節　学習指導案の実際

<展望>
　このような学習を通して，生活の中で簡単な言葉遊びを楽しんだり，単語をまとまりとしてではなく，一文字一文字で構成されていることを認識したりすることで，今後の文字学習につながる礎になるのではないかと考える。

> 本題材を学習することによって，今後期待される生徒の姿を述べる。生活的な視点，学習の系統性からの視点が考えられる。

(2) 生徒の実態

> 本題材を指導する上で必要な実態を考えて観点を立てる。

観点　生徒	国語への興味・関心・態度や学習の特性など	音声と絵カードの対応理解	音声と平仮名単語との対応理解	絵カードと平仮名単語の対応理解
A（3年，男）	課題内容と課題量，取組時間が理解できれば，主体的に取り組むことができる。発信手段は，指さしやサインが中心である。	日常的に聞くことの多い単語は理解しており，絵カードとの対応もほぼできている。写真カードはより正答率が高い。	自分の名前や教科名が書かれたカードは，単語を文字のまとまりとして理解しており，教師が指示すると，それを選ぶことができる。	絵カードを見て，対応する平仮名単語を選択することは難しいが，写真カードと自分の名前，教科名を合わせることができる。
B（3年，男）	文字への興味・関心が高い。音声言語で要求等を行うことができるが，発する言葉を聞くと音節が明確に意識されていない。	日常的に聞くことの多い単語は理解している。絵カードとの対応ができており，間違うことが少ない。	自分の名前に含まれる文字は，一字一音で理解している。それ以外の単語は，音節への意識が不十分である。	自分の好きな乗り物等の平仮名単語は絵カードと合わせることができるが，音節の理解が十分にできていない。

3　題材目標
(1) 全体目標　→　「2（1）<ねらい>」との整合性を図るようにする。
　ア　3音節までの単語の音節分解をすることができる。
　イ　3音節までの単語を平仮名五十音チップを使って構成することができる。

(2) 個人目標

> 個別の指導計画の国語の3領域「聞く・話す」，「読む」，「書く」の年間目標の中から，本題材の個人目標と関連する目標を記述する。

生徒	個別の指導計画の目標	個　人　目　標
A（3年，男）	【聞く・話す】　教師等の話し掛けに応じ，サインやシンボルカードを使って表現することができる。【読む】　文字に関心をもち，身近な事物の絵カードと平仮名単語を合わせることができる。	ア　3音節の単語カードを教師と一緒に確認し，音節の数だけ拍をとることができる。イ　3音節までの単語カードを読んで，それが示す絵カードを選択することができる。
B（3年，男）	【読む】　身近な事物の平仮名単語を一字一音を意識して読むことができる。【書く】　乗り物等の名称を文字カード等を使って構成することができる。	ア　3音節までの単語を確認し，一人で音節の数だけ拍をとることができる。イ　3音節までの単語を表した絵カードを見て，平仮名五十音チップを使って，その単語を構成することができる。

4 指導計画（総時数 29 時間）

> 次構成は学習のまとまりごとに構成する。ここでは，学習活動の中心的なものと「学習の手続き」を記述する。

次	主な学習活動・内容	時数	資料・準備
一	1 音節分解の学習の手続きを理解する。 　絵カードを見て，音節の数だけカスタネットをたたいたり，はめ板を行ったりすることを知る。 【学習の手続き】（　）内のアルファベットは生徒名 　（1）教師の提示した絵カードの単語を読んだり（B），教師と一緒に発声したり（A，D），教師の口元を見て口形模倣をしたり（C）する。 　（2）教師の提示した絵カードの音節数だけカスタネットをたたく。	5	・絵カード ・カスタネット ・はめ板
二	2 教師の提示した絵カードを見て，音節の数だけカスタネットをたたいたり，はめ板を当てはめて単語構成を行ったりする。 【学習の手続き】 　（1）一次と同じ学習の手続きを行う（C，D）。 　（2）一次の学習の手続きを一連の流れで行う（A）。 　（3）3音節までの単語構成課題を行う（B）。	24 本時 (7/24)	・絵カード ・カスタネット ・はめ板 ・平仮名五十音チップ

5 本時の学習（12/29）
　(1) 全体目標

> 1単位時間（本時）において，どのような学習活動を通して，何を学ぶかを述べる。29時間中の12時間目で何をねらうのかを意識する。

　　3音節までの単語の音節分解や単語構成をすることができる。

　(2) 個人目標

> 「5（1）全体目標」を各生徒の学習状況，学習上の特性，障害の特性などを考慮し，個のレベルまで下ろして述べている。

生徒	個　人　目　標
A (3年，男)	教師の提示した絵カードを教師と一緒に確認した後，音節の数だけカスタネットをたたき，はめ板をはめることができる。
B (3年，男)	教師の提示した絵カードを見て，平仮名五十音チップを使って一人で単語を構成することができる。

　(3) 指導及び支援に当たって

> 「これまでの学習状況と本時の位置付け」，「学習形態」，「教材・教具の取扱い」などについて述べている。

　　本グループの生徒たちは，前時までに，音節数を確認するための学習の手続きを踏まえながら，反復して学習に取り組んできた。学習の手続きについては定着が図られ，主体的に学習に向かう姿勢が見られるようになった。本時は，前時までの学習を継続して行い，より確実な習得を目指したい。

　　学習形態については，導入及び終末過程では，集団での学びを重視し，黒板前に集合して学習を行うようにする。展開過程では，個の学びを重視し，課題の近似した生徒同士（AとB，CとD）でペアを組んで学習を行うようにする。その際，互いのペア同士が互いの学習を意識しやすい席配置を行うようにする。

　　教材・教具については，まず，導入段階では，大きな運動動作で音節数の理解を促すために，踏板を足で踏みながら音や光で正解を得ることができるような教具を準備する。展開段階では，音節数を感覚的に判断，理解できるようにカスタネットやはめ板などを一人一人に応じて準備する。たたく力の弱いCとDについては，スイッチを押すとランプが光る教材・教具も準備し，カスタネットの代わりとする。また，平仮名への興味・関心が高いBについては，平仮名五十音チップで単語を構成できるものを準備する。このように，感覚的に自分で正解か否かを判断できるようにするが，正解だった際には教師や友達からの称賛を十分に得られるようにし，不正解だった場合は，教師や友達のモデルを見て再度チャレンジすることができるようにする。

(4) 実際

過程	主な学習活動	指導及び支援上の留意点	資料・準備
導入 (10分)	1　始めの挨拶をする。 2　本時の目標と学習の流れ，手続きを話し合う。 　おとをきいて，わけよう。 3　「簡単グリコ遊び」を行い，大きな動きで音節を感じる。	・これまでの学習と関連をもたせながら目標の確認を行う。 ・教材・教具の使い方や学習の方法について，教師がモデルを示しながら説明した後，実際に生徒が行うことができるようにする。 ・音や光を活用した教材・教具を用いてゲーム感覚で音節を感じ，意識できるようにする。	・シンボルカード ・絵カード，カスタネット，はめ板 ・簡単グリコ遊びセット
展開 (30分)	4　二つのグループに分かれて音節分解，単語構成の学習を行う。 【学習の手続き】 (1) ホワイトボードに貼られた絵カードを教師と一緒に読む（音をまねる，口形をまねる）。 (2) 音節の数だけカスタネットをたたく。 (3) 音節の数だけ，はめ板を入れる。 (4) 平仮名五十音チップを用いた単語構成を行う（Bのみ）。 「主な学習活動」に【学習の手続き】を記述するとともに，「指導及び支援上の留意点」で各課題における配慮事項等を述べる。 「指導及び支援上の留意点」には，指導者としての明確な意図，配慮が記述されるようにしたい。	・A及びBはCTと，C及びDはSTと一緒に学習を行う。扱う単語は，以下のものである。 CT及びSTの役割について記述する。 ＜2音節＞（全員） 「あめ」，「あり」，「いす」，「いぬ」，「うし」，「うみ」，「えき」，「おに」 ＜3音節＞（A，B） 「あひる」，「いるか」，「うちわ」，「えほん」，「おかね」 ・(1)では，絵カードへの注目を促した後，教師の口元を見ながら音声模倣，口形模倣ができるように，ゆっくりモデルを示す。 ・(2)では，音声を伴いながら左から右に一つずつ確実にたたくことができるようにする。左右の流れや確実にたたくことが難しい場合は教師が指でガイダンスを行う。 ・(3)では，音声を伴いながら，上から下へのはめ板を行うようにする。難しい場合は再度モデルを示したり，指でガイダンスを行ったりする。 ・(4)はBのみ行う。(1)～(3)の学習を一度行った後，平仮名五十音チップを用いた単語構成の学習を行う。	・提示用ホワイトボード ・絵カード ・2音節カスタネット ・3音節カスタネット ・2音節はめ板 ・3音節カスタネット ・音節確認スイッチ，ランプ ・平仮名五十音チップ，単語構成教材・教具 必要に応じて，個への指導・支援の手立てや配慮などを記述する。
終末 (10分)	5　本時で学習したことを発表する。 本時の「振り返り」である。学習成果を教師及び生徒全員で共有するような手立てを講じたい。 6　次時の予告を聞く。 7　終わりの挨拶をする。	・それぞれのグループから一人ずつ本時で学習したことをみんなの前で再現することで，教師や友達からの称賛を受けることができるようにする。教師は本時で確実にできるようになった課題を選ぶようにする。 ・各生徒の次時にできるようになってほしいことなどを交えながら説明する。	・ホワイトボード ・絵カード ・発表者用教材・教具セット

(5) 場の設定

【導入・終末時】

黒板

導入・終末時と展開時の学習活動の位置が異なるため，それぞれの学習の場が分かりやすいように上下に分けて書き表している。
また，動線は矢印で表している。

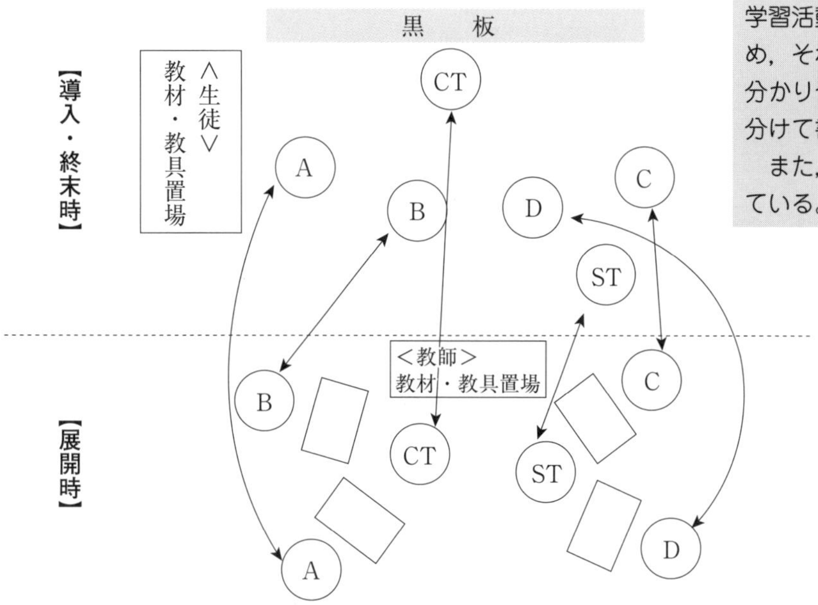

【展開時】

＜教師＞教材・教具置場

＜生徒＞教材・教具置場

(6) 教材・教具 → 生徒の実態を考慮し，運動動作を通して学べる教材・教具を準備する。「青」及び「赤」を用い，「赤」が最後を表すように製作している。

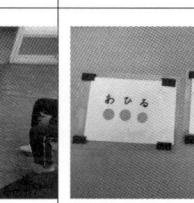

踏板（ブザー付き）とランプ	絵カード	音節カスタネットと音節はめ板	平仮名五十音チップと単語構成教材・教具
導入時の「簡単グリコ遊び」の最後の板。踏むとブザー音が鳴り，ランプが光るようになっている。	3音節用の絵カード。裏面には平仮名表記とともに，カスタネットやはめ板と同じ色で音節を視覚的に示している。	「赤」が最後の音節を示している。カスタネットは横に，はめ板は縦に使用する。	平仮名五十音表と単語構成課題。見やすいように黒地に白抜き文字。単語構成課題のはめる部分も色分けしておく。

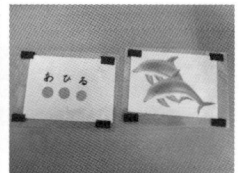

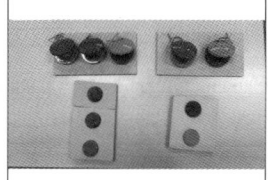

(7) 評価
ア 全体目標 → 「5 (1) 全体目標」との整合性を図る。
3音節までの単語の音節分解や単語構成をすることができたか。

教師が工夫した支援内容，方法などを適切に評価できるようにする。

イ 個人目標 → 「5 (2) 個人目標」との整合性を図る。

生徒	個人目標	評価	具体的な手立てについて	評価
A（3年，男）	教師の提示した絵カードを教師と一緒に確認した後，音節の数だけカスタネットをたたき，はめ板をはめることができたか。		教材・教具の提示のタイミングや，実際の操作性が本人の学習特性に適していたか。	
B（3年，男）	教師の提示した絵カードを見て，平仮名五十音チップを使って一人で単語を構成することができたか。		平仮名五十音チップで単語構成する教材・教具は，本人一人でも遂行できる内容，操作性であったか。	

◎：十分達成できた　○：ほぼ達成できた　△：達成できなかった

第4節　学習指導案の実際

(3) 学習指導案　高等部：「討論会をしよう」

国語科学習指導案

平成　○年○月○日　曜日　○校時
高等部Ｃグループ　男子５人　女子４人　計９人
場　　所　　　　　高等部３年教室
指　導　者　　○○○○（CT）　○○○○（ST）

1　題材　「討論会をしよう」

2　題材について
　(1) 題材設定の理由
　　＜生徒の実態＞

> 課題が生じている原因について分析する。①多様な考え方に触れる経験が不足している，②話す，聞くための方法が十分に獲得されていないことを述べている。

　　本グループの生徒は，これまで質問に応じた返答の仕方などの学習に取り組み，生活の中で活用する姿が見られるようになった。しかし，特定の意見を一方的に伝える，主語や述語を使わず単語のみで伝えるなど，自分の思いや考えを分かりやすく伝えることに苦戦している姿も見られる。この原因として，物事を様々な角度から考える経験を十分に積んでいないことや，自分の思いや考えを分かりやすく伝えたり，話の内容を正確に聞き取ったりするための具体的な方法を身に付けていないことが考えられる。このことから互いの立場や考えを踏まえて適切に表現したり，正確に理解したりする力を高める必要があると考えた。

　　＜題材の意義・価値＞

> 討論会を行う意義を実態と照らし合わせて述べる。①多様な考え方を知ることができる，②意見の伝え方を学習できる，③聞く態度を育成できる。

　　以上の実態を踏まえて，本題材「討論会をしよう」を設定した。討論会は，一つの問題を肯定・否定の両面から考え，話し合いによってそれぞれの考え方の長所や短所をよく知って解決策を見付け出すものである。討論会では，それぞれの立場で意見や考えを話したり聞いたりすることができることから，多様な考え方があることを知ったり，それを導き出す手順を身に付けたりすることができる。また，討論する上では自分の意見に説得力をもたせることが重要であることから，自分の意見を構築する過程で，情報の集め方，調べ方，まとめ方について学習することができる。聞き手には，発言者の意見とその根拠を十分に理解することが求められることから，他者の話を聞く態度や理解を深めるための具体的な方法を学ぶことができる。

　　＜ねらい＞

> 本題材のねらい：①分かりやすく伝える，②意図を考えながら聞き取る，の２点を設定する。

　　そこで本題材では，討論会をすることを通して，自分の立場に沿った意見を友達に分かりやすく伝えたり，友達の意図を考えながら聞き取ったりすることができるようにする。

　　＜指導観＞

　　討論会で取り扱う話題は，生徒が興味のあるものを選定する。自分の意見は，体験や資料からの情報をもとにして，肯定と否定の両方の立場でまとめ，その上でどちらの立場で意見を述べるかを決めるようにする。このような学習を通して，物事を多面的に捉えることができるようにしたい。資料は，生徒が読み取りやすい文字の大きさや行間にしたり，グラフ等の他教科で学習した内容を踏まえたりして準備を行う。

　　また，「わたしは…と思います。」，「○○さんに質問します。」などの話型や，「だれが（主語），何をした（述語）」を意識して聞くなどの聞き方のポイントを示したワークシートを作成することで，自分の意見を順序立てて伝えたり，友達の意見を正確に聞き取ったりしながら討論会を行うことができるようにする。さらに，友達と二人組，又は三人組になって話し合う活動を随所に設定し，自分の思いや意見を伝え合う学習に多く取り組むことができるようにする。

> 生徒が，主体的に討論会を行うことができるようにするために工夫することを述べる。

<展望> → 本題材の学習が，他の授業や卒業後など実生活につながることを述べる。

このような学習を通して，生徒は，帰りの会における一日の振り返り場面や作業学習における報告・連絡・相談場面などで，他者に分かりやすく伝えたり，他者の話を聞いて適切に理解したりできるようになると考える。また，物事を多面的に考えることができるようになり，様々な人と関わる機会が増える実習先や進路先でよりよい人間関係を築くことにつながると考える。

(2) 生徒の実態 → 国語科の３領域について，討論会をする学習に関する実態と，これまでの授業の様子をまとめる。

観点 生徒	国語科の３領域からみた実態			授業の様子
	聞く・話す	読む	書く	
A （１年，男）	短い文章であれば聞いて理解することができる。相手に聞こえる声で調整しながら話ができるようになってきた。	文章の内容を順序立てて理解することは難しい。中学１年程度の漢字を含む文章を読むことができる。	時間が掛かるものの，中学１年程度の漢字を丁寧に書くことができる。	やるべき内容が分かると，自分から積極的に参加する姿が見られる。自分の意見を相手に伝えようとする意欲はうかがえる。
B （２年，男）	友達同士で会話をすることに難しさがあるが，関心の高い話題では自分から質問をすることができる。落ち着いて聞くことが課題である。	長い文章を理解することは難しいが，小学４年程度の漢字を含んだ，簡単な内容の短い文章を読んで理解できる。	小学４年程度の漢字を書くことができる。出来事や自分の気持ちを簡単な文で書くことができる。	学習内容が十分に理解できないと落ち着かない様子が見られるが，活動の見通しがもてると自分で工夫しながら取り組む姿が見られる。

3　題材目標
(1) 全体目標 →　「２（１）＜ねらい＞」と整合させる。
　ア　自分の立場に沿った意見を友達に分かりやすく伝えることができる。
　イ　友達の意図を考えながら聞き取ることができる。

(2) 個人目標　　全体目標が「分かりやすく伝えること」「意図を考えながら聞き取ること」であるから，個人目標は，その二つの観点から立てる。

生徒	個別の指導計画の目標	個　人　目　標
A （１年，男）	○　話を分かりやすく話したり，要点をまとめて書いたりすることができる。 ○　聞いたことを文章にすることができる。	ア　資料の中から必要な情報を見付け，状況に合った話型に当てはめて適切な声量で相手に伝えることができる。 イ　友達の意見を聞き取って，要点をメモにとることができる。
B （２年，男）	○　「です」，「しました」など，丁寧な言葉で話をしたり，文章を書いたりすることができる。 ○　聞いた内容を自分なりに解釈して要約することができる。	ア　討論会の進め方に沿って，資料の中から必要な情報を自分で見付け，話型に当てはめて相手に伝えることができる。 イ　友達の意見を聞き取り，その意見に沿った質問を考えたり，友達に質問したりすることができる。

①基本的な話型を習得し，それを活用して自分の意見を分かりやすく伝えること，②友達の意見を要点を押さえて聞き取ることがポイント。

4　指導計画（総時数 10 時間）

次	主な学習活動・内容	時数	資料・準備
一	1　討論の方法や形式について話し合う。 2　討論したい話題を決める。	1	・プロジェクター ・VTR ・ファイル ・資料 ・パソコン
二	3　討論会Ⅰをする。 　・資料を活用して自分の意見を言うための伝え方 　・肯定，否定の意見の伝え方，メモのとり方	3	
三	4　討論会Ⅱをする。 　・質問の仕方 　・話し手を見る，相づちを打つなど，話の聞き方	3	
四	5　討論会Ⅲをする。 　・これまでの学習を活用して，討論会を行う。	2 本時（1/2）	
五	6　討論会のまとめをする。	1	

> 授業で習得したことを次の授業で活用するようにして，討論会の質が次第に高まるように設定する。

5　本時の学習（8/10）

(1) **全体目標** → 本時の目標は，単元の全体目標や個人目標と関連させて設定する。

　ア　資料の中から必要な情報を整理して，状況に応じた意見を相手に伝えることができる。
　イ　友達の意見や質問を聞いて，正確にメモにとることができる。

(2) **個人目標**

生徒	個　人　目　標
A （1年，男）	ア　ワークシートに，自分の体験と資料の情報を区別して記入し，それをもとにして自分の意見を伝えることができる。 イ　友達の発表内容の要点をメモにとることができる。
B （2年，男）	ア　資料を活用したり話型に当てはめたりして適切な文章を作成し，それをもとににして発表することができる。 イ　発表者に体を向けて聞いたり，発表者の名前と発表内容を正確にメモにとったりすることができる。

(3) **指導及び支援に当たって** → これまでの学習と本時との関連について述べる。

　生徒たちは，前時までの授業において，資料の活用の仕方や自分の意見の伝え方，友達の意見や質問に対する聞き方などについて学習してきた。本時は，これまでの学習で習得したことを活用する授業として位置付けた。本時の討論会の話題は，「制服の変更について」である。制服は，生徒にとってなじみの深いものであり生徒の関心も高い。討論会で出た結論は，書面にまとめ制服の変更に関する一つの意見として校長に提出する，といった想定で学習を進める。

　自分の意見をまとめる学習では，VTRや資料，パソコン，制服の実物などを準備し，多面的に考えることができるようにする。討論会では，机の位置は意見を伝える友達の顔が互いに見えるようにコの字型に配置する。生徒が自分の意見を分かりやすく話すことが難しい場合は，ワークシートを見て学習した話型に当てはめるように伝えたり，教師が生徒の意図をくみ取って補足をしたりする。討論を行う過程において，手を挙げずに発表したり適切な話型を用いていなかったりした場合，即座に訂正を促すことで討論の流れが中断したり，生徒の討論しようとする意欲の低下につながったりすることが想定されるので，指導の仕方やタイミングについては十分な配慮を行う。また，友達の意見を正確に聞き取ることができるように，実態に応じてます目や行間を工夫したメモ用紙を準備する。

> 本時で使用する主な教材・教具：①資料，パソコン，制服，②話型のワークシート，③メモ用紙

(4) 実際

過程	主な学習活動	指導及び支援上の留意点	資料・準備
導入 （7分）	1 始めの挨拶をする。 2 本時のテーマとめあてを話し合う。 【討論会の話題】制服を変更することに賛成？　反対？ 【めあて】 　話型を使って発表したり友達の意見をメモにとったりして討論しよう。	・校長からの依頼VTRを流すことで，本日の学習に見通しをもつことができるようにする。 ・依頼VTRから本時の話題が分かるようにイラストを使って伝える。 ・依頼内容について，各自でどのようにして調べるか確認するように伝える。	・プロジェクター ・イラストカード
展開 （40分）	3 制服を変更することに賛成・反対それぞれの立場から理由を考える。 　(1) 自分の体験や気持ちから考える。 　(2) 資料から考える。 　(3) (1),(2)の考えから自分の意見を出し，記入する。 4 討論会をする。 　(1) 意見をもとにして賛成グループ，反対グループ，質問グループに分かれる。 　(2) 各グループで発表する順番や内容について作戦会議を開く。 　(3) それぞれの意見と理由を発表する。友達の発表を聞いてワークシートにメモをとる。 　(4) 質問グループは質問を行う。質問や答えは，ワークシートにメモをとる。 　(5) 質問グループで結論をまとめ，発表する。	・<u>賛成・反対のそれぞれの立場から理由を考えるように伝える。理由は，自分の体験や気持ちと資料に基づいたものの双方から考えることを伝える。</u> ・理由を考えることが難しい場合は，これまでのワークシートを振り返ったり，友達に相談したりするように促す。 ・資料に大切なことが書いてあった際は，蛍光ペンで線を引くように伝える。 ・ワークシートに記入した賛成と反対の双方の理由から，自分の立場を選び，賛成・反対・質問グループに分かれるように伝える。 ・STは質問グループに入り，質問の内容や質問の仕方について一緒に考える。 ・<u>発表するときや聞くときのポイント（話型等）を意識できるように，ワークシートで確認することを伝える。</u>CTは，再度説明を行い，STは個別に対応する。 ・質問をすることが難しい場合は，教師が意図をくみ取り代弁する。 ・STは，結論をまとめることができるように，討論会の内容を振り返ったり，意図をくみ取って文章にしたりする。	・ファイル ・ワークシート ・制服カタログ ・制服の見本 ・業者からの見積書 ・ホワイトボード
終末 （3分）	5 討論会を振り返る。 6 終わりの挨拶をする。	・<u>討論会を振り返り，意見や質問の仕方，発表の聞き方について良かった点，改善点を伝える。</u>	・ファイル ・ワークシート

> 目標に関する重要なポイント。より個別的な指導及び支援が求められる。

> できるだけ具体的に伝えることで，一人一人が学習を振り返ることができるようにする。

(5) 場の設定

【自分の意見をまとめるときの配置】　実際の様子　【討論会を行うときの配置】

(6) 教材・教具 → 資料を使ったり映像を見たり実際に触ったりするなど，様々なものから自分の意見の根拠が導き出せるようにする。

討論で用いる資料	ワークシートファイル	DVD	制服の見本
制服の素材やデザイン，経済面などについてグラフにまとめたもの。	これまでの学習で使用したワークシートを綴ったもの。	制服に関する意見を保護者にインタビューした際の映像が録画されたもの。	実際の制服を展示して，触ったり着たりできるようにする。

(7) 評価
　ア　全体目標
　　(ア) 資料の中から必要な情報を整理して，状況に応じた意見を相手に伝えることができたか。
　　(イ) 友達の意見や質問を聞いて，正確にメモにとることができたか。
　イ　個人目標

生徒	個人目標	評価	具体的な手立てについて	評価
A (1年，男)	(ア) ワークシートに自分の体験と資料の情報を区別して記入し，それをもとにして自分の意見を伝えることができたか。		(ア) 教師の言葉掛けは，ワークシートに記入する際のポイントに気付くことができる伝え方であったか。	
	(イ) 友達の発表内容の要点をメモにとることができたか。		(イ) 聞くときのポイントの示し方は本人の分かりやすい方法であったか。	
B (2年，男)	(ア) 資料を活用したり，話型に当てはめたりして適切な文章を作成し，それをもとにして発表することができたか。		(ア) 資料の情報は読み取りやすく，興味を示す内容のものであったか。	
	(イ) 発表者に体を向けて聞いたり，発表者の名前と発表内容を正確にメモにとったりすることができたか。		(イ) ワークシートに示した聞くときのポイントは分かりやすいものであったか。	

◎：十分達成できた　○：ほぼ達成できた　△：達成できなかった

2 算数・数学科

(1) 基本的な考え方

ア 算数・数学科の意義

　算数・数学科は，実際の生活経験と結び付いた算数的活動・数学的活動を通して，数量や図形についての知識及び技能を身に付け，日常の事象について筋道を立てて考えたり，算数・数学的な思考力や表現力をはぐくんだりすることに意義がある。また，算数・数学の楽しさや良さに気付き，進んで生活や学習に活用しようとする態度を育てることをねらいとする教科である。

　算数・数学科で得た知識及び技能，数学的な見方や考え方は，児童生徒にとって，物事を能率的に処理したり，簡潔かつ明瞭に表現したり，的確に捉えたりする力につながり，より主体的な，そして自立的な社会生活を送っていくために必要不可欠なものである。

イ 算数・数学科における指導の基本的な考え方

　算数・数学科の内容に含まれる識別，抽象，統合，推理などの数量や図形に関する原理・法則等については，特に知的障害のある児童生徒が不得手とする学習であるといわれている。そのため，個々の実態に応じて，具体的な操作活動を十分に経験することで理解を促し，実際にそれらを活用することができるように，より系統的，組織的に指導していくことが重要である。

　そこで，日々の生活や授業，遊びなどを通して，数に関する事柄に自然に多く触れるようにするなど，算数・数学科の内容を，具体的な日常生活場面と関連付けて学習できるようにすることが大切である。すなわち，算数・数学科で扱う内容は，児童生徒の障害の程度や発達段階に即し，かつ実生活に関連した具体的なものとし，児童生徒の直接的な数量や図形に関する経験を広げるとともに理解を深め，数量や図形の感覚を豊かにすることが重要である。

　さらに，児童生徒自らが興味・関心をもち，その良さや必要性を感じ，目的意識をもって主体的に理解を深めることができるようにするとともに，既習の知識を活用して新しい知識や方法を生み出せるように工夫する必要がある。特に，社会生活や経済生活を営むために必要な基礎的・基本的な力については，児童生徒の日常生活との関連を図り，生活場面での処理能力が向上するようにするなど，限定された場や状況のみで生かすのではなく，日常生活，社会生活，学校生活などの中で直面した，様々な問題の解決に生かされるようにしたい。

　また指導に当たっては，思考力・判断力・表現力等を育成するため，言葉，数，式，図，表，グラフ等を用いて考えたり説明したり，互いに自分の考えを表現し伝え合ったりするなどの活動を積極的に取り入れるようにする。

　小学部段階では，生活の中での数量に関わる具体的な活動及び手や身体など五感を使った体験的な活動を重視することで，数量や図形などに関する初歩的な事柄を理解し，個々の生活場面で取り扱うことができるようにする。

中学部段階では，小学部段階で培った数量や図形などに関する初歩的な事柄に対する学習を深め，生活の中で実際に生かすことのできる力を伸ばすことができるようにする。

　高等部段階では，日常生活に必要な数量や図形などに関する理解を深め，実際の生活場面で取り扱うことで，日常生活における数量を処理する力を伸ばすことができるようにする。

ウ　題材設定の考え方と指導上の留意点
- 題材は，児童生徒の実態や，生活年齢を考慮するとともに，一人一人のニーズや課題を踏まえて設定する。
- 算数・数学科の系統性を重視しながら，指導する事柄を分析的に捉え，スモールステップで指導を進めるようにする。
- 教材・教具，場を工夫し，継続して繰り返し指導することで，確実な定着を図ることができるようにする。
- 児童生徒の数量や図形に関する生活経験等を十分に把握し，実際的，具体的な内容を幅広く取り扱うことができるようにする。
- 児童生徒が，学習内容を理解しやすいように，題材の構成を工夫する。
- 算数・数学科の授業時間のみでなく，全教育活動の中で学習することができるように日常生活との関連を深める。
- 課題発見や，必要数，適量の処理といった解決の仕方など，生活に直接的・間接的に発展できるような工夫を行う。
- 障害の程度や発達段階に即し，児童生徒の実態に応じて学習内容を設定するが，できる限り領域を横断的・総合的に取り扱うことを基本とし，数量を処理する活動において生活に生かすことができるようにする。

算数・数学科における授業の一場面

(2) 学習指導案　小学部：「かずしらべをしよう」

算数科学習指導案

平成 ○ 年 ○ 月 ○ 日 ○ 曜日 ○ 校時
小学部○グループ　男子3人　女子2人　計5人
場　所　　小学部2組教室
指導者　　○○○○（CT）　　○○○○（ST）

1　題材　　「かずしらべをしよう　1から10のかず」（数量の合併，添加・増加）

2　題材について
　(1) 題材設定の理由
　　＜児童の実態＞ → これまでの学習の経過を述べた後，児童の具体的な様子を述べる。

　　本グループの児童は，これまでに10までの数の数唱，具体物や半具体物を使った計数や数の大小比較の学習を通して，数がもつ順序性や基数性等について理解を深めてきた。例えば，ボウリングゲームで倒したピンの本数を数え，大小比較を行い勝敗を言い表すなど，学習したことを学校生活場面で積極的に活用する姿が見られる。しかし，一人が2回ずつ投げられる的当てゲームを行う際，「1回目の3点と2回目の2点，合わせて何点？」と尋ねると困惑する姿が見られる。このことから，数量同士を合併したり，添加・増加したりするための言葉のイメージや具体的に操作する力が十分に身に付いていないことが推測される。

　　＜題材の意義・価値＞ → 上記の実態を踏まえ，学習内容を系統立てて捉え，10までの数を調べる学習の意義を指導の方法等を含めながら述べる。

　　本題材は，本グループの児童にとっては，これまでに学習してきた一対一対応での計数，数の順序性，基数性，数の大小比較などの数的概念や繰り返し行ってきた具体物や半具体物の操作をもとにして，「合わせる」，「加える」などの加法につながる用語を理解することが重要である。また，10までの数とともに，数量の合併，添加・増加の概念を学習することが，今後の数と計算等能力の基礎となる点で大きな意義をもつ。

　　＜ねらい＞ → 本題材でどのような方法で学び，どのような事柄を身に付けて欲しいのかを述べる。

　　そこで，本題材では，10までの数の中で，数詞や数字で示されたものを具体物や半具体物に置き換え，「合わせる」あるいは「加える」といった具体的な操作を通して，それらの用語の理解を図りながら，①二つの数量が同時にあるときに，二つの数量を合わせた大きさを求めたり（合併），②初めにある数量に，ある数量を追加したときの全体の大きさを求めたり（添加・増加）することができるようにする。

　　＜指導観＞ → 児童の実態を受け，指導方法とねらいを述べる。ここでは，第一次から第四次の四つの指導段階に分けて，系統的に記述する。

　　具体的には，全単位時間の導入時に，前々題材から取り組んできた1から10までの数字カード並べと，数唱あるいは数字読みを行い，数直線上で数の順序性と基数性を確認する。また，数階段を作る学習を行い，数字と数字が表す量や増減を視覚的に把握できるようにしたい。
　　第一次では，「新年会」を設定し，お菓子の増減等を意図的に行うことで，児童が「増える」，「減る」といった用語のイメージとそれに伴う感情や感覚を体感できるようにする。第二次では，具体物と半具体物（タイル）を使って，二つの数量を合わせた大きさを求める学習を行うとともに「合わせる」という言葉の理解も図りたい。第三次では，児童にとって身近な具体物と半具体物（タイル）を使って，初めの数量に，ある数量を加えたときの全体の大きさを求める学習を行うとともに，「加える」という言葉の理解も図りたい。第四次では「グループお別れ会」を設定し，お菓子等の準備やレクリエーションの中で，合併，添加・増加の学習活動を設定し，学習したことと実生活場面が結び付くようにする。

<展望> ← 本題材を学習することによって，今後，期待される児童の姿を述べる。

合併や添加・増加の考え方を理解することで，ほかの生活場面でも，例えば給食の配膳の際，一対一対応で配膳するのではなく，「先生2人分と子ども3人分，合わせて5人分」といったように，これまでよりも合理的に物事を判断し，行動することができるようになるのではないかと考える。

(2) 児童の実態 ← 「2 (1) <ねらい>」を達成するために必要な実態を考えて観点を立てる。これまでの授業記録，行動観察から精選して記述する。

観点 児童	算数への興味・関心・態度	数唱・数字の読み	数の順序性の理解	数の基数性・大小の理解	計数の方法
A (4年，女)	課題の内容が理解できれば意欲的に取り組む。理解できないときは，自分なりの方法で行おうとする。	指数字で表現しながら，一人で10までの数唱，数字読みができる。11以上の数唱ができるようになってきている。	10までの数字カードを見て並べ替えることができる。6から9の並べ替えで間違うことがある。	事物を数え，最後に言った数字が集合数になることを理解している。10までの数の大小は理解している。	3までの数は見ただけで判断できる。それ以上は，1対1対応，指で押さえながらの計数である。
B (5年，男)	課題の内容が理解できれば，主体的に取り組むことができる。授業以外の場面での積極的な活用は少ない。	教師の支援があれば，2けたの数唱，数字読みも可能である。数の途中からの数唱も可能である。	数直線上で数を理解しており，50までの数字カードを一人で順に並べることができる。	具体物等の操作を伴わずに，数詞・数字のみでも，事物の数や数の大小を答えることができる。	事物を数えるときには一つずつ計数する。5のまとまりをつくり，数え足しで計数できる。

3 題材目標

(1) 全体目標 ← 「2 (1) <ねらい>」との整合性を図る。

　ア　二つの数が同時にあるときに，二つの数を合わせた大きさを，具体物や半具体物を操作することを通して求め，それを数詞や数字で表すことができる。(合併)

　イ　初めにある数に，ある数を追加したり増加したりしたときの全体の大きさを，具体物や半具体物を操作することを通して求め，数詞や数字で表すことができる。(添加・増加)

(2) 個人目標 ← 個別の指導計画の算数の年間目標のうち「数と計算」に関わる目標を記述する。

児童	個別の指導計画の目標	個　人　目　標
A (4年，女)	身の回りにある事物(10まで)を数え，数詞や数字で表現することができる。	ア　足して10までの数同士の具体物や半具体物の操作を通して，二つの数を合わせた大きさを指数字を伴った数詞や数字で表すことができる。(合併) イ　足して10までの数同士の具体物や半具体物の操作を通して，初めの数や加える数，変化後の全体の数を，数詞や数字で表すことができる。(添加・増加)
B (5年，男)	数を数えるときに「5」や「10」のまとまりを作って数えたり，加法や減法の考え方を使って数えたりすることができる。	ア　足して10までの数同士の具体物や半具体物の操作を通して，「合わせる」と記号「＋」の意味がつながるようにし，数式を書いて簡単な合併の足し算が数え足しでできる。(合併) イ　足して10までの数同士の具体物や半具体物の操作を通して，「加える」と記号「＋」の意味がつながるようにし，数式を書いて簡単な添加・増加・増加のたし算ができる。(添加・増加)

4　指導計画（総時数 18 時間）

> 学習活動のまとまりとして，「生活場面での気付き」→「合併，添加・増加の学習」→「生活場面での活用」の流れで構成する。

次	主な学習活動・内容	時数	資料・準備
一	1　増えたり減ったりといった事象があることに気付く。 　(1) ジュースが増える，減る。（連続量の増減への気付き） 　(2) お菓子が増える，減る。（分離量の増減の気付き）	2	・お菓子 ・ジュース
二	2　二つの数量が同時にあるとき，二つの数量を合わせた大きさを，具体物や半具体物の操作を通して求める。（合併の学習） 　(1) 具体物を使って考える。 　(2) 具体物を半具体物（タイル）に置き換えて考える。 　(3) 数詞や数字を半具体物に置き換えて考える。 　(4) 数詞同士，数字同士で考える。	10 本時 (8/10)	・数字カード ・黒板掲示用タイル ・タイル ・タイル板 ・タイル定規
三	3　初めにある数量にある数量を追加したり，増加したりしたときの全体の大きさを，具体物や半具体物の操作を通して求める。（添加・増加の学習）	4	二次と関連
四	4　学習のまとめをする。	2	・皿，コップ

5　本時の学習（10/18）
　(1) 全体目標

> 本時において，どのような学習活動（ここでは半具体物に置き換える操作）を通して，何を学ぶのか（ここでは合併）を端的に述べる。

　　数字を半具体物に置き換える操作を通して，和が 10 までの 5 ＋△の合併を行い，全体の大きさを数詞や数字で表すことができる。

　(2) 個人目標

> 「5（1）全体目標」を各児童の学習状況，学習上の特性などを考慮し，個のレベルで述べる。

児童	個　人　目　標
A （4 年，女）	和が 10 までの数の合併を半具体物の操作を通して行い，合併後，一つずつ数え「5 と△，合わせて□です。」と指数字を伴いながら言い表すことができる。
B （5 年，男）	和が 10 までの数の合併を半具体物の操作を通して行い，5 のまとまりからの数え足しで合併後の全体の大きさを求め，「5 ＋△＝□」の式で書き表すことができる。

　(3) 指導及び支援に当たって

> これまでの学習と本時の目的，学習形態の意義，教材・教具，学習手順と配慮事項の 4 段落構成で述べる。

　　本グループの児童は，前時までに具体物を半具体物に置き換えたり，数詞や数字を半具体物に置き換えたりしながら，二つの数を合併することの具体的な操作方法や考え方を学習し，数や数字同士を半具体物を操作して考えることや，数が変化することへの興味・関心が高まってきた。そこで本時では，前時と同じ学習内容を再度取り扱うことで，より定着を図りたい。

　　学習形態としては，本時の学習課題を全員が共有したり，振り返りでお互いの頑張りを認め合ったりすることができるように導入及び終末では集団で，展開では児童一人一人の学習が深まるように近似課題の小集団を形成し，友達と関わり合いながら学習を進めることができるようにする。

　　教材・教具は，一人1セットずつ準備し，具体的な操作活動を十分に行うことができるようにする。また，同じ内容，手続きであっても児童一人一人の実態に応じてプリントやヒントシートを用意する。

　　学習の手続きとして，課題ごとに「予想」と「確かめ」を行い，児童が主体的に思考・判断する機会を設ける。正答だった場合は，十分に称賛を行い，学習意欲が維持，継続するようにする。また，誤答だった場合は，「どこが間違っていたのか。」を教師が児童にフィードバックしながら再度操作し，正答を導くようにして，学習意欲が低下しないように配慮する。

(4) 実際

過程	主な学習活動	指導及び支援上の留意点	資料・準備
導入 (10分)	1 始めの挨拶をする。 2 1から10までの数字カードを黒板に並べる。 (1) 数字カードを黒板に横一列に並べ，全員で読む。 (2) 並べた数字カードの横に掲示用タイルを貼って数階段を作る。 3 前時までの学習を想起し，本時の学習を話し合う。 (1) 前時の学習内容を発表する。 (2) 本時の学習を話し合う。 　　5と△，あわせていくつ？ (3) 個人目標について知る。	・CTは児童がカードを注視したことを確認した後，カードを渡すようにする。 ・STは，CTが提示するカードに児童が注視できるようにサイン等で支援を行う。 ・CTはモデルとして「1」の位置に掲示用タイルを貼る。STはCTの動きに注目できるようにサインや身体的ガイダンスで支援を行う。 ・全体の目標を確認した後に，個人の目標を提示し，児童が確認できるようにする。 ・個人目標については，個人目標が書かれたカードを黒板に掲示する。 導入では，これまで毎時間やってきた学習を行った後，本時の学習について確認する活動を設定する。	・数字カード（1から10） ・黒板掲示用タイル（1から10まで）
展開 (30分)	4 初めの数にある数を加えたときの全体の数を考える。 (1) 教師が行うタイルを使った操作を見る。 (2) 席を移動し，自分の道具を準備する。 (3) 教師の提示する問題を，タイルを用いて考え，答えを求める。 展開では，「予想」→「思考・判断」→「確かめ」の活動を取り入れたり，児童同士の関わり合いの中で学習を進めたりできるような工夫をする。 (4) 教師役と児童役に分かれて，友達同士で(3)の学習を行う。 (5) 各自道具の片付けをし，最初の席位置に戻る。	・AとCのグループにはSTが，BとD，Eのグループについては CT が指導する。 ・(3)では，教師の問題提示後，二つの数字を合わせるといくつになるかを予想し，タイル定規の数字の上に顔写真を貼るようにする。その後，実際にタイルを操作し答えを求め，予想と比較し確かめるようにする。 ・タイルを実際に操作する場面では，児童自身が思考・判断できるように，教師はできるだけ見守るようにする。 ・(4)では(3)と同様の手続きで，児童同士で学習を行い，必要に応じて言葉掛けやヒントを提示する。	・黒板掲示用タイル ・青タイル10枚 ・黄色タイル10枚 ・タイル板 ・数字チップ ・顔写真 ・タイル定規 ・数字提示ボード ・学習プリント
終末 (5分)	5 本時の学習を振り返る。 (1) 個人目標カードに自己評価を3段階評価で貼る。 (2) 発表をする。 6 次時の予告を聞く。 7 終わりの挨拶をする。	・(1)は，再度個人目標を確認した後に行う。 ・(2)の発表では，学習で使った教材・教具を操作しながら発表できるようにする。 ・教師は児童が「できたこと」等を実感できるように，必要に応じて代弁・補足するようにする。 終末では，本時の学習を自己評価するとともに，本時の学習の成果を発表する機会を設けることで，成就感を味わったり次時の学習への課題を見付けたりできるようにする。	

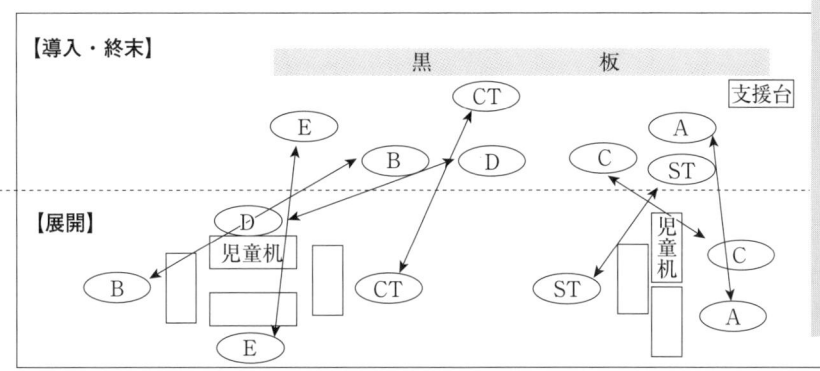

(5) 場の設定　→　導入・終末時と展開時とでは，学習活動の位置が異なるため，それぞれの学習の場が捉えやすいように図として書き表した。また児童や教師の動線を矢印で示している。

【導入・終末】
黒板　　　　　　　　　支援台
E　CT　B　D　C　A ST

【展開】
D 児童机 B　CT　ST 児童机 C A
E

(6) 教材・教具　→　操作活動を通して，感覚的，視覚的に学べる教材・教具を準備する。

数字カードと数階段	タイル板	タイル定規と数字提示ボード
数字カードを並べた後，数階段をつくる。数の順序性や基数性，数のもつ量の確認のため毎時間使用しているもの。	1枚の板には，タイルが10個入る。合併の操作と対応させて板を入れられるように，枠を左右，中央に設けているもの。	写真奥：タイル定規。予想や確かめで使用する。写真手前：数字提示カード。問題を出すときに使用する。

(7) 評価

ア　全体目標　→　「5（1）全体目標」との整合を図る。

　数字を半具体物に置き換える操作を通して，和が10までの5＋△の合併を行い，全体の大きさを数詞や数字で表すことができたか。

イ　個人目標　→　「5（2）個人目標」との整合を図る。支援については，教師が工夫した支援方法を適切に評価できる記述にする。

児童	個人目標	評価	具体的な手立てについて	評価
A（4年，女）	和が10までの数の合併を半具体物の操作を通して行い，合併後，一つずつ数え，「5と△，合わせて□です。」と指数字を伴いながら言い表すことができたか。		○「予想」と「確かめ」の学習活動は，操作活動をより主体的に行うために効果的であったか。 ○タイルやタイル板等の教材・教具は，操作しやすく合併の理解を促すために効果的なものであったか。	
B（5年，男）	和が10までの数の合併を半具体物の操作を通して行い，5のまとまりからの数え足しで合併後の全体の大きさを求め，「5＋△＝□」の数式で書き表すことができたか。		○「予想」と「確かめ」の学習活動は，操作活動をより主体的に行ったり，自身で正誤を判断したりするために効果的であったか。 ○数字をタイルに置き換えた後，再度数字に戻し，数式で思考する方法は効果的であったか。	

◎：十分達成できた　○：ほぼ達成できた　△：達成できなかった

(3) 学習指導案　高等部：「比例」

数学科学習指導案

平成○年○月○日○曜日○校時
高等部○グループ　男子4人　女子2人　計6人
場　所　高　等　部　○　年　教　室
指導者　○○○○（CT）　○○○○（ST）

1　題材　「比例」

2　題材について
　（1）題材設定の理由
　　　＜生徒の実態＞

> これまで数学科で取り組んできたことと，作業学習など実際の学校生活や日常の生活場面とを関連付けながら生徒の課題を述べる。

　　　本グループの生徒は，整数に関する四則計算（繰り上がりや繰り下がりのある加減，商が整数になる桁数の小さい除法など）や簡単なお金，時計などの実務に関する計算等の基本的な内容については，ある程度身に付けている。しかしながら，乗法の基本的な意味（1当たり量×いくつ分＝全部の量）を理解したり，表やグラフを参考にしながら数学的な考えを手掛かりに答えたりする生徒は少ない。このことから，乗法の学習において，九九を暗記したり手順を覚えて筆算したりすることはできるようになったが，割合の基本である倍の考え方の理解や伴って変わる二つの数量関係の理解が十分でないことが推測される。このことが，計算を含めた算数・数学の考え方を日常生活場面や学校生活の中で生かしきれない状況にしていると思われる。

　　　＜題材の意義・価値＞

> 実態と照らし合わせ，乗法の意味の理解，比例について知ることの意味，表やグラフの学習，生活場面との関連付けについて述べる。

　　　以上の実態を踏まえ，生徒の現在獲得している数学の力や生活年齢などを考慮して，題材として比例を取り扱う。比例について学ぶことで，伴って変わる二つの量（分離量）において，「単位当たり量×いくつ分＝全部の量」という，乗法の基本的な意味を確認することができる。さらに，二つの量の関係に着目しながら比例の意味を理解したり，二つの数量の関係を多角的・視覚的に捉えることができるように表やグラフを取り扱うことで，数量への見方を深めたりすることができると考える。また，生徒の身近な場面と関連付けた学習内容を工夫することで，比例の考え方や数学的な考え方を日常生活場面や学校生活の中で生かすことができるのではないかと考える。

　　　＜ねらい＞

> ①乗法の意味を理解することができる。②比例の意味を理解して表やグラフに表すことができる。

　　　そこで，本題材では，身の回りの2量の関係について，倍の考え方をもとに「×いくつ分」という乗法の意味を理解することができるようにする。また，一方の量が2倍，3倍と変化すると他方も2倍，3倍になるという比例の意味を理解し表やグラフに表すことで，量の変化を視覚的に捉え，推測しながら事象の変化を捉えることができるようにする。

　　　＜指導観＞
　　　指導に当たって，まず長さという属性に着目し，具体物を使ったり直接比較したりすることで，比べる量はもとの量のいくつ分になるかを調べ，それを「倍」という言葉を使って表すことができるようにする。また，割合の復習を扱う中で，具体物を使用して伴って変わる二つの数量を扱い，乗法の意味を理解することができるようにする。
　　　実際に比例を学ぶ段階では，連続量である液量と重さの関係で導入を図り，実測しながらデータをとり，表にまとめるようにする。また，日ごろの学習との関連から，作業学習で取り扱う学習を設定し，授業の内容を学校生活や日常生活で生かすことができる場面が多くあることに気付くようにしたい。
　　　グラフについては，黒板やワークシートを使って教師と一緒に書いたり読んだりして読み方や書き方を理解できるようにする。小数や分数は扱わず，桁の大きい数が出てきた場合は計算機を利用するなど，計算の難しさから意欲が低下しないように配慮したい。

<展望>

　この学習を通して乗法の意味を理解し，日常生活場面の中で自信をもって乗法を使用することができるようになると思われる。また，伴って変わる二つの量の関係を考察する能力が高まることで，日常の事象に見られる様々な数量とその関係を意識して捉えることができるようになることを期待したい。

(2) 生徒の実態

> 本題材に大きく関わると思われる基本的な計算力，数量関係の捉え方などを，これまでの授業の様子や実態調査から整理する。

観点 生徒	数学への関心・意欲・態度	整数における四則計算の理解	二つの数量関係の理解	表やグラフの理解	他の授業の様子
A (1年，女)	数学への苦手意識が強い。空間認知能力は高く，線分図などの視覚的に理解することが得意である。	単位当たり量やいくつ分などの乗法・除法の意味の理解は十分ではないが，2位数同士の乗法や除数が1位数の除法を筆算で解くことができる。	2量の差を，立式して整数倍の見方で捉えることは難しいが，視覚的におよそ何倍かの見当は付けることができる。	棒グラフや折れ線グラフについて理解している。正比例の表の空欄の数値を，ヒントをもとに求めることができる。	分からない問題に対し，うつむく様子が見られるが，内容を理解できると主体的に活動に取り組むことができる。
B (3年，男)	数学は得意で自信をもって取り組む。授業への意欲も高く，自分の考えをはっきりと伝えることができる。	整数範囲の四則計算ができる。簡単な文章問題を解いたり，生活場面で使用したりすることができる。	長さの違う2量の差を，整数倍の見方で捉えることができる。	棒グラフや折れ線グラフについて理解している。正比例の関係になっていることに気付き，表を作ることができる。	発問に対し消極的な面も見られるが，活動内容を理解すると，主体的に取り組むことができる。

3 題材目標

(1) 全体目標

> 生徒の実態や指導時数も考慮して，「2(1)＜ねらい＞」同様，比例については，正の整数倍しか扱わず，比例の定義である「二つの量の比が一定」は取り扱わない。

　ア　もとにする量や倍，比べる量などの言葉の定義と乗法の意味を理解することができる。
　イ　一方の量が2倍，3倍…になると，他方も2倍，3倍…になるという関係に着目し，比例の性質を理解することができる。

(2) 個人目標

> 個別の指導計画の数学における年間目標を示し，それに基づく本題材でねらう内容を個々に下ろして記述する。

生徒	個別の指導計画の目標	本題材での目標
A (1年，女)	○　乗法の意味を正しく理解することができる。 ○　身の回りの数量を表に整理したりグラフに表したりすることができる。 ○　計算機を使って百分率の計算をすることができる。	ア　倍の考えを使った乗法の意味を理解することができる。 イ　表を書くことで，一方の量が2倍，3倍…になると，他方も2倍，3倍…になる比例の性質を理解できる。
B (3年，男)	○　二つの数量の間にある変化の決まりや規則性に気付き，先の見通しをもち，予測，求答することができる。 ○　百分率や割引の計算をすることができる。	ア　求めたい数量を，乗法の計算式を使って求めることができる。 イ　身の回りの比例の関係にある数量を表に整理することで，比例の性質を理解し，グラフに表すことができる。

4 指導計画（総時数8時間）　→　一次は，比例を学ぶに当たっての基礎となる学習，二次で比例を学び，三次で学んだことを生かす学習となるように計画している。

次	主な学習活動・内容	時間	資料・準備
一	1　割合について復習する。 2　身の回りにある，伴って変わる二つの量を見付ける。	3	・ヒントカード ・ワークシート ・秤，コップ，バケツ ・計算機 ・釘
二	3　水のかさが増えると重さがどのように変化するかを実験し，比例の性質を理解する。 4　実験の結果を表やグラフにし，比例のグラフの特徴を知る。 5　釘の本数と重さについて比例関係があるかどうかを調べ，まとめる。	3	
三	6　具体物，表，グラフ，計算を使って，いろいろな問題について解く。 7　いろいろな問題に取り組む。	2 本時 (1/2)	

5　本時の学習（7/8）

(1) 全体目標　→　題材設定の理由や題材全体の目標との整合性をもたせる。

　乗法や比例の考え方を使い，数えたり量ったりせずに釘の重さや本数を求めることができる。

(2) 個人目標　→　本題材における生徒それぞれの実態に合わせて具体的に設定する。

生徒	個　人　目　標
A （1年，女）	表やグラフを参考にグループ員と話し合いながら，釘の重さや本数を求めることができる。
B （3年，男）	表やグラフを自分で完成させ，そこから求めたい数量の計算式を導き出すことで，釘の本数や重さを求めることができる。

(3) 指導及び支援に当たって　→　本時の中心的な手立てについて記述する。

　生徒たちは，前時までに比例の性質の一つである「一方の量が2倍，3倍…になると他方も2倍，3倍…と変化する。」ことを理解してきている。また，比例のグラフは右上がりになることを知り，二つの数量の比較の仕方について，多角的な見方ができつつある。しかし，比例の性質の考えをどのような場面でどのように使うのかについては，その課題も大きい。

　そこで，本時では，前時に引き続き作業学習で使用している釘を使い，表やグラフ等も使って問題を解決し，比例の性質の理解や比例の計算の定着を図っていきたい。

　具体的には，以下のような指導及び支援を行う。

・　釘は実際に作業学習で使用しているものを使い，数学と作業学習とのつながりが意識できるようにする。また，グループに分かれて重さを実測することで学び合いの場面を作るとともに，実際に釘を持つことで重さの単位と数値との感覚を一致することができるようにする。
・　学習課題が早く終わった生徒は，同じグループの生徒と説明し合う場面を作り，伝える力や聞く力にもアプローチすることで，今後の学び合いの質につながるようにする。
・　分からないことがあるときは，すぐに教師に聞くのではなく，グループ内で相談するように言葉掛けを行い，生徒同士で学び合い，解決できるようにする。
・　Aについては，発表する内容とワークシートの内容を同じにし，書いてあることをそのまま発表できるようにし，Aの意見を引き出すことができるように言葉掛けを行う。
・　Bについては，進行役とし，他の生徒の意見を聞き出すような言葉掛けを行うように指導する。

(4) 実際

過程	主な学習活動	指導及び支援上の留意点	資料・準備
導入 （5分）	1　始めの挨拶をする。 2　前時までの学習を振り返る。 3　本時の学習課題を話し合う。 　1箱（25kg）に何本の釘が入っているだろうか？	・　前時の復習プリントを確認することで，比例の性質を振り返りやすいようにする。 ・　生徒が本時の活動で必然性をもてるようなVTRを準備しておく。 ・　本時の学習課題を読み上げ，本時に取り組む課題内容を確認する。	・計算機 ・前時のワークシート ・本時のワークシート ・釘 ・VTR ・TV
展開 （40分）	4　一人一人予想を立てる。 　　予想を立ててから活動することを大切にしている。 5　グループに分かれて釘の重さや本数を予想する。 （1）話し合いができるように机を移動する。ワークシートに必要なことを記入し，秤や釘の準備をする。 （2）グループごとに100本のときの重さを表やグラフから予想し，発表する。 　学習の過程に沿って，具体的な手立てを述べる。特に答えの理由を説明できるようにすることが重要である。 （3）グループごとに，本数を数えずに25kg（1箱分）の釘は何本になるか予想を立て，発表する。	・　実際に釘を持った上で，予想とその理由を選べるようにワークシートを工夫する。 　　考え方の交流を行う。 ・　それぞれの予想をもとに3人で話し合いながら課題解決できるようにする。 ・　準備を自分たちで行うことで，生徒間または教師との関わりとともに，学習へ向かう心構えがもてるようにする。 ・　分からないことがある場合は，グループ内で相談してから教師に相談するように言葉掛けをする。 ・　前時までのワークシートを参考にしながら話し合うことで，100本の釘の重さを予想できるようにする。 ・　100本の釘を事前に準備しておき実際に量ることで，予想と結果を比べることができるようにする。生徒によってはグラフも作成し，視覚的に理解できるようにする。 ・　実際に秤で量った後に，100本の釘を持つことで，釘の本数と重さを実感できるようにする。 ・　発表のときは必ず理由を説明するように促す。 ・　ヒントカードとして，変域が25kgまでの表やグラフを載せたワークシートを準備しておく。 ・　100本で2500gをヒントに，200本，300本のときの重さを計算機で求められるようにする。	・ヒントカード ・ワークシート ・釘 ・計算機
終末 （5分）	6　学習したことを振り返る。 7　次時の学習を話し合う。 8　終わりの挨拶をする。	・　表やグラフを確認し，比例の考え方に再度着目することができるようにする。 ・　生徒自身が発表した授業の感想や比例の性質等をもとに学習のまとめを行う。	・グラフ用紙 ・グラフ用黒板

(5) 場の設定　　話し合いがしやすいように座席の位置を工夫している。

【導入・終末時】

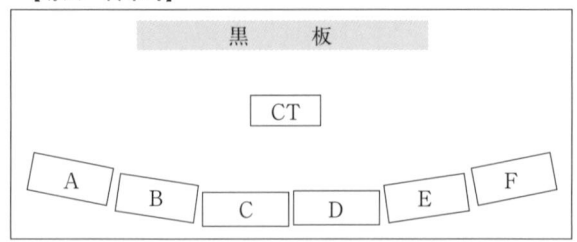

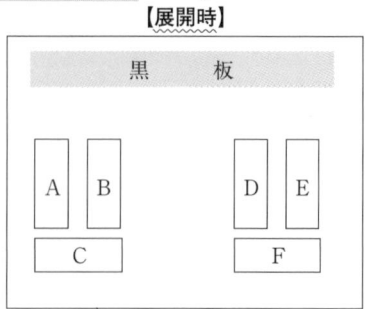

黒板

CT

A　B　C　D　E　F

【展開時】

黒板

A　B　　D　E
C　　　　F

(6) 教材・教具　　本題材では、実際に体感できる教材・教具を中心的に取り扱う。

秤	釘
釘の重さを量る。読みやすいようにグラム単位に換算した目盛りを貼ってある。	作業学習で使っている釘を使用。10本ひとまとまりのものと100本ひとまとまりのものを準備する。

ヒントカード	前日までのワークシート
個人やグループで，困っているとき（困っていそうなとき）に渡す。穴埋め形式や計算式を書いている。	考え方の流れが分かりやすいように，生徒の実態に合わせて毎時間準備する。

(7) 評価
　ア　全体目標
　　　乗法や比例の考え方を使い，数えたり量ったりせずに釘の重さや本数を求めることができたか。
　イ　個人目標

生徒	個人目標	評価	具体的な手立てについて	評価
A （1年，女）	表やグラフを参考にグループ員と話し合いながら，釘の重さや本数を求めることができたか。		○　ワークシートの構成や発問の仕方，発表を待つ姿勢などは適切であったか。	
B （3年，男）	表やグラフを自分で完成させ，そこから求めたい数量の計算式を導き出すことで，釘の本数や重さを求めることができたか。		○　表やグラフを自分で完成できるようなワークシートであったか。 ○　グループの他の生徒の意見を引き出すための指導は適切であったか。	

◎：十分達成できた　○：ほぼ達成できた　△：達成できなかった

3　音楽科

(1) 基本的な考え方

ア　音楽科の意義

　　音楽は生活の中で，私たちに様々な影響を及ぼしている。それは，音楽が感情と密接に結び付いているからである。また，音楽は非言語的なコミュニケーションで人と人をつなぐ手段になり，言葉と同じ意味合いの側面ももつ。音や音楽でのやりとりは，対人関係の形成や言語発達の促進，さらに社会的な相互交流の手段にもなる。

　　人は生まれながらにして音楽を聴いてその美しさを感じたり，表現したりしようとする潜在的な能力をもっている。そして，音楽を聴いたり表現を楽しんだりする活動を通して，この潜在的な能力が引き出され，培われ，伸ばされ，音楽的な感受性が豊かに育ち，精神活動の安定や豊かさをもたらすことができる。

　　このような音楽のもつ特性を踏まえながら，小学部の音楽科では，児童が多様な表現及び鑑賞の活動を，豊かに幅広く直接体験することを通して，音楽的な感受性を育て，情緒の安定や豊かな情操を養うことを目指すものである。さらに中学部，高等部では，発達の段階等を考慮して，表現及び鑑賞の能力を伸ばし，音楽についての興味・関心を深めながら生活と音楽の関連を図り，生涯を通じて音楽を楽しむ態度を育てることにその意義がある。

イ　音楽科における指導の基本的な考え方

　　児童生徒の多くは，音楽を愛好し，その感性や表現することへの意欲も豊かである。そのような実態をもとに，いろいろな音楽を聴いたり表現したりする活動を通して，音楽についての興味・関心を高め，その美しさや楽しさを味わい，豊かな感性を育てていくとともに，基礎的な知識や技能を高め，自由に表現する力を育てたい。また，音楽的活動を通して人との関わりを深め，共感できる体験を積み重ねることで，共に活動する楽しさを味わい，生活の中で音楽を楽しみ，豊かな生活を送ることができるようにしたい。

　　そこで，小学部では，児童が自然な形で音や音楽との新鮮な出会いを経験し，興味・関心のある音楽に楽しみながら関わることを大切にしたい。児童が主体的に音楽活動を行い，共感する経験を積み重ねることによって，表現力を広げながら，音楽活動への興味・関心，意欲を高め，音楽の楽しさを味わうことを目的とする。

　　中学部では，小学部で身に付けた基礎的な能力を，楽しく音楽と関わる活動を通して，経験的に高めることが大切である。そのためにも表現と鑑賞は別々に行うということではなく，すべてを統合的に扱うことが重要である。また，「やってみたい。」という表現意欲と自由な発想を大切にする中で，生徒がより主体的な音楽活動を行い，音楽の時間で学習したことを，他の授業や学級内での音楽的な活動に生かすなど，積極的に生活の中で生かす態度と習慣を育てることが大切である。

　　高等部では，中学部段階までに培われた基礎的な能力を更に伸ばし，「伝えたい。」，「共に感じたい。」という気持ちを大切にする中で，主体性や個性を大切にした音楽活動を行

い，共感できる喜びや達成感，成就感を味わうことができるようにする。また，今まで身に付けてきた音楽的な能力を生活の中に取り入れ，生かすことによって，学校での音楽科の学習を基盤にしながら，生涯にわたって，自ら生活の中で楽しく音楽と関わろうとする姿勢を育てたい。

ウ　題材設定の考え方と指導上の留意点

- 児童生徒の興味・関心，発達段階等の実態を考慮して題材を設定し，配列に当たっては，その他の学習活動，季節，行事など関連を十分考慮するとともに魅力的な教材曲の選択に努める。
- 表現及び鑑賞の活動を通して，多様な音楽文化にバランスよく接していくことができるような題材構成を工夫することで，児童生徒が感性を働かせて，音楽を感じ取る場面を多く設定したい。また，その際に各学部の系統性にも配慮する。
- 音楽の学習活動の中には，動的・情意的な自己表現のできるような場が豊富にあるため，児童生徒からの欲求が，いろいろな形で表れてくる。このような自主性や積極性は，指導のねらいから逸脱しない範囲で，十分尊重しながら学習を展開していくことが大切である。
- 音楽は，学校の教育活動全体と深い関わりをもつものであることを，十分念頭に置いた上で，他の教科等と関連付けながら音楽の指導を進めていく。
- 音楽の時間で学習したことを，他の授業や学級での音楽的な活動に活用あるいは発展させ，さらに家庭生活につなげていくことが大切である。また，児童生徒が日常生活の中で得た音楽経験を授業に積極的に生かし，音楽活動を生活全体の中に広げ，日常化していくための工夫が大切である。

本校生徒が出場した県高校音楽祭

(2) 学習指導案 高等部：「リズムを楽しもう」

音楽科学習指導案

平成〇年〇月〇日〇曜日〇校時
高等部 男子8人 女子4人 計12人
場所　　音　楽　室
指導者〇〇〇〇（CT）　〇〇〇〇（ST）

1　題材　　「リズムを楽しもう～拍子を感じて～」
　　教材曲　「Sleepers, Wake」（J. S. バッハ作曲，平原綾香編曲）
　　　　　　原曲：カンタータ第140番「目覚めよ，と呼ぶ声あり」より第4曲コラール

2　題材について
　(1) 題材設定の理由

> グループ編成で重視している点と，生徒の姿，対応策を述べる。

　　＜生徒の実態＞
　　本グループは，1年生から3年生までの男女12人で構成されている。編成に当たっては，習熟度別ではなく，生徒の多様な関わりが多く見られるように配慮している。
　　授業での身体表現の様子を見てみると，曲の速さや雰囲気を感じ取り，音楽に合わせて自由に歌ったり踊ったりする姿が見られる。しかし，パターン化された表現方法が中心であったり，友達と一緒に合わせようとせず思うままに表現したりする姿が見られる。これは，音楽の規則性に基づいた表現活動や誰かと何かを作り出していく経験が少ないことが背景にあると考えられる。このことから，リズムに着目した創作活動を取り入れる必要があると考えられる。

　　＜題材の意義・価値＞

> リズムの意味が広いため，本題材におけるリズムを定義している。

　　リズムとは，音楽の基本要素の一つであり，音の時間的現象における運動の秩序である。そこで，本題材におけるリズムを「拍節リズム（一定の時間，一定の規則性に沿って表現する）」とし，拍子に着目することにした。一定の規則性をもった音は，身体運動を誘発することができたり，集団性を高めていったりすることができると考える。
　　教材曲は，「Sleepers, Wake」を使用する。この曲は4拍子であるが，途中で2拍子が出てくるため拍子のズレが生じ，拍子に対する気付きが生まれやすい。また，2拍子で感じることができる部分もあるため自由な発想で表現方法を考えたり，教師が意味付けをしたりすることができる。また，途中に強弱の変化や調の変化があるため，生徒自身が観点をもって自由に表現方法を考えやすい教材曲であると考える。

> 教材曲の楽曲分析からも本題材における意義・価値を述べる。

　　＜ねらい＞　→　ねらい：①リズムの特徴を踏まえた身体表現，②曲を作り上げる楽しさの共有
　　そこで本題材では，リズムの特徴を知り，曲に合った身体表現をすることができるようにしたい。また，一つの曲を作り上げる楽しさを味わい，他者と音楽を共有できるようにしたい。

　　＜指導観＞　　「意味付け」は，指導方法として大切にしたい視点である。
　　具体的には，最初に曲を提示する段階で，模範演奏を提示せず，まずは「どのように感じたか。」を問い掛け，生徒一人一人の感じた身体表現を引き出していくようにする。その際，生徒が感じたことや表現したことを教師が言語化したり，描写したりしながら意味付けし，イメージを高めることができるようにする。
　　創作活動では，3人でグループ編制を行い，ワークシートを使用し，話し合いの内容を整理しながらグループの意見をまとめていくようにする。発表場面では，場の設定を半円状とし，お互いの顔や呼吸を感じることができるようにする。教師はコンガを使用して拍を提示することで，友達と合わせようとする気持ちを引き出し，達成感を感じることができるようにする。

第4節　学習指導案の実際　●　61

<展望> → 次題材へのつながりと,将来の生活へのつながりについて述べる。

　今回の学習を通して,次題材で取り扱う器楽においても楽器を使用しながら創造的に表現することができるようになると考える。また,将来の生活において,規則や条件を意識したり,他者と一緒に何かをやり遂げようとする意欲をもったりするとともに,様々な場でお互いを認め合えるようになるのではないかと考える。

→ 本題材で中心となる活動(身体表現,創作活動)から観点を立てている。

(2) 生徒の実態

→ ねらいの「リズムの特徴を知る」ために必要な力として項を立てる。

観点 生徒	身体表現の様子	聴く・聴き分ける	創作活動の様子	コミュニケーション
A (1年,女)	特定の音楽のみ興味・関心を示すことが多い。テンポの速い曲を好み,教師の模倣をしながら活動に参加することができる。	曲を聴く途中で他のことを考え,一定時間,曲を聴き続けることは難しい。曲の速度の違いを聴き分け,自然と踊る場面が見られる。	感じたことを言葉で伝えることは難しいため,教師が意味付けすることが多い。絵カードと自分の振りを対応させることができる。	自ら友達と一緒に活動しようとすることは少ない。二人組で行う歌遊びでは,相手の目を見るなど相手を意識する様子が見られる。
B (3年,男)	一人で前に出て発表することは苦手であるが,友達と一緒であれば友達の模倣をしながら表現することができる。	曲の速度や調の違いを聴き分けることができる。拍子については,言葉は知っているが意味を理解するまでには至っていない。	曲のイメージを,言葉で具体的に伝えることができる。イメージしたことをどのように動作化すればよいか迷う姿が見られる。	自分の意見を進んで伝えることは少ないが,音を介した活動では,相手を意識して活動に参加することができる。

3　題材目標

(1) 全体目標 →「2(1)<ねらい>」と整合させる。

　ア　リズムの特徴(拍子)を感じ取り,自分なりに振り付けを考え,表現することができる。
　イ　友達と振り付けを考えたり,表現したりする楽しさを味わい,発表することができる。

　　行動目標で記述する。「味わう」,「親しむ」とするのであれば,具体的な生徒の姿を把握しておく必要がある。

(2) 個人目標 → 個別の指導計画の目標は,【表現】【鑑賞】の二つである。

生徒	個別の指導計画の目標	個　人　目　標
A (1年,女)	○　相手の音や歌声を意識しながらタイミング良く表現することができる。 ○　作曲家や友達の気持ちを教師と一緒に考え,シンボルや絵カードを使用しながら感想や意見を発表することができる。	ア　拍の違いを感じ取り,曲の中で表現することができる。 イ　友達の意見を教師と一緒に確認し曲の中で友達と一緒に発表することができる。
B (3年,男)	○　音楽の要素を知り,要素を意識しながら表現することができる。 ○　自分の考えや背景にある事実,友達の意見を関連付けながら,感想を発表したり,表現方法を考えたりすることができる。	ア　曲の中で注目した点をワークシートにまとめ,拍の特徴を理解しながら振り付けを考えることができる。 イ　グループの発表内容をまとめて,友達と一緒に発表することができる。

4 指導計画（総時数 10 時間） → 指導計画の構成：①【自由な発想】，②【表現方法を知る（習得）】，③【リズムについて知る（習得）】，④【思考する（活用）】，⑤【表現する（活用）】

次	主な学習活動・内容	時数	資料・準備
一	1 学習する曲について知る。 (1)「Sleepers, Wake」を鑑賞する。 (2) 曲に合わせて自由に身体表現をする。 (3) 感想を発表する。	1	・CD ・映像資料
二	2 いろいろな身体表現について話し合う。 (1) 教師の身体表現を知る。 (2) 友達の身体表現を模倣する。 3 リズムについて話し合う。 → 習得型の学習活動が中心 (1) 拍子について知る。 (2) 強拍について知る。	4	・表現カード ・ビデオカメラ ・他の教材曲 （拍子に関する）
三	4 友達と一緒に身体表現を考える。 → 活用型の学習活動が中心 (1) グループで振り付けを考える。 (2) 発表する。 5 まとめをする。	5 本時 (1／5)	・ワークシート ・各種支援ツール ・ビデオカメラ

5 本時の学習（6／10）
(1) 全体目標 → 実態差のあるすべての生徒（12人）に当てはまるような共通目標を設定する。

　　友達や教師と振り付けを話し合い，一緒に発表することができる。

(2) 個人目標

生徒	個 人 目 標
A （1年，女）	友達の振りの中から好きな振り付けを選択し，友達と一緒に発表することができる。
B （3年，男）	友達の意見と自分の意見をワークシートにまとめながら，グループの振りを考え，発表することができる。

(3) 指導及び支援に当たって → これまでの学習と本時の流れに沿って手立てを述べる。

　　生徒たちは，これまでに曲に合わせて自分なりに身体表現したり，友達や教師の振りを模倣したりする活動を行ってきた。前時では，「拍」を取り扱い，曲にはいろいろな拍子があること（本題材では2拍子，3拍子，4拍子を取り扱う。）や強拍や弱拍があることを学習し，強調すべき音や友達と合わせる上で強拍を大切にすることを理解しつつある。このような学習を踏まえて，本時はグループに分かれて創作活動を行っていく。そこで，以下の点について留意したい。
・ 生徒同士の意見が，より活発に交換できるように3人でグループ編制を行う。
・ 創作活動がスムーズに進められるように，進行メモやワークシートを使用する。
・「体のどこの部分を使用するか。」，「どのように動かすか。」など観点を示したワークシートを使用することで，友達の意見を比較しながら，創作していくことができるようにする。
・ Aについては，STが友達の意見をイラストで提示することで，やってみたい振りを選択できるようにする。
・ 発表の際は，CTが必要に応じて強拍をコンガでガイドし，「合わせる」気持ちを高めたり，実感したりすることができるように配慮する。

(4) 実際

過程	主な学習活動	指導及び支援上の留意点	資料・準備
導入 (10分)	1 始まりの歌を歌う。 2 既習曲を歌う。 　「こんにちは」 　「高い声・低い声」 　「夢の世界を」 3 本時の学習を話し合う。 　友達と「Sleepers, Wake」の振り付けを考えよう。	・既習曲を使用することで，自信をもち歌ったり，音楽の授業に対する意欲を高めたりすることができるようにする。 ・「こんにちは」，「高い声・低い声」では，タイミングよく発表できるように生徒の状態を見ながら呼名する。また，すべての生徒が前に出て歌うことができるように配慮する。 ・前時に学んだこと（拍についての特徴）を発問を通して振り返りながら板書し，展開時に話し合いの材料として気付くことができるようにする。	・歌詞カード ・文字カード
展開 (35分)	4 創作活動をする。 　(1) グループ編制をする。 　**特に配慮してほしいSTの動きを記載する。** 　(2) グループで話し合う。 　　・体のどこを使うか。 　　・どのように動かすか。 　　・誰が担当するか。 　**場の設定を変えた場合は，STの立ち位置を確認することが大切である。** 5 発表する。 6 気付いた点や感想を発表する。 　**言語化が難しい生徒の手掛かりとして用意する。**	・空欄のグループ編制表と名前カード，進行カードを手掛かりにして，司会，進行，記録の生徒が「何を」，「どのように」話し合えばよいか考えることができるようにする。 ・STは，A，Dが選択できるように，名前カードを渡して個別に支援する。 ・グループで話し合う前に，ワークシートの使い方を絵カードを使用して説明する。 ・STは，A，Dの発表内容を意味付けをしながら友達に分かりやすく伝えるようにする。また，友達の発表内容をイラストで提示し，話し合いの内容を理解することができるようにする。 ・発表するグループに注目できるように場の設定を半円状にする。 ・必要に応じてコンガで拍を提示し，拍を意識することができるようにする。 ・CTは，工夫した点を板書にまとめながら説明する。 ・BやF，Hは，シンボルカードを使用して感想を発表することができるようにする。	・編制表 ・名前カード ・進行カード ・ワークシート ・絵カード① ・絵カード② ・イラスト ・コンガ ・ホワイトボード ・シンボルカード
終末 (5分)	7 本時のまとめをする。 8 終わりの歌を歌う。	・次時への意欲を高めることができるように，本時の活動で頑張ったことを具体的に説明する。 ・次時は，「強拍」を意識して振り付けを考えることを伝えることで，見通しをもつことができるようにする。	・シンボルカード

(5) 場の設定

【導入，展開（発表），終末時】　　　　　　　　　　　　　　【展開（創作活動時）】

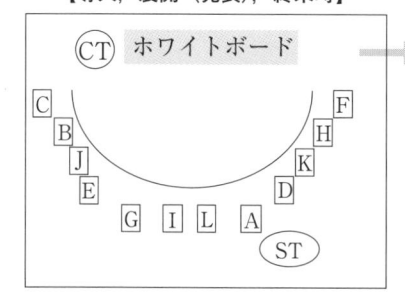

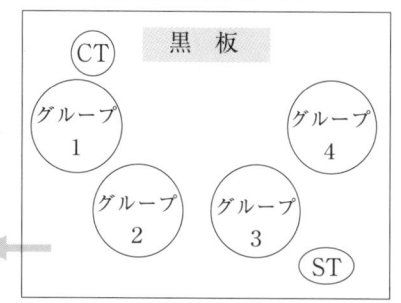

（座席配置図：CT・ホワイトボード，生徒 C, B, J, E, G, I, L, A, D, K, H, F, ST）

（座席配置図：CT・黒板，グループ1，グループ2，グループ3，グループ4，ST）

実際の様子

(6) 教材・教具

絵カード①	絵カード②	ワークシート	シンボルカード
これまでの身体表現を絵カードにしたもの。自分がやりたい振り付けを選択したり，自由な身体表現の手掛かりにしたりする（上図はジャンプを表す）。	体の部位「どこ」と体の動き「どのように」を示したカード。話し合いの中で組み合わせて使用できるようにする（上図は肩を表す）。	着目する点を順序よく記載したワークシート。リーダーが話し合いをする際に使用する。	形容詞を示したシンボルカード。感想を発表する際に使用する。

(7) 評価

ア　全体目標

　　友達や教師と振り付けを話し合い，一緒に発表することができたか。

イ　個人目標

個人目標を達成するために用いた手立てが有効であったかを評価する。

生徒	個人目標	評価	具体的な手立てについて	評価
A（1年，女）	友達の振りの中から好きな振りを選択し，友達と一緒に発表することができたか。		○　絵カードやイラストは，友達の内容を示す手掛かりとして有効であったか。	
			○　教師の言葉掛けや打楽器によるガイドは，友達と一緒に発表する手立てとなっていたか。	
B（3年，男）	友達の意見と自分の意見をワークシートにまとめながら，グループの振りを考え，発表することができたか。		○　ワークシートは，創作活動のポイントや観点に気付くような内容になっていたか。	
			○　工夫した点を「拍」と関連付けて分かりやすく説明することができたか。	

◎：十分達成できた　　○：ほぼ達成できた　　△：達成できなかった

4　図画工作・美術科

(1) 基本的な考え方

ア　図画工作・美術科の意義

　　造形活動は，人の根源的欲求といわれる。それは，ものの美しさを感じ取る感性を養うとともに，創造力の基礎となる主体的な表現力や制作能力を伸ばして造形の喜びを味わい，これらの力を生かして豊かな生活を営むことができるような人間性をはぐくむものである。

　　図画工作科は，身近なものや人に働き掛けたり，周囲からの働き掛けを受けたりして，外界と児童との関係がつくられていく初歩的な児童の発達の段階を考慮しつつ，造形活動を通して豊かな情操を培うことを目指している。また，児童と児童を取り巻く環境との自然な関わりの中で，造形活動を行うことが重視されており，児童の心身の成長・発達に必要な欲求と喜びを実現させる仕組みがあることや，造形活動自体を楽しむことなどから，情操を豊かにできる教科である。さらに，知的な発達や感覚・運動機能の発達を促す初歩的な学習活動としての意義もある。

　　美術科は，図画工作科の造形活動の経験をもとにして，中学部，高等部の段階に応じて，表現及び鑑賞の能力を高め，基礎的，発展的な創造活動を充実して豊かな情操を培うことを目指している。美術科の指導においては，主体的に表現し，鑑賞する能力や態度を育てることを通して，意思表出の働きを助長したり，様々な知識や技能を習得したりすることなどについても重視することが大切である。

イ　図画工作・美術科における指導の基本的な考え方

　　児童生徒の中には，伝えたり表現したりしたいという意欲や，造形活動に対する興味・関心を示す者が多い。しかし，発達段階や障害の状態等から，イメージを膨らませたり表現する主題を自分で決めたり，材料・用具を適切に扱って表現につなげたりすることが難しい児童生徒もいる。また，鑑賞においては，自分や友達の作品に興味・関心を示すものの，作品の美しさ等を言葉で表現することが難しい児童生徒の姿も見られる。

　　そこで，特別支援教育においては，児童生徒の障害の状態や経験等を考慮し，一人一人のニーズに応じた具体的な指導内容を設定したい。

　　図画工作科では，周囲の環境や身近にある様々な素材にかかわり，遊びの楽しさを味わいながら造形活動につなげる造形遊びを取り入れることで，見たり触れたり素材の可塑性を楽しんだり，無意図的な手指の運動とその結果を楽しみ，意味付けをしたりすることができるようにしたい。また，造形遊びでの活動経験をもとにして，身近な材料・用具を親しみながら使い，絵に表したりつくったり飾ったりできるようにしたい。

　　中学部の美術科では，図画工作科の造形活動の経験をもとにして，基本的な表現力，表現に必要な材料・用具の扱い方，鑑賞の力を伸ばし，生徒自身の表現欲求に基づく表現活動と自他の作品や造形品などへの関心を高めて，豊かな感性を養うことができるようにしたい。

高等部の美術科では，中学部における美術科の造形活動の経験をもとにして，経験したことや想像したものなどから自分で主題や構想を決めたり，材料・用具の知識・理解などを生かし表現に必要な技法や材料・用具を選択して表現の仕方を試みたり，完成までの見通しをもって計画的に制作に取り組んだりできるようにしたい。また，作業学習など他の教科等の内容との関連を踏まえて，加工道具や機械などを用いたり，題材を身の回りのものから地域や郷土に広げて美術館や博物館，資料館等を利用したりするなど，卒業後の余暇や社会生活，職業生活に結び付くようにしたい。

ウ　題材設定の考え方と指導上の留意点
- 児童生徒が経験をもとにイメージを膨らませたり，造形活動を生活に生かしたりすることができるよう，季節や学校行事，生活との関連を考慮して題材を設定する。
- 児童生徒が主体的に造形活動に取り組み，活動自体を楽しんだり自分の力を自覚したりすることができるよう，魅力ある材料・用具を用いて，具体性のある作品ができるように工夫する。
- 児童生徒がもてる能力を十分発揮し，更に高めることができるよう，一人一人の発達段階や特性を把握し，養いたい力や身に付けられるようにしたい技能を具体的に考えて，習得できるような学習内容を設定する。
- 表現と鑑賞，立体造形，平面作品等の内容をバランスよく取り扱い，多様な表現技法に触れて表現の幅を広げたり，優れた造形品や自分や友達の作品の美しさなどを味わったりすることができるようにする。
- 一人一人の児童生徒が材料・用具，表現方法などを自ら選択できるように準備を行い，児童生徒の表現方法に応じた柔軟な指導ができるようにする。
- 身近な自然物や人工物，材料・用具などの衛生・安全面，加工道具，機械類の安全管理について十分考慮して題材を設定し，材料・用具を安全かつ適切に扱うことができるよう指導を行う。

生徒の作品（高校美術展出品作品）

(2) 学習指導案　小学部：「ねんどであそぼう」

図画工作科学習指導案

平成○年○月○日○曜日○校時
小学部1,2年　男子3人　女子3人　計6人
場　所　小学部1組教室
指導者　○○○○（CT）　○○○○（ST）

1　題材　「ねんどであそぼう」

2　題材について
　(1) 題材設定の理由
　　＜児童の実態＞　　　【児童の粘土での表現に関する経験や実態を分析し，考えられる課題の要因を述べる。】

　　　子どもたちは，これまで，砂遊びやクレヨンでの描画の学習に取り組んでおり，砂山を崩して遊んだり，なぐりがきを楽しんだりするなど，自分なりの方法で働き掛け，表現しようとする姿が見られている。一方，粘土については，操作して形を変化させ，イメージをもってつくろうとする様子は見られず，表現する意欲を持続させることが難しい。これは，感覚の過敏性や手指の巧緻性の課題から，粘土の感触や操作が苦手であり，<u>感触そのものを楽しんだり，手指を使って操作したりして意図的に粘土を触る経験が不足しているためだと考えられる</u>。また，<u>粘土のもつ可塑性に興味をもって関わったり，自分なりの表現方法を見付けたりできていないため，粘土で表現する楽しさを十分に味わうことが必要な段階にあると考えられる</u>。

　　＜題材の意義・価値＞　　【実態と対応させて，題材の意義（粘土の特質）について述べる。】

　　　以上の実態を踏まえて，本題材「ねんどであそぼう」を設定した。粘土は，自分の働き掛けによって思い思いに形を変化させることができる。そのため，児童が，興味・関心をもちやすく，意図的に働き掛けようと思える素材である。また，素材としての粘土で遊ぶ中で，いろいろな材料や用具と組み合わせながら，表現したい気持ちと表現する手段を結び付け，自分なりの表現方法を見付けることができる。

　　＜ねらい＞　　【実態，題材の意義・価値を踏まえ，ねらいを設定する。】

　　　そこで，本題材では，素材としての粘土で遊ぶ活動の中で，材料や用具と組み合わせながら，形を変化させたり，粘土を操作したり，形づくったものを見立てようとしたりして，自分なりの方法で表現する楽しさを味わうことができるようにする。

　　＜指導観＞　　【どうすれば，粘土で表現する楽しさを味わうことができるようになるのか，そのねらいを達成するための指導の展開や手立てを具体的に書く。】

　　　具体的には，はじめにいろいろな種類の粘土に触れる活動を設定し，手足で感触を確かめたり，好きな感触の粘土を見付けたりすることができるようにする。次に，手指を使った操作をしたり，いろいろな材料や用具と組み合わせたりして，形を変化させることを楽しむ活動を設定する。ここでは，児童が意欲的に活動できるように身近でイメージがわきやすい材料や用具を徐々に増やしていき，粘土に触れる中で形づくったり，形の変化のおもしろさに気付いたりすることができるようにする。また，児童が求める活動や必要とする材料を察して提供したり，粘土に触れる中で出来上がったものの意味付けをしたりする。さらに，それまで使った材料や用具の中から，使いたいものを選んで，つくったものや遊んだことを発表し，表現する喜びや楽しさを味わうことができるようにしたい。

<展望> ───────▶ 本題材を学習することで期待できる発展的な姿について述べる。

　このような活動を通して，児童は，図画工作の学習や休み時間等において，それぞれの表現方法で粘土に働き掛け，より親しみのある素材として扱うことができると考える。また，形が変化することを楽しみながら粘土を操作して，見立てながらつくりたいものを形づくるなど，表現する意欲を高めることにつながり，豊かな情操を培うことに寄与できると考える。

　　　　　　　　　　　　　　　学習指導要領における，「表現」，「材料・用具」，「鑑賞」の観点から
　　　　　　　　　　　　　　　実態を述べる。そこに，目標と関連付け，本題材に取り組むに当たって
(2) 児童の実態 ─────▶ 必要な「造形あそびに関する興味・関心・意欲」の観点を加える。

児童＼観点	造形あそびに関する興味・関心・意欲	粘土による表現	材料・用具	鑑　賞
A（1年，男）	経験したことのある活動については自分から取り組むことがあるが，じっくり素材とかかわったり，遊び込んだりする様子は見られない。	土粘土を足で踏むことを好む。手が汚れることを嫌がり，自分から手で粘土を触ろうとしない。紙粘土の塊を小さくつまんでちぎることができる。	様々な色のクレヨンを使って紙いっぱいに色を塗ることができる。スコップを使って砂をすくったり，集めたりすることができる。	複数の作品の中から，自分でつくったものや絵に表したものを選ぶことができる。
B（1年，女）	自分から積極的に取り組むことは少ないが，教師からの言葉掛けがあると，持続して活動に参加することができる。	紙粘土や小麦粉粘土など，力を過分に必要としない粘土で遊ぶことが多い。自分から何かに見立てることは難しいが，容器に粘土を詰めて遊ぶ様子がある。	身近な材料に対して興味・関心が高い。用具の操作は，背後からガイドしたり，モデルを見せたりすると使うことができる。	友達の作品には興味・関心が低いが，自分が描いたものやつくったものを教師に見せて喜ぶ。

3　題材目標
(1) 全体目標　─────▶ 「2（1）〈ねらい〉」と整合性を図る。

　素材としての粘土で遊ぶ活動の中で，材料や用具と組み合わせながら，形を変化させたり粘土を操作したり形づくったものを見立てようとしたりして，自分なりの方法で表現する楽しさを味わうことができる。

(2) 個人目標

児　童	個別の指導計画の目標	個　人　目　標
A（1年，男）	様々な素材に触れ，感触を味わったり，用途に応じて適切に道具を選択したりすることができる。	好きな材料や用具を選択しながら，自分から手や足でいろいろな粘土に触れ，形の変化を楽しむことができる。
B（1年，女）	様々な感触の素材に触れたり，道具の使い方を覚えたりすることができる。	手指を使って粘土を操作したり，いろいろな材料や用具を使ったりして，形づくることができる。

　　　図画工作科における年間目標を記入し，本題材での一人一人の実態に応じた目標に
　　　下ろして設定する。

第4節　学習指導案の実際

4　指導計画（総時数6時間））

次	主な学習活動・内容	時間	準　備
一	1　いろいろな粘土に自由に触れる。 　○　手や足で粘土の感触を確かめたり，好きな感触の粘土を見付けたりする。	1	・土粘土　　　・紙粘土 ・小麦粉粘土 ・ビニールシート
二	2　粘土をいろいろな形に変化させたり，材料や用具と組み合わせて遊んだりする。 　(1)　手で操作する。（たたく・ちぎる・丸めるなど） 　(2)　いろいろな材料や用具と組み合わせて遊ぶ。 　(3)　形を変化させたもので遊ぶ。	3	・紙粘土 ・写真カード　・ボウル ・プリンカップ　・弁当箱 ・ストロー　　・型抜き ・ビニールシート
三	3　いろいろな形に変化させたり，遊んだりしたものを発表したり，紹介したりする。 　(1)　これまで経験した操作を生かしたり，好きな材料や用具と組み合わせたりして遊ぶ。 　(2)　つくったものを発表したり，遊んだものを紹介したりする。	2 本時 （1/2）	・土粘土　　　・紙粘土 ・小麦粉粘土　・弁当箱 ・写真カード　・ストロー ・ボウル　　　・型抜き ・プリンカップ ・ビニールシート

5　本時の学習（5/6）
　(1)　全体目標
　　　いろいろな材料や用具を使って，粘土の形を変化させながら思いのままに表現することができる。

　(2)　個人目標

児　童	個　人　目　標
A （1年，男）	自分の使いたい材料や用具を選択して，自分から粘土に触れ形を変化させることができる。
B （1年，女）	使ったことのない材料や用具を試しながら，形づくることができる。

　(3)　指導及び支援に当たって　　← 前時までの授業の様子やねらいに対する学習の経過を述べる。

　　　児童は，前時までに，紙粘土や小麦粉粘土，土粘土などのいろいろな種類の粘土に触れ，好きな感触の粘土を見付けたり，いろいろな材料や用具と組み合わせて粘土の形が変化することに興味をもったりする姿が見られている。
　　　そこで，本時では，これまで使ったことのあるいろいろな材料や用具の中から，自分で使いたいものを選んで，粘土の形を変化させることを楽しみ，それぞれの方法で粘土で自由に表現していく活動に取り組みたい。また，形を変化させたものを発表したり好きな遊び方を紹介したりして，表現する喜びや楽しさを感じることができるようにしたい。
　　　具体的には，以下のような指導及び支援を行う。
・　導入で扱う粘土を使った歌遊びでは，粘土の形が変わることを体験したり，擬音語を使うことで親しみをもって操作ができるようにしたりする。
・　材料や用具については，プリンの容器や弁当箱など，児童にとって身近で，より具体的なイメージをもてるものを用意する。粘土に触るのが苦手で，粘土の活動に興味・関心をもつことが難しい児童に対しては，好きなマークやキャラクターの型パネルや丸めた粘土を転がしたり落としたりして遊ぶ教材・教具を用意し，粘土に触れてみようと思ったり少量の粘土で形の変化を楽しむことができたりするように配慮する。

(4) 実際

過程	主な学習活動	指導及び支援上の留意点	資料・準備
導　入 (10分)	1　始めの挨拶をする。 2　歌遊びをする。 　〔CTやSTの動きや役割を書く。〕 3　本時の学習について話し合う。 　〔ねんどでいろいろなあそびをしよう。〕	・CTが前で歌いながら操作をして，モデルを示したり，児童のペースに合わせて歌い進めたりする。 ・粘土を触りたがらなかったり，操作が難しかったりする児童には，STが操作のモデルを見せたり，言葉掛けをしたりする。 ・活動に見通しをもつことができるように，今まで使った材料や用具の使い方や遊び方を紹介してから，本時の内容を伝える。 ・粘土を食べたり，材料や用具を投げたりすることがないように伝える。	・写真カード ・紙粘土
展　開 (30分)	4　粘土で遊ぶ活動をする。 (1) つくりたいものをつくったり，遊んだりする。 　〔児童が試行錯誤しながら自分の好きな形につくり変えていく過程を大切にしている。〕 (2) つくったものや遊んだことを発表する。	・活動に意欲がもてない場合は，興味がありそうな材料や用具，教材を使ってみるように言葉掛けをしたり使って見せたりして，活動に参加することができるようにする。 ・いろいろな材料や用具を使って活動に集中しているときは言葉掛けを少なくして，活動の様子を見守るようにする。 ・児童が形が変化させたものに対して，称賛や意味付け，共感する言葉掛けをする。 ・いろいろな材料や用具で遊ぶことができるように，必要なタイミングで活動のきっかけを作ったり提案をしたりする。 ・友達がつくったものや遊んだものに興味をもち，注目することができるような言葉掛けをする。 ・つくったものを発表したり，楽しんでいた様子を教師が伝えたりして，活動を振り返ることができるようにする。 ・つくったものをみんなで称賛したり，楽しかった気持ちを共有したりして，満足感を味わうことができるようにする。	・ブルーシート ・机 ・紙粘土 ・食べ物等の写真 ・おにぎりケース ・弁当箱 ・容器 ・洗面器 ・型パネル ・網 ・粘土スライダー ・ころころぽとん
終　末 (5分)	5　次時の活動を話し合う。 6　後片付けをする。 7　終わりの挨拶をする。	・友達がつくったものや遊んだものを試すことを提案したり，粘土でまた遊びたいという思いを膨らませたりするような支援を行う。 ・後片付けをしやすいように，粘土と材料や用具を分けてかごに入れるように促す。	・かご

　友達の様子を見て，様々な表し方があることに気付き，表現の幅を広げることができるようにしたい。
　そのためには，友達の様子をお互いに見ることができるような場や活動を設定することが重要である。

(5) 場の設定

【導入・終末時】

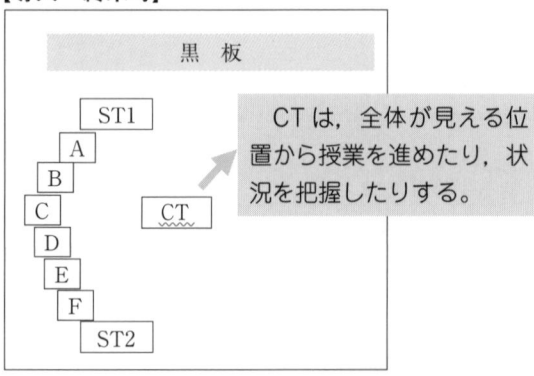

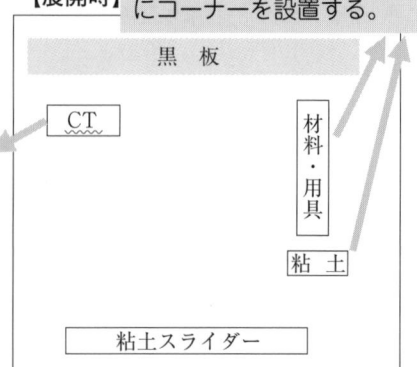

　　　　　　　黒　板

ST1
　A
　B
　C　　　CT
　D
　E
　F
　　　ST2

CTは，全体が見える位置から授業を進めたり，状況を把握したりする。

【展開時】

　　　　　　　黒　板

　　CT　　　　　　　材料・用具

　　　　　　　　　　　粘土

　　　　　粘土スライダー

児童が，選択できるようにコーナーを設置する。

(6) 教材・教具 → 感触や操作が苦手な児童が，興味・関心をもって自分から粘土に触れられるような教材・教具を用意している。

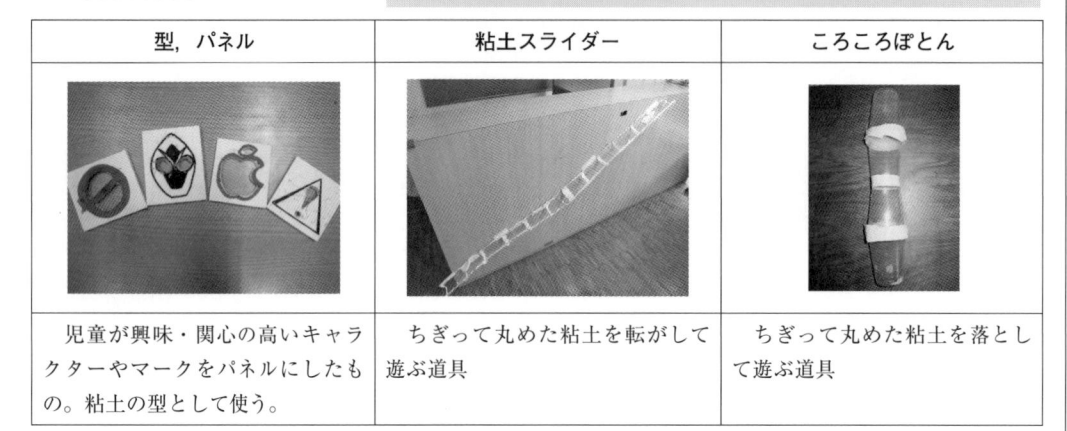

型，パネル	粘土スライダー	ころころぽとん
児童が興味・関心の高いキャラクターやマークをパネルにしたもの。粘土の型として使う。	ちぎって丸めた粘土を転がして遊ぶ道具	ちぎって丸めた粘土を落として遊ぶ道具

(7) 評価

　ア　全体目標

　　　いろいろな材料や用具を使って，粘土の形を変化させながら思いのままに表現することができたか。

　イ　個人目標

児　童	個人目標	評価	具体的な手立てについて	評価
A（1年，男）	自分の使いたい材料や用具を選択して，自分から粘土に触れ，形を変化させることができたか。		意欲を引き出す材料や用具，教材・教具を用意したり，形の変化に興味をもてる遊び方を示したりすることができたか。	
B（1年，女）	使ったことのない材料や用具を試しながら，形づくることができたか。		手指の操作のモデルを示したり，材料や用具をタイミング良く差し出したりすることができたか。	

◎：十分達成できた　○：ほぼ達成できた　△：達成できなかった

(3) 学習指導案　高等部：「版画で表そう」

美術科学習指導案

平　成　〇〇　年　〇　月　〇　日　〇　曜　日　〇　校　時
高等部美術Ａグループ　男子5人　女子2人　計7人
場　所　高　等　部　3　年　生　教　室
指導者　　　　〇〇〇〇（CT）　〇〇〇〇（ST）

1　題材　「版画で表そう」

2　題材について
　(1) 題材設定の理由
　　＜生徒の実態＞

> 立体的に把握する力や構成能力等の面から，課題が生じている原因を分析した内容を述べる。

　本グループの生徒は，これまでに，水彩絵の具を用いた絵画制作や，運動会のポスター制作に取り組んできた。生徒は，友達や自分の姿など，身近な人物を描くことに興味・関心を示すことが多いが，一方で，人物のポーズや動きを表現することが難しく，対象を立体的に捉えたり，大きさや配置等を考えて，画面にバランスよく構成したりすることが難しい傾向が見られる。これは，人物がどのような動きをするのかをイメージする力が弱いことや，前後，遠近等立体的に捉えることが難しいためと考えられる。また，はさみやのり等の材料・用具のおおよその使い方を理解しているものの，適切に使いこなせていない様子が見られる。これは，用具を使用する要領を理解していないことや，用具の適切な扱い方等を習得できていないことが原因であると考えられる。

　　＜題材の意義・価値＞

> 表現，材料・用具，鑑賞の視点で述べる。

　以上の実態を踏まえて，本題材「版画で表そう」を設定した。紙版画は，切った紙を台紙に貼って版をつくる。台紙に切った紙を貼る前に，台紙上にいろいろな位置に紙を配置してみることで，動きやバランスを意識して画面構成を考えることができ，紙を重ねる順序を意識することで，立体的に捉える力を身に付けることができる。また，ローラーやばれん等の版画用具のほか，紙やはさみ，のりなどの身近な材料・用具を扱うことから，様々な経験を積むことができ，版画の技能だけでなく，日常生活においても使用頻度の高い材料・用具の適切な扱い方を習得することができる。さらに，版画は同じものを複数制作できることから，台紙の色を変えていろいろな印象の作品制作を楽しんだり，複数の場所に展示をしたり，多様な作品の活かし方を工夫したりすることができる。

　　＜ねらい＞
　そこで，本題材では，動きやバランス等の画面構成を工夫して，版画で表現できるようにする。また，はさみやのり，ローラー，ばれん等，版画で使用する材料・用具を扱う要領を理解するとともに，適切に使用して表現できるようにする。

　　＜指導観＞

> 生徒が，具体的に版画の制作を理解し，主体的に取り組むための手立てを述べる。

　具体的には，主題として，自分が好きな活動を行っている姿を設定することで，表現に対する関心・意欲をもつことができるようにする。また，活動する姿を写真に撮り，写真をよく見て人体の動きや部位の形を捉えることができるようにする。版の作成においては，切った紙を台紙に貼る前に，画面上で動かしながら紙を貼る順序を考え，バランス等の画面構成を十分に検討できるようにする。さらに，はさみや紙の持ち方や動かし方，印刷の手順や用具の扱い方を写真やイラストで表した手順書やモデルを示すことで，材料・用具を使用する要領を理解し，適切に扱うことができるようにする。

<展望>
　このような学習を通して，生徒は，対象を立体的に捉える力やバランスよく構成する力を身に付けることができる。また，画面構成を検討する過程を通して，よりよい物をつくるために試行錯誤をする態度を身に付けることは，将来の職業生活においても生かされると考える。さらに，材料・用具を適切な扱い方を習得することで，作業学習等での創造的な活動を引き出し，より豊かな生活を送ることができることを期待したい。

(2) 生徒の実態　　→　今までの授業の様子から，関心・意欲・態度と美術科における三つの観点で述べる。

生徒 \ 観点	造形への関心・意欲・態度	美術科の三つの観点に関する実態		
		表現	材料・用具	鑑賞
A（2年，男）	余暇に絵を描くなど，絵に表すことが好きである。視覚的な情報で，制作工程を理解すると，自発的に制作に取り組むことができる。	参考写真を見て，形や特徴を正確に描くことができるが，捉え方が平面的である。自分なりにバランスを考えて表現することができる。	はさみの刃先を使い，紙を動かしながら細部まで丁寧に切ることができる。新規の用具は手順書を手掛かりにして使用することができる。	自分の作品について主題を発表することができる。自分や友達の作品について，自分で考えた感想を述べることは難しい。
B（3年，男）	余暇に折り紙をしたり，人物の顔を好んで描いたりするなど，造形活動への関心・意欲が高い。教師が示すモデルをよく見て制作する。	参考写真を見て形や特徴を捉えようとするが，丸や直線を組み合わせた表現になり，適切な位置に描くことが難しい。	斜視があり，はさみで見当違いな場所を切ることがある。紙を動かして切ることが難しい。新規の用具は教師の模範を手掛かりにして使用することができる。	発音が不明瞭だが，自分の作品の主題やよくできたところ，友達の作品の感想などを，指さしや身振りを交えて発表することができる。

3　題材目標

(1) 全体目標　　→　「2（1）<ねらい>」と整合させる。

　ア　人物の動きやバランス等の画面構成を工夫して，版をつくることができる。
　イ　はさみやのり，ローラー，ばれん等の，版画に使用する材料・用具の扱い方を理解し，適切に使用することができる。

(2) 個人目標　　　　　　全体目標の表現，材料・用具の観点から，生徒の実態に即して，より具体的に設定する。

生徒	個別の指導計画の目標	個　人　目　標
A（2年，男）	○　材料・用具の使い方を工夫して，絵を描いたり立体作品をつくったりすることができる。 ○　自然物や造形品の形や色に関心をもち，美しさを味わうことができる。	ア　写真を手掛かりにして，人物の動きやバランス等の画面配置を工夫して，版をつくることができる。 イ　はさみやのりの扱い方を工夫して，細部まで丁寧に版をつくったり，手順書を手掛かりにして，版画用具を適切に扱って版を刷ったりすることができる。
B（3年，男）	○　自分で主題を決め，材料・用具の基本的な扱い方を理解して，絵を描いたり立体作品をつくったりすることができる。 ○　自然物や造形品等の形や色に関心をもち，美しさを味わうとともに，感想を発表することができる。	ア　教師と一緒に，人物の部位の位置や動きを確認し，画面配置を工夫して，版をつくることができる。 イ　対象をよく見て，はさみやのりを適切に扱って版をつくったり，教師のモデルを手掛かりにして，版画用具を適切に扱って版を刷ったりすることができる。

4 指導計画（総時数 12 時間） → ねらいの達成に必要な版画に関する学習活動を精選して計画する。

次	主な学習活動・内容	時数	資料・準備
一	1　版画について知る。 　（1）参考作品を見る。 　（2）紙版画の技法や使用する材料・用具について知る。	1	・参考作品 ・版画用具一式
二	2　主題を決める。 3　人物のポーズや服装，背景を工夫して写真を撮影し，印刷する。 4　下絵を描き，版をつくる。 5　版を刷る。	10 本時 (3,4/10)	・参考作品 ・デジタルカメラ ・手順書 ・版画用具一式等
三	6　鑑賞をする。 　（1）作品カードに氏名，題名，工夫した点などを書く。 　（2）自分の作品や友達の作品について感想を発表する。	1	・完成作品 ・制作風景の写真 ・作品カード

5　本時の学習（4,5/10）
(1) 全体目標
　ア　顔の各部位の形を捉えて下書きすることができる。
　イ　はさみを適切に扱って紙を切ったり，切ったものをバランスよく配置して，のりで台紙に貼ったりすることができる。

(2) 個人目標　→ 題材の全体目標や個人目標と関連させて設定する。

生徒	個　人　目　標
A （2年，男）	ア　写真を手掛かりにして，顔の各部位の形を捉えて下書きすることができる。 イ　はさみを適切に扱って，細部まで丁寧に切ったり，切ったものをバランスよく配置して，隅々までのりを付けて台紙に貼ったりすることができる。
B （3年，男）	ア　教師と一緒に，顔の各部位の形を確認し，円や直線等の簡単な形を組み合わせて下書きをすることができる。 イ　下書きの線をよく見て，線の近くをはさみで切ったり，教師と一緒に顔の部位の位置を確認しながら，切ったものをのりで台紙に貼ったりすることができる。

(3) 指導及び支援に当たって　→ これまでの学習状況と学習過程に沿った手立てを述べる。

　生徒たちは，前時までに，主題に沿って作品の参考となる写真を撮影したり，作品の全体像を検討して画面構成を考えたりする学習を行い，制作工程に見通しをもつことができている。
　そこで，本時では，顔の各部位の特徴を理解し，形を捉えて下書きをしたり切ったものをバランスよく配置したりすることができるようにする。また，はさみやのりの基本的な扱い方を理解し，適切に扱って版をつくることができるようにする。
　導入では，参考作品等を提示することで，前時までの学習を想起したり本題材や主題について具体的にイメージしたりして，見通しをもって制作に取り組むことができるようにする。
　展開では，顔の部位を外して位置や形を確認できる教材・教具を用いることで，顔の形の特徴や位置に着目できるようにする。また，はさみで用紙を切る際に，切る線が見えやすいよう筆記具を工夫するとともに，はさみやのりを使用する前に手順書や模範を示して，用具を適切に使用するための要点や，安全で適切な扱い方を理解できるようにする。
　終末では，鑑賞の前に本時のめあてを確認することで，本時の制作について振り返り，制作途中の版を見ながらよい点や工夫点を称賛し，次時の活動の意欲へとつなげる。

(4) 実際

過　程	主な学習活動	指導及び支援上の留意点	資料・準備
導入 (10分)	1　始めの挨拶をする。 2　前時の学習内容を振り返る。 　　**全体目標と個人目標それぞれについて確認したい。** 3　本時の学習内容について話し合う。 　　写真をよく見て，顔の形を切ったり，貼ったりしよう。	・　参考作品や撮影した写真を提示することで，前時までの学習を想起したり，題材や主題について具体的にイメージしたりすることができるようにする。 ・　めあてについて具体的に説明することで，一人一人の生徒が目標をもって制作に取り組むことができるようにする。	・参考作品 ・写真 ・めあてカード
展開 (80分)	4　顔の各部位の位置や形の特徴を観察する。 5　用紙に顔の各部位を線書きする。 6　線に沿ってはさみで切る。 　　**用具を使用する際の，安全面への配慮事項や手立てを述べる。** 7　台紙上で画面構成を検討する。 　　**それぞれの目標を達成できるような手立てを述べる。** 8　台紙にのりで貼る。 9　片付けをする。	・　顔の部位を外して，位置や形を確認できる教材・教具を用いることで，形の特徴や，位置に着目できるようにする。 ・　後で切る線が見えやすいように，濃い色の鉛筆やペンなど実態に応じた筆記用具を用いる。 ・　はさみの安全な扱い方を十分に説明したり，十分なスペースを確保したりして安全な環境設定に留意する。 ・　はさみや紙の持ち方，動かし方を理解できるように，手順書やモデルを示す。 ・　Aには人体モデルを示し，人物の全体像と顔の位置を確認できるようにする ・　台紙上でいろいろな配置を試すことで，基本的な位置や変化を付け，表情を工夫することができるようにする。 ・　Bには教師が一緒に確認しながら，のりで貼る位置と順番を台紙に書いておく。	・顔モデル ・腕モデル ・要点を示す写真カード ・台紙 ・各種用紙 ・はさみ ・のり ・雑巾
終末 (10分)	10　制作したものを鑑賞する。 11　次時の学習内容を知る。 12　終わりの挨拶をする。	・　鑑賞の前に，本時のめあてを確認することで，めあてに沿って本時の制作について振り返ることができるようにする。 **本時の学習の成果を，生徒自身が客観的に振り返ることができるような手立てを述べる。**	・制作途中の版

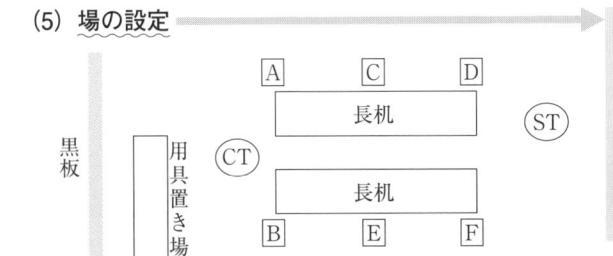

(5) 場の設定 → 必要な用具を自分で選んで取りに行きやすいように、動線に配慮して場を設定する。
　安全面等を考慮して、一人一人の生徒に目が届くように、CTとSTの位置や役割を決めておくことが重要である。

```
黒板 │ 用具置き場 │   A  C  D
              CT  ┌─長机─┐   ST
                  └─長机─┘
                  B  E  F
```

(6) 教材・教具

顔モデル	腕モデル	要点写真カード
顔の部位の形や位置に着目できるようにするためのもの	腕のいろいろな動きに着目できるようにするためのもの	はさみやのりの扱い方を視覚的に示したもの

(7) 評価
　ア　全体目標 → 本時の全体目標や個人目標と関連させて、生徒との個人目標と教師が講じた手立てについて評価する。
　　(ア) 顔の各部位の形を捉えて下書きすることができたか。
　　(イ) はさみを適切に扱って紙を切ったり、切ったものをバランスよく配置して、のりで台紙に貼ったりすることができたか。

　イ　個人目標

生徒	個人目標	評価	具体的な手立てについて	評価
A（2年，男）	(ア) 写真を手掛かりにして、顔の各部位の形を捉えて下書きすることができたか。		○ 適切に写真を提示したり、着目する点を助言したりできたか。	
	(イ) はさみを適切に扱って、細部まで丁寧に切ったり、切ったものをバランスよく配置して、隅々までのりを付けて台紙に貼ったりすることができたか。		○ 手順書は適切なものであったか。 ○ 配置を工夫するための助言は適切であったか。	
B（3年，男）	(ア) 教師と一緒に、顔の各部位の形を確認し、円や直線等の簡単な形を組み合わせて下書きをすることができたか。		○ 顔の各部位の形を意識できるように、適切に写真を提示したり、着目する点を助言したりできたか。	
	(イ) 下書きの線をよく見て、線の近くをはさみで切ったり、教師と一緒に顔の部位の位置を確認しながら、切ったものをのりで台紙に貼ったりすることができたか。		○ 下書きの線の太さやはさみの扱い方の模範の示し方は適切であったか。 ○ 顔の部位の位置を確認するための助言は適切であったか。	

◎：十分達成できた　○：ほぼ達成できた　△：達成できなかった

5　体育・保健体育科

(1) 基本的な考え方

ア　体育・保健体育科の意義

　特別支援教育における体育・保健体育科教育は，障害の特性や発達段階に応じた適切な運動の経験を通して，健康の保持増進や体力の向上を図るとともに，情緒の安定を図り社会性を豊かにし，明るく豊かな生活を営む態度と習慣を育てることを目指している。

　運動を継続的に実践していくことは，運動技能を高めるばかりでなく，生活への積極的な態度を養い，望ましい人間関係を形成することにつながる。また，体育学習によって身に付けた力は，健康・安全で自律的な生活を営む習慣形成の確立につながっていくものである。さらには，余暇活動に対する積極的な態度の育成を図り，より豊かな生活を営むような習慣を身に付けることに大きな役割を果たしている。

　このように体育に関する学習で身に付けた体力や運動能力は，学習や生活の効率を良くし，社会自立に必要な体力をはじめ，判断力や責任感，協調性などを育成することにつながり，さらには，情緒の安定を図り，社会性を豊かにすることが期待されている。

　また，保健に関する知識や技能，望ましい習慣及び態度を身に付けることは，健康で安全な生活を充実させ，将来の生活を豊かにすることにつながる。

イ　体育・保健体育科における指導の基本的な考え方

　児童生徒の実態を分析すると，発達段階や障害の状態等から運動することが苦手であったり，運動したり遊んだりしたいという意欲はあるものの，自分のボディイメージをつかんだり，自分の体を思うように動かしたりすることが難しい状況にある者が多い。また，児童生徒の発達段階が多様化し，健康・安全面や生涯スポーツの観点から，必要な動きや運動，保健に関する知識，理解，望ましい態度等を身に付ける必要性が高まっている。

　そこで，特別支援教育においては，児童生徒一人一人の心身の発達段階や運動能力の実態に応じてスモールステップを踏んだ具体的な指導内容を設定する。

　小学部では，児童の日常生活に必要な活動である，はう，歩く，走る，跳ぶなどの運動を取り入れ，興味・関心や生活経験に即した運動や遊びを繰り返すことによって，運動の楽しさや喜びを味わうことができるようにしたい。また，いろいろなきまりや約束を守って活動することで，友達と協力をしたり，安全に運動したりする態度を養うことができるようにしたい。

　中学部では，小学部での学習をもとに，障害の特性と心身の発達段階にふさわしい各種の運動を行うことで，筋力や持久力，調整力などの体力の向上を図ることができるようにしたい。様々な種類のスポーツでは，ルールの数を少なくしたり，基準を緩めたりした簡易なルールを設定するなどの工夫をすることで，生徒の興味・関心，意欲を喚起できるようにしたい。

　高等部では，中学部の基本的な運動領域を更に広げ，個々の生徒が適切な運動経験を積み重ねたり，日常生活における健康・安全について理解したりすることで，調和的発達を

図ることができるようにしたい。また，集団生活に積極的に参加し余暇活動につなげるため，基本的な運動ばかりではなく，レクリエーション的なスポーツを取り入れていくようにしたい。

　保健に関する指導については，小学部の生活科の「健康・安全」，中学部，高等部の保健体育科との一貫性を考慮し，各教科や道徳，特別活動，自立活動などの内容と関連をもたせながら進めていくようにしたい。また，家庭との連携を密にとることで，生涯にわたって活用できる能力や態度を育てることができるようにしたい。

ウ　題材設定の考え方と指導上の留意点
- 小学部は，「基本的な運動」，「いろいろな運動」，「きまり・安全」，中学部及び高等部は「いろいろな運動」，「きまり」，「保健」の観点から内容を構成し，系統的で一貫性のある題材の設定を行う。
- 児童生徒がもてる能力を十分発揮し，更に高めることができるよう，一人一人の発達段階や運動能力などの実態を十分に把握し，養いたい力や身に付けられるようにしたい技能を具体的に考えて，習得できるような題材を設定する。
- 児童生徒の動きを引き出す楽しい教材・教具を工夫し，遊びから運動へ段階的に発展するように題材を設定する。
- 児童生徒の興味・関心に応じた遊びや運動を取り入れることで主体的に活動できるようにする。また，それらの運動を繰り返し行うことで，身体活動に喜びを感じたり，自信を得たりすることができるようにする。
- 児童生徒の実態や種目によってルールを単純化したり，用具を工夫したりすることで，優しいゲームや運動として，児童生徒が十分に楽しみ，体を動かすことができるようにする。
- 準備や後片付け等を自分たちで行うことで，自分の役割に責任をもったり，友達と協力して活動したりすることができるようにする。
- 各題材において，器械・器具等の安全点検や整備を十分に行い，器械・器具等や施設の正しい扱い方，運動の方法について確実に指導することで，安全に運動を行うことができるようにする。
- 保健に関する指導については，生活年齢を考慮しながら一人一人の実態に基づく課題を明らかにした上で，適切な目標や指導内容を設定し，家庭と連携をとりながら指導を行う。

中学部「ティーボール」　　　高等部「グラウンドゴルフ」

(2) 学習指導案　中学部：「風船バレーボールをしよう」

保健体育科学習指導案

平成○○年○月○日○曜日○校時
中学部全　男子12人　女子6人　計18人
場　所　　　　　　　体　育　館
授業者　○○○○（CT）　○○○○（ST）

1　題材　「風船バレーボールをしよう」

> 実態→課題→課題分析の流れで記入する。

2　題材について
　(1) 題材設定の理由
　　＜生徒の実態＞

> 課題が生じている原因を分析する。
> ①球技の技能面の難しさ，②ルール理解や他者意識の難しさ

　　　中学部の生徒たちは，朝の運動で走ったり跳んだり，これまでの題材において，ラケットやバット等の道具を使ってボールを打ったり，捕ったりして体力つくりや球技に取り組んできた。また，一定のルールの中で友達と一緒に試合に取り組むなど友達と一緒に活動する面白さを味わったり，友達と協力して準備や片付けをしたりする様子も見られる。しかし，動くボールを追い掛けたり，友達へパスしたりすることが難しい生徒がいる。また，試合の中でどういう場面なら得点できるのかよく分からずにいたり，友達のプレイの様子を見ることが少なかったりする。これは，ボールを追視・追跡したり，コントロールしてボールを打ったりすることが難しいためだと思われる。また，ルール理解が難しく，チームとして友達を意識しておらず，協力して試合を行う楽しさを味わうまでに至っていないことが考えられる。

　　＜題材の意義・価値＞

> 実態からみた意義：①技能面（打つ，移動する）の向上が期待できる。
> ②簡単なルールに設定できる。友達同士協力することで試合ができる。

　　　本題材は，集団で競い合い，仲間と力を合わせて競争することに楽しさや喜びを味わうことができる題材である。使用する風船は，ごく軽量で大きく，柔らかく，動きがゆっくりなため，視覚的に捉えやすく，生徒がコート内の風船を目で追うことができる。また，片手や両手ではじくことができ比較的簡単な技能で風船の操作が可能であり，打つことが苦手な生徒でも取り組みやすい。さらに，風船のゆっくりな動きに合わせ，友達のいる方向へ体を位置変換して打つなどしてパスがつながりやすい。ルールに関しては，生徒の実態に応じて簡単なルールに設定することで，ルールの理解につながると考える。チーム全員が風船に触れてから相手コートに返球するルールを用いることで，友達と協力して競争する楽しさを味わうことができる。

　　＜ねらい＞

> ①打つ，移動する，パスをするなど技能面，②ルール理解と協力

　　　そこで本題材では，風船の動きを見て移動したり打ったり，友達の名前を呼んでパスをしたりできるようにしたい。また，ルールを理解して，チームで協力して試合に取り組むことができるようにしたい。

　　＜指導観＞

> ねらいを達成できるように具体的な手立てを述べる。

　　　具体的には，昨年度の学習の様子のVTRを用いたり，経験した生徒がモデルを示したりして，生徒が活動に見通しをもてるようにする。また，チームごとに色別のビブスを着用することで，同じチームの友達を意識できるようにする。
　　　チームごとの練習では，ルールを確認しながら，風船を追いかけたり，友達にパスをしたり，相手コートに風船を打ったりするなど，基礎的技能の習得ができるようにする。試合では，どの場面で得点が自分のチームに入るのか教師が説明を行いながら進めていき，生徒がルールを理解できるようにする。試合の後には，友達同士で作戦を考えて話し合うことで，チームとして友達と協力して試合に臨むことができるようにする。

<展望> → 本題材で学習したことは，他の競技への興味・関心や協力することの楽しさにつながる。

　このような学習を通して生徒たちは，風船バレーボールや他の球技に対する興味・関心が高まり，積極的に取り組むことができるようになると考える。また，チームで争う競技の楽しさを味わったり，協力する態度を養ったりすることができるようになると考える。

(2) 実態 → 活動内容に関わる関心・意欲・態度，思考・判断・表現，技能，知識・理解から実態を述べる。

観点　　生徒	本題材に対する関心・意欲・態度	技能（打つ，走る，パス）	本題材に関する思考・判断・表現，知識・理解	対人関係や他者理解
A（1年，男）	日曜参観や交流及び共同学習で風船バレーボールの経験がある。遠くに上がった風船に対して，追うことを諦めることが多いが，勝ちたい思いが強く，意欲的にゲームに取り組んでいる。	コート内を移動して友達へパスをすることができる。相手コートのねらった方向へアタックを打つことは難しい。2回続けて打ってしまうこと（ダブルコンタクト）がある。	自分のチームまたは相手チームの得点を，風船の落下位置で判断することができる。チーム全員が打ってから相手コートに打ち返すルールを理解している。	友達と一緒に昼休みに屋外でサッカーや野球をして過ごすなどしている。ゲーム中の友達の失敗に怒る様子が見られる。
B（2年，男）	球技に限らず，体を動かすことが好きである。昨年度本題材を経験し，風船を思い切り打つことに意欲的である。勝敗にかかわらず，終始笑顔で，仲良く試合ができている。	自分から風船に向かい，強く打つことができる。遠い場所に飛んだ風船を追いかけることは少ないが，自分の近くにきた風船を打つことができる。	チーム全員が，風船に触っていなくても相手コートに風船を打ち返すなどルール理解が不十分である。得点の多い少ないで勝敗が分かるが，なぜ得点できたのか理解が難しい。	自分から話し掛け，積極的に友達や教師と関わる。試合中，友達へのパスはほとんど見られないが，友達からのパスを待ち，風船を打ち返すことができる。

3　題材目標
(1) 全体目標 → 「2（1）<ねらい>」と整合させる。
　ア　風船の動きをよく見て移動したり，友達の名前を呼んでパスをしたり，アタックをしたりすることができる。
　イ　ルールを理解して，チームで協力して試合に取り組むことができる。

(2) 個人目標

生徒	個別の指導計画の目標	個　人　目　標
A（1年，男）	友達と協力して，効率よく活動をするために工夫することを考えて運動を楽しむことができる。	ア　風船の動きに合わせて素早く移動したり，友達が打ちやすいようなパスをしたり，チーム全員が打った後に，相手コートへ強く打つことができる。 イ　友達や自分の得意な技能を踏まえて，チームの作戦を考え，試合に取り組むことができる。
B（2年，男）	試合のルール，集団の中での決まりを守りながら，運動を楽しむことができる。	ア　自分の近くに飛んできた風船を追いかけて打ち上げたり，友達にパスをしたりすることができる。 イ　実際に試合をする中で，ルールを理解し，ルールに沿って友達と試合に取り組むことができる。

4 指導計画（総時数14時間）

次	主な学習活動・内容	時数	資料・準備
一	1　風船バレーボールについて知ったり，思い出したりする。 　○　自分のチームやルール等について知る。	1	・昨年度のVTR ・風船
二	2　基本的な技能を習得し，試合で活用する。 　(1)　風船を上に高く打つ。 　(2)　いろいろな方向から飛んでくる風船を打つ。 　(3)　風船を遠近，左右に打ち分ける。 　(4)　サーブとスパイクを打つ。 　(5)　用具の準備や片付け，得点や勝敗の記録など，担当の役割を果たす。	5	・ビブス ・風船 ・ネット ・支柱 ・黒板 ・得点板 ・笛 ・めあてカード ・VTR
三	3　仲間と連携する技能を習得し，試合で活用する。 　(1)　風船を友達にパスする。 　(2)　自分の位置から，風船のほうへ移動して打つ。 　(3)　友達を呼んだり，向いたりしてパスをする。 　(4)　風船をつないだり，取りにくく返したりする。	4 本時 (2/4)	
四	4　風船バレーボール大会をする。	4	

> 授業で習得した技能を試合で活用し，試合の質が次第に高まるように設定している。

5　本時の学習（8/14）

(1) 全体目標

ア　風船の動きをよく見て移動して友達にパスをつないだり，相手コートに打ったりすることができる。
イ　ルールを理解して，チームで作戦を立てて試合をすることができる。

(2) 個人目標

> 本時の目標は，題材の全体目標と個人目標を関連させて設定する。

生徒	個　人　目　標
A （1年，男）	ア　相手コートの友達のいない所をねらってアタックを打つことができる。 イ　サーブの順番を決めたり，友達に「次だよ。」と言葉を掛けたりするなど，友達と一緒に作戦を立てて試合をすることができる。
B （2年，男）	ア　相手サーブの風船の動きを見て追いかけて，友達にパスをすることができる。 イ　友達と一緒に考えた作戦に沿って，協力して試合をすることができる。

(3) 指導及び支援に当たって

> これまでの学習を踏まえて，本時で行うことを具体的に述べる。

　前時までに，生徒たちは友達にパスが回りやすいように考えて打つなど，チーム内の友達同士で協力して試合を展開する動きが見られるようになってきている。

　本時では，生徒一人一人が目標を意識できるように，「めあてボード」で確認する。チーム練習では，友達にパスがつながるために，友達の名前を呼んでからパスをしたり，得点できるように相手がいない所をねらって風船を相手コートに返したりするなどの作戦を考えられるようにする。

　試合では，自分たちの動きと得点との結び付きを考えることができるように，得点が動くたびになぜ得点が入ったのか，なぜ相手チームの得点なのかを簡単に説明し，ルールの確認を行う。試合後には，めあてを振り返ったり，次の試合にどのようにしたら得点につながることができるのか，生徒自身が導き出せるように試合の様子のVTRを見たりする。友達同士協力しながら試合ができているときには，教師が称賛するなどして生徒が達成感を味わうことができるようにする。

(4) 実際

過程	主な学習活動	指導及び支援上の留意点	資料・準備
導入 (5分)	1 始めの挨拶をする。 2 めあてや活動内容を話し合う。 　パスをつないでアタックしよう。 　↓ 　生徒が具体的なイメージをもてるように設定する。 3 準備運動をする。	・めあてボードやCTの言葉や動作に集中できるように，STは生徒に応じて言葉掛け等の支援をする。 ・準備運動の得意な生徒が当番制で行う。 　自分で目標を立てることで，頑張ることへの意識を高めるようにする。	・ビブス ・支柱 ・ネット ・風船 ・めあてボード ・黒板 ・進行表
展開 (40分)	4 練習をする。 　(1) チームに分かれ，めあてを考えたり，確認したりする。 　(2) チームの作戦を立てる。 　(3) チーム練習をする。 　　ア サーブレシーブ練習 　　イ パスつなぎ練習 　　ウ アタック練習 5 試合をする。 　(1) 得点に応じて，キャプテンが得点板を操作する。 　(2) 試合後は，自分のめあてやチームの作戦を確認し，試合の振り返りを行う。 学習活動を振り返り，認め合い，称賛し合って，次時への意欲を高める。	・個人別のめあてボードを準備して，確認できるようにする。 ・前回の試合のVTRを見ることで，友達にパスをつなげるための作戦やアタックを打つ場所を考えることができるようにする。 ・相手サーブをよく見て動くことができるように，教師がサーバーになり，風船をコートの後方へ高く飛ばしたり，ネット際に落としたりするなど様々なパターンを練習できるようにする。 ・友達にパスがつながるために，Aは，風船に触れていない友達を判断して，「〇〇さん，次だよ。」などとリーダー役ができるようにする。 ・Bが相手サーブの風船をよく見ることができるように，教師は審判の笛の合図に合わせて「来るよ。」と言葉を掛ける。 ・相手がアタックを打ってくるときには，「風船をよく見て。」と教師が言葉を掛け，レシーブの準備ができるようにする。 ・自分たちの作戦で得点できたときには，教師が称賛し，意欲を高められるようにする。 ・終了後は，達成感や自信を高められるように，教師や友達の称賛を聞いたり，できたことを発表する場面を設ける。	・めあてボード（個人） ・黒板 ・得点板 ・笛 ・VTR
終末 (5分)	6 整理運動する。 7 めあての振り返りをする。 8 終わりの挨拶をする。	・生徒が，自分のできたことを発表したり，友達の発表を聞いたりできるように，教師は言語化したり，一緒に考えたり，記録を見やすい位置へ提示したりする。	・めあてボード

(5) 場の設定
【展開時】　安全面には十分に配慮する。教師の役割分担を明確に行う。

```
┌─┬─────────┬─────────┬─────────┬─┐
│出│ 橙色チーム │ 緑色チーム │ 桃色チーム │ス│
│入│         │         │         │テ│
│口│ 黄色チーム │ 青色チーム │ 紫色チーム │ー│
│ │ 第3コート │ 第2コート │ 第1コート │ジ│
└─┴─────────┴─────────┴─────────┴─┘
```

(6) 教材・教具

チーム表	ビブス	学習ボード
○○チーム／教師／1 A　2 B　3 C	3	体育／1 あいさつ／● 2 先生の話／3 準備運動／4 ・・・・
自分のチームと番号，友達が分かるようにする。	色と数字を手掛かりにして，自分のチームや順番が分かるようにする。	学習の流れに見通しをもつことができるようにする。

　　　　　　　　　　生徒が，自分で分かって動くことができるように工夫する。

(7) 評価
　ア　全体目標
　　(ｱ) 風船の動きをよく見て移動して友達にパスをつないだり，相手コートに打ったりすることができたか。
　　(ｲ) ルールを理解して，チームで作戦を立てて試合をすることができたか。

　イ　個人目標

生徒	個人目標	評価	具体的な手立てについて	評価
A（1年，男）	(ｱ) 相手コートの友達のいない所をねらってアタックを打つことができたか。		(ｱ) 打つ場所を具体的にコートで示したり，打ち方を工夫できるように見本を提示したりできたか。	
	(ｲ) サーブの順番を決めたり，友達に「次だよ。」と言葉を掛けたりするなど，友達と一緒に作戦を立てて試合をすることができたか。		(ｲ) 作戦を考えるときに，VTRを活用するなどして生徒の考えを導き出せるような言葉掛けができたか。	
B（2年，男）	(ｱ) 相手サーブの風船の動きを見て追いかけて，友達にパスをすることができたか。		(ｱ) 審判のサーブの笛の合図に合わせて「来るよ。」と言葉を掛けることができたか。	
	(ｲ) 友達と一緒に考えた作戦に沿って，協力して試合をすることができたか。		(ｲ) 自分たちの作戦で得点できたことを称賛することで意欲を高めることができたか。	

　　　　　　　　　　　　　　◎：十分達成できた　　○：ほぼ達成できた　　△：達成できなかった

(3) 学習指導案　中学部：「健康な身体」

保健体育科学習指導案

平成○○年○月○日○曜日○校時
中学部　1年　男子4人　女子2人　計6人
場　所　　中学部1年教室
指導者　　○○○○（CT），○○○○（ST）

1　題材　「健康な身体」

2　題材について
　(1) 題材設定の理由
　　＜生徒の実態＞ → 睡眠や運動，食事に関する実態を中心的に述べている。

　　本学級の生徒たちの健康に関する実態を見てみると，睡眠に関しては，ほぼ全員が十分な睡眠時間を確保することができている。運動に関しては，朝の運動等に一生懸命取り組む姿が見られ，放課後の余暇活動で風船バレーボール等に参加し，運動を楽しんでいる生徒もいる。食事に関しては，好き嫌いはあるものの，苦手な食べ物も少しずつ食べる姿が見られる。
　　その一方で，なぜ睡眠や運動，食事が必要なのかといった問いに答えることは難しい。この原因の一つとして，睡眠や運動，食事が自分の健康につながることを十分に理解していないことや，健康を意識しながら生活することへの関心が十分に高まっていないことが考えられる。このような実態を踏まえ，健康な身体と睡眠，運動，食事の関係について学習することが必要であると考えた。

　　＜題材の意義・価値＞ → 健康な身体について学習する意義を実態と照らし合わせて述べる。①自分の身体に関心をもつことができる。②健康的な生活を送ることができる。

　　そこで本題材では，健康な身体についての学習を取り扱うことにした。身体の変化が著しく，自分の身体について関心が高まっているこの時期に，健康な身体になるために睡眠や運動，食事が大切であることを知ることは，これまで以上に自分の身体への意識をもたせることができる。また，睡眠や運動，食事が自分の身体とどのような関係があるのかについて具体的に知ることで，それぞれに対して自分から意識して取り組もうとする意欲をはぐくむことができる。また，それらのバランスが崩れると病気やけがをしやすくなることを知ることで，今の生活を振り返り具体的な改善策を考え，実際に取り組もうとする態度を養うことができる。

　　＜ねらい＞ → 本題材のねらい：①自分の健康の状態を知る。②健康への意識を高める。

　　そこで，本題材では，自分の生活を振り返って睡眠，運動，食事について確認することで，自分の睡眠，運動，食事の様子や状態を知ったり，健康な身体と睡眠，運動，食事について基本的なことを学習することで健康への意識を高めたりすることができるようにする。

　　＜指導観＞ → 生徒が健康な身体について主体的に考えることができるように工夫することを述べる。

　　具体的には，睡眠に関しては自分の毎日の睡眠時間を確認し，睡眠時間が少ないと身体にどんな影響があるのかを絵カードを使って説明することで，睡眠の大切さを理解できるようにする。運動に関しては，どんな運動があるのかを知り，実際に簡単な運動を実践することで，運動に対する興味・関心を高め，自分に合った運動を見付けることができるようにする。また，自主的に運動をする機会を取り入れることができるようにする。食事に関しては，身近な食事を通して食べることの大切さや栄養のとり方など，健康な身体になるために必要なことが考えることができるようにし，食事のマナーについても確認することで，これからの食生活に生かすことができるようにする。さらに，学習したことを生徒が楽しみにしている夏休みの生活と関連付けることで，より関心や意欲を高めることができるようにしたい。

<展望>
このような学習を通して、生徒たちは健康的な生活を送ることができるように、早寝・早起きに取り組んだり積極的に体を動かしたり、様々な食べ物をよく噛んで食べたりするなど、これまで以上に健康な身体を意識して生活することができるようになると考える。

(2) 生徒の実態 ← 健康な身体に関係する睡眠、運動、食事と健康に対する意識から実態を述べる。

観点 生徒	「健康な身体」から見た実態			自分の健康に対する意識と課題
	睡眠	運動	食事	
A (1年,女)	毎日、就寝・起床時間も安定しており、睡眠時間は十分に確保することができている。 翌日に学校行事等があると、興奮して寝付けないことがある。	朝の運動や体育の授業では、どの種目も積極的に取り組むことができている。 放課後活動に毎回楽しく参加している。 家でも家族と一緒に時々縄跳びをすることがある。	苦手な食べ物が出ても頑張って食べることができている。 自分で噛んだ回数を指で表しながら食べる姿が見られる。 口の周りに食べ物を付けたまま、食事を続けていることがある。	健康への意識は高い。健康であるためには運動や食事が大切であることを理解している。健康のために「風邪をひかない。」、「太らない。」という考えをもっている。 食事マナーを守ったり、食べる量を考えて食べたりすることが課題である。
B (1年,男)	毎日、就寝・起床時間が安定しており、睡眠時間は十分に確保することができている。	運動することは好きで、朝の運動や体育の授業では、時間一杯取り組むことができている。家では、弟と一緒にバスケットボールをすることがある。	食は細いが、決められた量を完食することができる。苦手な食べ物が出たときも自分で「奥歯で噛んで食べれば大丈夫。」と言って食べることができている。	疲れたときには教室でゆっくり休むなど、自分で考えて調整することができている。 自分に合った運動を見つけ、運動する機会を増やすことができるようになることが課題である。

3 題材目標
 (1) 全体目標 ← 「2(1)<ねらい>」と整合させる。
  自分の日常生活の様子や健康の状態を知ることで、自分の身体に関心をもち健康に気を付けることができる。

保健体育科における年間目標を記入し、本題材での一人一人の実態に応じた目標に下ろして設定する。

 (2) 個人目標

生徒	個別の指導計画の目標	個人目標
A (1年,女)	健康な身体になるためには睡眠・運動・食事が大切であることを理解し、バランスよく食べたり、継続して運動をしたりすることができる。	自分の生活を振り返りながら、健康な身体と睡眠・運動・食事について考え、行動に移すことができる。
B (1年,男)	健康な身体になるためには睡眠・運動・食事が大切であることを理解し、自分に合った運動を見つけ、実践することができる。	自分の生活を振り返りながら、健康な身体と睡眠・運動・食事について考えることができる。

4　指導計画（総時数8時間）

次	主な学習活動・内容	時間	資料・準備
一	1　オリエンテーション 2　健康な身体〜睡眠〜 　(1) 自分の睡眠時間を確認する。 　(2) 適切な睡眠時間を知る。 　(3) 睡眠時間が少ないときの心身の変化について知る。	2	・表 ・絵カード ・ワークシート ・時計
二	3　健康な身体〜運動〜 　(1) 学校や家で実践している運動を発表する。 　(2) 運動をすると，どのような気持ちになるか，身体にどのような効果があるのかを考える。 　(3) どのような運動があるかを考える。（2人組） 　(4) 簡単な運動に挑戦する。	2	・ワークシート ・パソコン　・絵カード ・フラフープ，ボール ・ペットボトル ・フライングディスク
三	4　健康な身体〜食事〜 　(1) 給食の様子をVTRで見る。 　(2) 食べることの大切さを知る。 　(3) 食べ物の働きについて知る。 　(4) 給食の献立をもとに，食品を赤，黄，緑に分類して，栄養素について知る。	2 本時 (2/2)	・ワークシート ・VTR　・パソコン ・紙芝居 ・「食べないとどうなる？」の図 ・栄養素の図　・食べ物カード
四	5　健康な身体 　〜睡眠・運動・食事（夏休みに向けて）〜 　(1) 睡眠・運動・食事で大切なことを確認する。 　(2) 夏休みの睡眠・運動・食事について計画を立てる。	2	・ワークシート　・パソコン ・絵カード

> 授業で習得したことを実生活（夏休みの生活）に生かせるように設定している。

5　本時の学習（6/8）

(1) 全体目標

　健康な身体になるためには，食事が大切であることを理解することができる。

(2) 個人目標　　　　　　　　　　　　　　　題材の全体目標や個人目標と関連させて設定する。

生徒	個人目標
A (1年，女)	食事に含まれる赤・黄・緑の栄養素の役割を知り，自分で考えて食品の絵カードを栄養素ごとに分けることができる。
B (1年，男)	食事に含まれる赤・黄・緑の栄養素について知り，教師の言葉掛けを手掛かりに食品の絵カードを栄養素ごとに分けることができる。

(3) 指導及び支援に当たって　　　　これまでの学習と本時の具体的な手立てについて述べる。

　生徒たちは，前時までに自分の睡眠時間を確認し睡眠の大切さを知ったり，自分が行っている運動はもちろん，他にどんな運動があるかを話し合ったりしながら，健康な身体と睡眠・運動の関係について学習してきた。生徒は自分の生活を振り返りワークシートに記入したり，積極的に自分の意見を発表したりすることができている。
　そこで本時は，健康な身体と食事の関係について考え，食事についての基本的なこと，元気な身体になるために食事で大切なことを学習する。紙芝居や絵カード，パワーポイントなどの視覚的資料を有効に用いることで，理解を深め，学習に集中して取り組むことができるようにしたい。また，クイズを取り入れるなど意欲的に友達と一緒に話し合ったり，活動を進めたりできるようにしたい。

(4) 実際

過程	主な学習活動	指導及び支援上の留意点	資料・準備
導入 (5分)	1　始めの挨拶をする。 2　前時までの学習を振り返る。 3　本時の学習について話し合う。 元気なからだになるための食事について考えよう！	・これまでのワークシートを見ることで，前時までの学習を確認できるようにする。 ・全員で声を出して読むことで，学習の意識を高める。	・前時までのワークシート
展開 (40分)	4　給食時の様子をVTRで見る。 客観的に普段の自分を振り返るがことができるようにする。 5　「食べること」の大切さを考える。 　(1) どうして食べるの？ 　(2) 食べないとどうなるの？ 6　食べものの働きについて話し合う。 　(1) 食べ物の働きは大きく三つに分けられることを知る。 　(2) 今日の給食で考える。 7　食事で気を付けることついて確認する。 8　栄養士のビデオメッセージを見る。 より身近なこととして考えることができるようにする。	・AやCに対しては，事前に姿勢を正し体を正面に向けるように言葉掛けを行い，集中して話を聞いたりビデオを見たりすることができるようにする。 ・パワーポイントや絵カード，図，紙芝居を用いて説明することで，興味をもって取り組み，視覚的に確認ができるようにする。 ・その日の給食の献立を使って栄養素を考えることで，意欲的に活動できるようにする。 ・二人組をつくり，友達と協力して活動できるように言葉掛けを行う。 ・クイズ形式で確認をすることで，興味・関心をもって取り組むことができるようにする。 ・実際に給食を作っている栄養士からのメッセージを見ることで，感謝の気持ちをもって給食を食べることができるようにする。	・VTR ・紙芝居 ・「食べないとどうなる？」図 ・ワークシート ・パソコン ・栄養素の図 ・食べ物カード ・色画用紙 ・○×カード ・ビデオ
終末 (5分)	9　学習したことを振り返る。 10　次時の学習内容について知る。 11　終わりの挨拶をする。	・図やワークシートを使って振り返ることで，学習したことを確認することができるようにする。 ・次時は今まで学習した睡眠・運動・食事について確認し，夏休みの目標を立てることを伝え，見通しをもつことができるようにする。	・図 ・ワークシート

(5) 場の設定

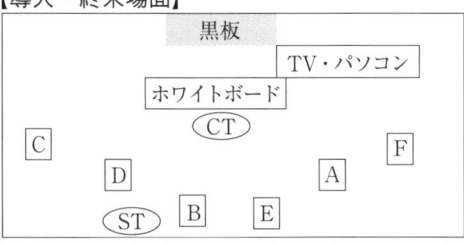

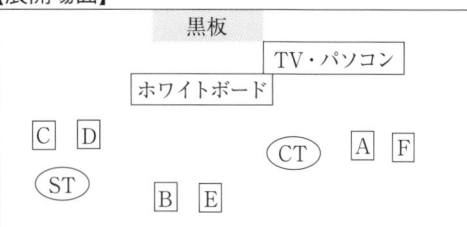

【導入・終末場面】
```
                        黒板
                              TV・パソコン
            ホワイトボード
                     CT
     C                              F
          D              A
            ST    B    E
```

【展開場面】
```
                        黒板
                              TV・パソコン
            ホワイトボード
     C    D
                                CT    A    F
       ST
                     B    E
```

(6) 教材・教具 → 名称だけでなく，目的を記入する。

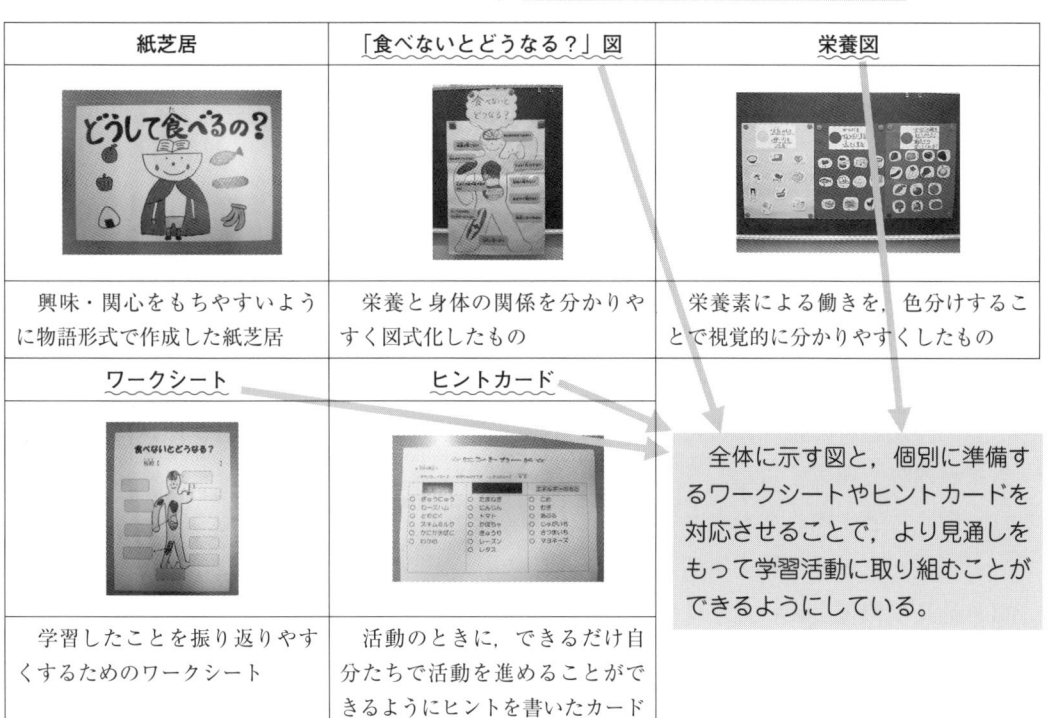

紙芝居	「食べないとどうなる？」図	栄養図
興味・関心をもちやすいように物語形式で作成した紙芝居	栄養と身体の関係を分かりやすく図式化したもの	栄養素による働きを，色分けすることで視覚的に分かりやすくしたもの
ワークシート	ヒントカード	全体に示す図と，個別に準備するワークシートやヒントカードを対応させることで，より見通しをもって学習活動に取り組むことができるようにしている。
学習したことを振り返りやすくするためのワークシート	活動のときに，できるだけ自分たちで活動を進めることができるようにヒントを書いたカード	

(7) 評価

ア　全体目標

　　健康な身体になるためには，食事が大切であることを理解することができたか。

イ　個人目標

生徒	個人目標	評価	具体的な手立てについて	評価
A（1年，女）	食事に含まれる赤・黄・緑の栄養素の役割を知り，自分で考えて食品の絵カードを栄養素ごとに分けることができたか。		栄養素の表や絵カードは，自分で考えて学習を進めることができるものだったか。	
B（1年，男）	食事に含まれる赤・黄・緑の栄養素について知り，教師の言葉掛けを手掛かりに食品の絵カードを栄養素ごとに分けることができたか。		栄養素の表を完成させるためのヒントカードは適切であったか。また，教師の言葉掛けは適切であったか。	

◎：十分達成できた。　○：ほぼ達成できた。　△：達成できなかった。

6 職業・家庭科，職業科，家庭科

(1) 基本的な考え方

ア 職業・家庭科，職業科，家庭科の意義（以下，「職業・家庭科」とする）

　職業・家庭科は，職業生活や家庭生活に関連の深い内容を一つのまとまりとした活動に取り組み，健康で明るく豊かな職業生活と家庭生活の両方が大切なことに気付くようにすることに意義がある。職業生活及び家庭生活に必要で基礎的な知識，技能及び態度を習得し，それらを日常生活や実習などに生かすことで，実践的な態度を育成することを目標としている。職業・家庭科は，小学部の「生活科」の観点である「役割」や「手伝い・仕事」の内容とも関連が深く，小中高一貫した中で指導を進めたい。

　特別支援教育においては，将来の自立と社会参加を目指し，社会人や職業人として必要とされる知識，技能及び態度の基礎を身に付けるようにすることを重視している。したがって，職業・家庭科は，将来の職業生活や家庭生活を見通し，自立的な生活に必要なことと関連付けながら，それらの内容を実習等を通して習得を図ろうとすることに特徴がある。

　このように，職業・家庭科においては，作業や実習など体験的な活動を通して学ぶことが特色であること，他の教科等と関連の深い内容が多いことなどに留意する必要がある。

イ 職業・家庭科における基本的な考え方

　職業・家庭科の指導に当たっては，目標を達成するために以下の三つの点に留意しながら指導内容を構成する。

(ア) 働くことに関心をもち，将来は働くことを中心とした生活になること，社会の中で自己実現をするには働く生活が大切であることが分かるようにすること。

(イ) 道具や機械の使い方，材料の取扱い，衛生や安全に気を付けること，自分の役割や協力の仕方などが分かること，さらに，コンピュータ等の情報機器の初歩的な扱いに慣れること，被服，食物，住居などを処理する基本的なことが分かり，それらを処理する技術の処理を身に付けること。

(ウ) 職業生活や家庭生活の両方の大切さが分かり，作業や実習などの体験的な活動を通して，自分の力を発揮して働くことができるようにするとともに，よりよい家庭生活を作ろうとする意欲をはぐくむこと。

　また，内容については，「働くことの意義」，「職業に関する基礎的な知識」，「道具・機械等の取り扱いや安全・衛生」，「役割」，「産業現場等における実習」，「家庭の役割」，「家庭に関する基礎的な事項」，「情報」，「余暇」の九つの観点から生活の実態に応じて精選した上で構成する。

　その上で，児童生徒の実態や将来の生活を見据えて個々の目標や学習内容を設定し，学習活動を展開していく。また，家庭や関係者との連携や情報交換が重要であり，実際に家庭生活で生かせる力の育成を目指す。

　学習内容は，児童生徒の実態に合わせて精選し，指導を進める。高等部では，家庭科として学習内容を明確化し，小学部から高等部までの学習の積み上げや生活年齢，ライフス

タイルに応じた内容の変化に合わせた指導を行っていく。

  ウ　題材設定の考え方と指導上の留意点

　小学部では，生活科の内容の中で「基本的生活習慣」の食事，身の回りの整理，身なり，「健康・安全」の危険防止，避難訓練，「交際」の家族や身近な人との交際，電話や来客の取次ぎ，「手伝い・仕事」の手伝い，戸締まり，掃除，後片付け，「きまり」の金銭の扱い，買い物等について指導する。

　中学部では，職業・家庭科の中の「道具・機械等の取扱いや安全・衛生」，「役割」，「家庭の役割」，「家庭に関する基礎的な事項」，「余暇」の内容について，他の教科等や領域・教科を合わせた指導の中で関連付けて学習し，家庭生活に必要な知識と技能の習得を図り，実践的な態度を身に付けることができるようにする。例えば，生活単元学習の「宿泊学習」における食事や調理に関する内容や衣服とその着方，自分の役割と他者との協力等と関連付ける。また，保健体育の学習における食事，睡眠，運動といった内容や，性教育での男女の関わり，赤ちゃんの誕生などと関連付けた指導を行う。

　高等部の家庭科（本校では，家庭科のみを指導の形態として位置付けている。）の学習では，学習活動を展開する上で，生徒それぞれが目標を達成することができるような集団編制を行いたい。また，学習する時期を行事等と関連付けて取り扱ったり，内容によっては繰り返し学習したりして，家庭生活に結び付くように配慮していく。内容は，「家庭の役割」，「消費と余暇」，「道具や器具等の取扱いや安全・衛生」，「家庭生活に関する事項」，「保育・家庭看護」であり，いわゆる衣食住の領域において実際的で具体的な知識や技能に加えて，これからの社会で必要な家庭生活の知識や技能について学習する。

　なお，本校の小学部，中学部では，日常生活の指導や生活単元学習，作業学習，総合的な学習の時間などの中で実態に合わせて学習内容を精選し指導をしている。これは，児童生徒の生活を考慮したときに，「家庭科」の時間を設定するよりも，他の領域や教科等の中で具体的な活動を設定するほうが自然であり，児童生徒が主体的に活動に取り組めると考えられるからである。また，高等部では「家庭科」の時間を設定し，学習するグループ編制を工夫したり，学習する時期を実習などの行事と関連付けて取り扱ったりして，内容によっては繰り返し学習するなど，生活に自然に結び付くように配慮している。

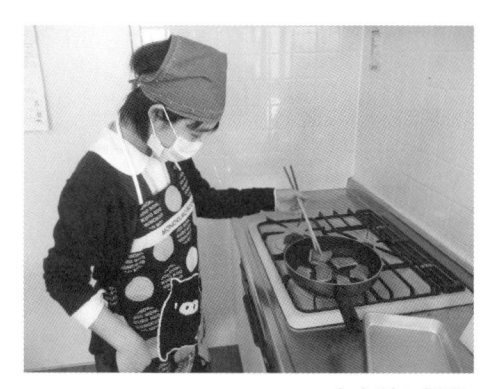

家庭科の授業における一場面

(2) 学習指導案　高等部：「アイロン掛けをしよう」

家庭科学習指導案

　　　　　　　　　　　　　　　　平成○年○月○日　○曜日　○校時
　　　　　　　　　　　　　　　　高等部○グループ　男子5人　女子4人　計9人
　　　　　　　　　　　　　　　　場　　所　　　被　　服　　室
　　　　　　　　　　　　　　　　指導者　○○○○（CT）　○○○○（ST1）
　　　　　　　　　　　　　　　　　　　　○○○○（ST2）

1　題材　「アイロン掛けをしよう」

2　題材について
　(1) 題材設定の理由
　　＜生徒の実態＞

　　　　　　　　　　　　日常生活場面や前単元までの学習の様子，アンケートなどから，本題材で課題となる点を記載する。また，その課題の原因の分析を行う。課題とその分析が，題材設定の理由を考える柱になる。

　　　生徒たちはこれまでに，家庭では洗濯物の取り入れや畳みを行ったり，授業でも，衣服に関してTPOに合わせた衣服の選択や洗濯の仕方，アイロンを使用した作業に取り組んだりしている。また，面接や産業現場等における実習等の実体験を通して，身だしなみの意識を高める必要性を感じている生徒もいる。さらに，保護者からのアンケート結果によると，衣服の手入れに関する家庭での役割は，衣服を畳む，収納の仕方などへのニーズが高く，授業で取り組んだことが役割として定着するまでに至っていないということが分かる。題材前のアイロン掛けに関する実態調査でも，技術面において定着していない状況がうかがえた。それは，自分の役割や行うべきこととする認識が低く，家庭で繰り返し取り組む場面がなかったことやワイシャツ等への正しい掛け方を理解できていないことが理由として考えられる。

　　　　　　　　　　　　上記の課題分析と照らし合わせ，題材の意義・価値（有意性）を述べる。

　　＜題材の意義・価値＞
　　　そこで本題材では，アイロン掛けに取り組むことにした。アイロンはどこの家庭にもある道具で，授業の中でも一人で1台を操作することができる。また，掛ける前とその後で分かりやすい変化があり，生徒が自ら気付き評価をすることで，掛け方を改善したり工夫したりすることができる。アイロンの技術を学ぶ際，身だしなみの意識の向上や，制服のワイシャツへのアイロン掛けをすることで，自分のことは自分でするという意識にもつながると考える。

　　＜ねらい＞　　　　　　**生徒の実態，題材の意義・価値を踏まえてねらいを設定する。**

　　　本題材では，衣服の手入れとしてアイロン掛けがあることを知り，アイロンの仕組みや操作を理解し，安全に正しく使用できるようにする。また，アイロン掛けの手順等を理解し，家庭でも取り組もうとする意欲や態度，身だしなみを整えようとする態度を身に付けることができるようにしたい。

　　＜指導観＞　　　　　　**学習グループ全体に対して具体的に工夫することを述べる。**

　　　具体的には，カタログやインターネットでアイロンについて調べたり，専門家（クリーニング店の方）から話を聞いたりすることで，意欲的に学習に参加できるようにする。そのことで，自分なりの掛け方と専門家の掛け方の違いに気付き，よりきれいにアイロン掛けができるようになりたいという意欲や向上心を高めることができるようにする。また，順番や掛ける時間を確認し自分で評価することで，よりよく仕上げるためにどうすればよいかを考え，工夫することができるようにする。さらに，学習で取り組んだワークシートを家庭に持ち帰り，家庭でもワイシャツのアイロン掛けを実践できるようにし，アイロン掛けを家庭の役割の一つとして設定できるようにしたい。

<展望> → 他の教科や生活場面，将来の生活において，生徒たちに期待する姿を書く。

　アイロン掛けの学習を通して，身だしなみを整える等，快適な衣生活を送ろうとする意識や家庭の役割意識が高まり，生徒たちの家庭生活の充実につながるとともに，家庭における自己有用感と自立への意欲を高めることができるのではないかと考える。

(2) 生徒の実態 → ここでは，技術面と態度面，生徒の学び方という側面から観点を設定しているが，学習内容や研究内容で設定の仕方は変えてもよい。
（例）関心・意欲・態度，生活を創意工夫する力，生活の技能，家庭生活についての知識・理解など

観点　　　生徒	身だしなみへの興味・関心	題材前の実態把握（アイロン掛け）	学び方やものの考え方
A（1年，男）	ふだん着への興味は高くないが，制服の汚れやシャツのしわなどに注意を向けることができる。	中学生のとき，授業でシャツとハンカチのアイロン掛けをした経験がある。丁寧にしようとする意識があり，自分なりに工夫して取り組む。	初めての活動を説明する場合は，完成した見本を提示するとより理解しやすい。複数の説明があると，一方を忘れることがあるので一つずつ伝えるほうが理解しやすい。
B（2年，男）	ズボンの裾の汚れや頭髪の乱れがあっても気にすることは少ない。衣服による体温調節，TPOに合わせた衣服の選択に課題がある。	今までアイロン掛けの経験はない。操作においては，表面だけのアイロン掛けであり，下に何もないかの確認ができていない。操作中，アイロンをシャツの上に置いたまましていることがあった。	簡単な言葉での説明と具体的な活動の見本（教師のモデル）があると理解しやすい。前方の席が集中して授業に臨むことができる。

3　題材目標
(1) 全体目標 → 「2（1）<ねらい>」と直結するようにする。
　ア　道具の名称や留意事項を理解し，安全にアイロン掛けができる。
　イ　アイロン掛けを通して，自ら身だしなみを整えようとする態度を身に付けることができる。

(2) 個人目標 → 全体目標と生徒の実態の課題となる点，個別の指導計画の目標を踏まえて，具体的に述べる。

生徒	個別の指導計画の目標	個　人　目　標
A（1年，男）	○　家庭生活で使用する道具や器具の使い方について理解し，適切に使用する。○　調理や洗濯，掃除等に関する適切な手順や方法を身に付け，家庭で実践しようとする。	ア　道具の名称や使い方を覚え，安全に気を付けてアイロン掛けができる。イ　自分でワイシャツにアイロン掛けをする等，身だしなみを整えようとする態度を身に付けることができる。
B（2年，男）	○　家庭生活で使用する道具や器具の使い方（安全な取扱い方）について理解する。○　調理や洗濯，掃除等に関する手順や方法を身に付け，家庭で実践しようとする。	ア　道具の名称や使い方を知り，安全にアイロンを操作することができる。イ　身だしなみへの意識を高め，自ら実践しようとする態度を身に付けることができる。

4 指導計画（総時数13時間）

次	主な学習活動・内容	時数	資料・準備
一	1　アイロンの機能や必要性，衣類のしわが伸びる仕組みを知る。 　（1）アイロンの掛かっているものと掛かっていないものを比べる。 　（2）アイロンの操作やしわが伸びる仕組みを調べる。 　（3）操作を確認しながらハンカチ等にアイロンを掛ける。 2　アイロン掛けのポイントやクリーニングに出すときの注意点について話し合う。	4	・ワークシート ・パソコン ・カタログ ・見本用衣服 ・アイロン
二	3　ワイシャツにアイロンを掛ける。 　（1）自分や家族のワイシャツに順番や留意点を確認しながらアイロンを掛け，どうすればきれいにしわを伸ばせるかを考える。 　（2）スプレーのりや霧吹きなどを使用し，その違いをまとめる。 　※　授業後は家庭で実践し，自己評価を行い，家族からの評価を受ける。	7 本時 （5／7）	・アイロン ・アイロン台 ・洗濯のり等 ・ワークシート
三	4　家族の衣類にアイロンを掛ける。 　（1）家族が日頃着ている服やお気に入りの服を持ってくる。 　（2）衣類に適したアイロン掛けの方法を調べ，アイロンを掛ける。 　（3）畳みまで行い，家庭に持ち帰り，家族からの評価を受ける。 5　学習の中で気付いたことやできるようになったことをワークシートにまとめ発表する。	2	・デジタルカメラ ・ビデオカメラ ・アイロン

5　本時の学習（9／13）
　(1) **全体目標**

> ・本時では，特にアイロン掛けの技能面にねらいを絞っている。
> ・主な学習活動をもとに，本時の全体目標及び個人の実態から，個人目標を設定する。

　　アイロンを安全に操作し，適切な方法や部位の順番でワイシャツにアイロンを掛けることができる。

　(2) **個人目標**

生徒	個　人　目　標
A （1年，男）	左手でワイシャツを押さえ，安全に気を付けながら，順番どおりにアイロン掛けをすることができる。
B （2年，男）	ゆっくりとアイロンを動かしながら，教師をモデルにして，順番どおりにアイロン掛けをすることができる。

　(3) **指導及び支援に当たって**

　　本時では，生徒が常時，安全に活動に参加し，生徒の学びの特性に応じた指導をすることができるように学習グループを編制する。

　　まず，前時までの学習ファイルを確認することで改善点や留意点に気付き，自分で工夫しながらアイロン掛けに取り組むことができるようにする。次に，専門家（クリーニング店の方）から受けたアドバイスをもとに，アイロンを掛ける部位や順番を明確にし，ワークシートに記入することで，アイロンを掛ける手順に見通しをもって，確認（自己評価）しながら取り組むことができるようにする。

　　さらに，家庭でも実践しようとする意欲を高めることができるように，家庭学習の機会を設定し，学習したことを保護者に伝えることができるようにする。また，家庭での様子を紹介することで，学習への意欲を高めることができるようにしたい。

(4) 実際

過程	主な学習活動	指導及び支援上の留意点	資料・準備
導入 (5分)	1　始めの挨拶をする。 2　本時の学習を話し合う。 　(1) 前時の学習を振り返り，本時のめあてと学習内容を確認する。 　　【アイロンでワイシャツのしわをきれいに伸ばそう。】→ 具体的で分かりやすい文章で提示する。 　(2) 学習ファイルを確認し，操作の安全やアイロン掛けのポイントを確認する。	・前時の感想やワークシートを振り返る際に，よくできたことの称賛，改善点を確認し，向上心や意欲を高めることができるようにする。 ・本時の学習内容とめあてを確認し，学習の流れや活動に見通しをもつことができるようにする。 ・活動前に，安全のため，ファイルを片付けるよう言葉掛けを行う。	・学習ファイル ・めあてカード
展開 (40分)	3　ワイシャツにアイロンを掛ける。 | 場所 | 生徒 | 担当教師 | |---|---|---| | あ | B C | CT | | い | A D | ST1 | | う | F E | ST1 | | え | H I | ST2 | | お | G | ST2 | 順番：襟→カフス→前ボタン→袖→背中→前身ごろ→ハンガーに掛ける。 【指導者の意図や思いを具体的に記入する。】 4　随時ワークシートで自己評価する。	・各部位の留意点について，活動中にも確認することができるように，事前に板書等で示すようにする。 ・アイロン掛けの順番や部位を確認できるようにするため，ワークシートは以下のように個別に準備する。 　ア　文字を手掛かりに順番と掛ける部位が分かる：H 　イ　文字と図を手掛かりに順番と掛ける部位が分かる：C, I 　ウ　文字と写真を手掛かりに順番と掛ける部位が分かる：A, B, D, E, F, G 　→ 個に応じた対応についても，具体的に述べる。 ・各グループでは，他の生徒が活動を行っている間，お互いの様子を見て，称賛したりチェックしたりするようにし，学習の中で改善することができるようにする。 ・安全に活動を進めることができるように，活動範囲を十分に確保しておく。 ・あらかじめ制限時間（1人12分）を伝え，アイロン掛けの時間を計測し，手早くする意識を高めることができるようにする。 ・ワークシートに基づいて自己評価し実践を振り返ることで，次時の目標につなげることができるようにする。	・仕上がり見本 ・手順表 ・アイロン ・アイロン台 ・ワイシャツ ・ハンガー ・ストップウォッチ ・ワークシート
終末 (5分)	5　仕上がりを全員で確認し，気付いたこと等を発表する。 6　次時の学習内容を確認する。 7　終わりの挨拶をする。	・教師用作業台に集合して，相互に評価することができるようにする。 ・本時の学習を家庭で振り返ることができるように，ワークシートを配布する。	・ワークシート

【めあてに対して，どのような方法で生徒が振り返り，評価をするのかを述べる。】

(5) 場の設定

【展開場面】

事故やけがのないように，安全面に配慮して学習環境を設定する。また，生徒の動線や，生徒同士の学び合いが可能かなどを考慮する。

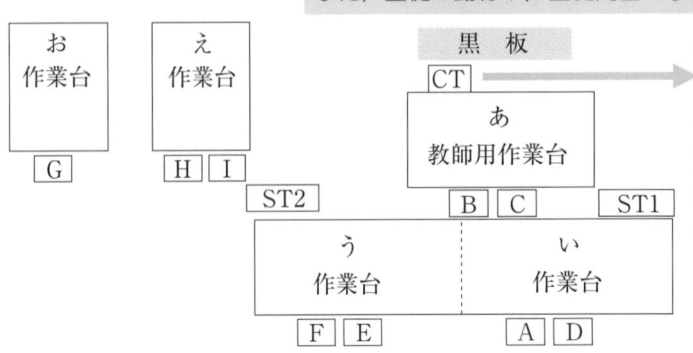

```
┌─────┐ ┌─────┐           黒　板
│ お  │ │ え  │         ┌──────┐
│作業台│ │作業台│         │  CT  │
│     │ │     │         ├──────┤
└─────┘ └─────┘         │  あ  │
  [G]    [H][I]          │教師用│
          [ST2]          │作業台│
                         └──────┘
                      [B][C]      [ST1]
          ┌──────────────┬──────────────┐
          │      う      │      い      │
          │    作業台    │    作業台    │
          └──────────────┴──────────────┘
             [F][E]         [A][D]
```

CTは，
・授業を中心的に進める。
・全体に対するモデルになる。
・一人一人の生徒の状況を確認できる位置にいる。

(6) 教材・教具

ストップウォッチ	完成した見本	文字カード
（ストップウォッチの図）	（ワイシャツの図）	（「ゆっくり」「左手でおさえる」の文字カード）
ストップウォッチを用い，時間を意識して取り組むことができるようにする。	見本を見て，完成（良品）をイメージすることができるようにする。	操作の留意点，安全を意識して取り組むことができるようにする。

(7) 評価

ア　全体目標

　　アイロンを安全に操作し，適切な方法や部位の順番でワイシャツにアイロンを掛けることができたか。

イ　個人目標

生徒	個人目標	評価	具体的な手立てについて	評価
A（1年，男）	左手でワイシャツを押さえ，安全に気を付けながら，順番どおりにアイロン掛けをすることができたか。		○ 言葉での指示は明確で分かりやすいものであったか。	
			○ 完成した見本は良品に仕上げるためのモデルとなったか。	
B（2年，男）	ゆっくりとアイロンを動かしながら，教師をモデルにして，順番どおりにアイロン掛けをすることができたか。		○ 座席や作業場所は集中して取り組む環境となっていたか。	
			○ 実習前のワークシートや言葉掛けでの確認は適切であったか。	

◎：十分達成できた　○：ほぼ達成できた　△：達成できなかった

7 総合的な学習の時間

(1) 基本的な考え方

ア 総合的な学習の時間の意義

総合的な学習の時間のねらいは,以下のとおりである。

(ア) 自ら課題を見付け,自ら学び,自ら考え,主体的に判断し,よりよく問題を解決する資質や能力を育てること。

(イ) 学び方やものの考え方を身に付け,問題の解決や探求活動に主体的,創造的,協同的に取り組む態度を育て,自己の生き方を考えることができるようにすること。

そこでは,身の回りにある様々な問題状況について,自ら課題を見付け,自ら学び,自ら考え,主体的に判断し,よりよく問題を解決していく児童生徒の姿が期待される。

総合的な学習の時間は,体験的な学習に配慮しつつ,教科等の枠を超えた横断的・総合的な学習,探究的な活動の充実が求められる。指導計画の作成等に当たっては,次の五つの要素を目標及び内容に反映させ,創意工夫して実践していくことが重要である。

---

① 横断的・総合的な学習や探究的な学習を通すこと。
② 自ら課題を見付け,自ら学び,自ら考え,主体的に判断し,よりよく問題を解決する資質や能力を育成すること。
③ 学び方やものの考え方を身に付けること。
④ 問題の解決や探究活動に主体的,創造的,協同的に取り組む態度を育てること。
⑤ 自己の生き方を考えることができるようにすること。

イ 総合的な学習の時間における指導の基本的な考え方

特別支援学校での指導においては,小学校,中学校,高等学校学習指導要領に準ずるのみならず,次の二つの事項に十分に配慮する必要がある。

第一は,学習活動が効果的に行われるための配慮事項である。特別支援学校に在籍する児童生徒の障害の種類や程度,発達の段階や特性等は多様であることから,一人一人の児童生徒の実態に応じ,補助用具や補助的手段,コンピュータ等の情報機器を活用するなど,学習活動が効果的に行われるよう配慮することが大切である。

第二は,体験活動に当たっての配慮事項である。体験活動としては,例えば,自然に関わる体験活動,ボランティア活動など社会と関わる体験活動,ものづくりや生産・文化や芸術に関わる体験活動,交流及び共同学習などが考えられるが,これらの体験活動を展開するに当たっては,児童生徒をはじめ教職員や外部の協力者などの安全確保,健康や衛生等の管理に十分配慮することが求められる。

指導計画を作成するに当たっては,各教科,外国語活動,特別活動及び自立活動などの指導と密接な関連をもたせながら,身近な生活に基づいた体験学習を総合的に取り入れる

ように配慮することが大切である。
　また，小・中学校，高等学校等との交流及び共同学習を通して体験的な学習などが展開できる場合も多いことから，地域や学校の状況に応じて，適切に交流及び共同学習を行うよう配慮する。
　なお，知的障害特別支援学校の小学部や重複障害者について障害の状態により自立活動を主とした指導を行う場合には，この時間を設けなくてもよいとされている。しかし，総合的な学習の時間におけるねらいや内容をもとに，全教育活動を通して意識した指導を進めたい。

ウ　題材設定の考え方と指導上の留意点

- 総合的な学習の時間のねらいに即して定めた目標及び内容に基づき，児童生徒の障害の状態や学習状況に応じて，適切な指導を行う。
- 問題の解決や探究活動の過程においては，他者と協同して問題を解決しようとする学習活動や，そこで得られた資料を分析し，学習成果を整理・表現する活動が行われるようにする。
- 自然体験やボランティア活動などの社会体験，ものづくり，生産活動などの体験活動，観察・実験，見学や調査，発表や討論など一人一人の実態や興味・関心に応じた学習活動を積極的に取り入れる。
- グループ学習，異年齢集団による学習，個人研究などの多様な学習形態や地域の人々の協力も得つつ，全教師が一体となって指導に当たる指導体制について工夫を行う。
- 学校図書館の活用，他の学校との連携，公民館，図書館，博物館等の社会教育施設や社会教育関係団体等の各種団体との連携，地域の教材や学習環境の積極的な活用の工夫を行う。
- 国際理解に関する学習を行う際には，ゲストティーチャーを活用するなど，諸外国の生活や文化を体験したり調査したりする学習活動が行われるようにする。
- 情報に関する基礎的な学習を行う際には，問題の解決や探究活動に取り組むことを通して，情報を収集・整理・発信したり，情報が日常生活や社会に与える影響を考えたりするなどの学習活動が行われるようにする。
- 職業や自分の将来に関する学習を行う際には，問題の解決や探究活動に取り組むことを通して，自分を理解し自立や社会参加を目指す意欲を高めるような活動を工夫する。

総合的な学習の時間における一場面

(2) 学習指導案　高等部：「将来の自分」

「総合的な学習の時間」指導案

> 年間指導計画をもとに，学習のねらいや学習内容のまとまりごとに単元名を決定する。生徒が活動に意欲的に取り組み，追求する目的や結果がはっきりと分かるような単元名が望ましい。

平成○○年○○月○○日　○曜日　○校時
高等部　２年　男子４人　女子３人　計７人
場　所　高等部２年教室，図書室
指導者　○○○○（CT），○○○○（ST）

1　単元　「将来の自分～憧れの人にインタビューしよう～」

2　単元について
　(1) 単元設定の理由
　　＜生徒の実態＞

> 既習事項や生徒の分かっていること，達成されていることを分析する。

> 課題→課題分析をする。課題は，直接ねらいにつながるようにする。

　　　本学級の生徒は，これまでに「職場見学」や「現場実習」などを通して，働くということへの関心が高まってきている。将来の夢についても，「店を持ちたい。」，「団子屋になりたい。」などの意見を出し，高等部１年時に描いた夢と比較すると，変化が見られる生徒も出てきた。しかし，２～５年後の生活について尋ねると，具体的に答えることができなかったり，身近な人との関係しか考えられなかったりする生徒がいる。これは，日常的な場面で多くの人に関わる機会が少ないことによるものと考えられる。また，「夢を実現させるにはどうしたらいいですか。」との問い掛けに対しては，返答に困惑する姿が見られる。これは，自分で調べたり聞いたりして解決しようとする経験が少なく，その解決方法を未習得であることが原因と考えられる。

　　＜単元の意義・価値＞　→　単元の有意性を明らかにする。課題とも対応させ関連付けて述べる。

　　　上記のような生徒の実態を踏まえて，「将来の自分～憧れの人にインタビューしよう～」という単元を設定することにした。これまでに関わってきた人について深く考えることで，現在の生活における限られた人間関係からだけでなく，多くの人の中から理想とする人を見付け出そうとしたり，その人の働く姿，大切にしている考え方などについて知ることで，将来の生活を具体的に考え，自分が目指したい姿を見いだしたりすることができるようになると考える。また，自分に合った方法を選択し，情報の収集，整理・分析，まとめ・発表するという探究的な活動を設定することで，生徒たちの主体的な問題解決力を身に付けることができると考える。

　　＜ねらい＞

> 「３単元目標」と整合性を図る。

　　　そこで，本題材では，憧れの人について自分に合った方法を選んで情報を集めたり，まとめたり，伝えたりすることができるようにする。また，将来の自分の姿をイメージすることができるようにする。

　　＜指導観＞

> ＜ねらい＞を達成させるための具体的な手立てを，課題，意義・価値と対応させて書く。

　　　具体的には，教師の体験談を交えて問題提起をすることで，どのような人が憧れの存在としてなり得るのか分かるようにする。また，憧れる理由について問うことで，憧れの人のことを詳しく調べようという意欲・関心を高めることができるようにする。情報の収集活動では，生徒の実態に応じた方法や興味・関心の高い方法を用いるようにする。その際，憧れの人を実際に学校に招いたり校外で会う機会を設定したりして，話を聞いたり質問したりすることができるようにする。収集した情報を整理・分析する活動では，インタビュー等で収集した情報について，効率的に意見をまとめることができるようにする。まとめ・表現の活動でも，生徒の実態に応じた発表形態にし，多様な方法で伝えることができるようにする。加えて，取材したことや友達の発表をもとにして，自分の将来について考えようとする意欲をもつことができるようにする。

第４節　学習指導案の実際　●　99

<展望> 〈ねらい〉と対応させて整理する。現在の生活と今後の生活にどうつながっていくかを述べる。

　このように，憧れの人について考えることは，現在の自分と向き合うことにつながり，将来の自分の姿について考えるきっかけになると考える。また，今回の尋ねたりまとめたりする一連の活動の経験を通して自信につながり，疑問に思ったことや課題などを自分なりの方法で解決しようとする姿が他の学習場面でも見られるようになると考える。

観点は，本単元の指導上必要なものに絞る。ここでは，学習指導要領における総合的な学習の時間のねらいに基づいた観点としたが，学習内容や研究内容によっては観点を柔軟に設定してもよい。

(2) 生徒の実態

観点 生徒	問題解決力	学び方や ものの考え方	主体的・創造的な態度	自己の生き方
A (2年，男)	自分で計画することは難しいが，複数の中から自分がやるべきことを選択して，取り組むことができる。	インターネット検索では，キーワードを入力して，自分の好きな画像等を印刷することができる。	将来の生活について興味や関心がある様子はうかがえないが，調べる活動中の道具を操作するような活動では，意欲的に取り組む姿が見られる。	将来の夢として，複数の中から「仕事」を選択した。少しずつ将来の自分の姿をイメージしつつある。
B (2年，男)	友達と役割決定をする際，二つの中から選択することができる。選んだ役割に対しては，自分から取り組む姿が見られる。	関心が高いものであると，本や写真を集めたり，身近な大人に聞いたり，自分から話し掛けたりする姿が見られる。	初めてのことや難しいことは，すぐに諦めてしまう傾向がある。カメラの操作については，周囲の言葉を受けてアングルを変える等，工夫する姿が見られた。	将来の夢は「団子屋さんになる。」と回答する。現場実習では，施設に入ることも母親と離れて活動することに抵抗があり，自分の気持ちや現状と差がある。

3　単元目標

「2（1）単元設定の理由」を踏まえて述べる。特に〈ねらい〉と直結させる。

(1) 全体目標
　ア　憧れの人について，自分に合った方法を選び，情報を集めたりまとめたり，伝えたりすることができる。
　イ　将来の自分の姿をイメージすることができる。

(2) 個人目標

生徒	個別の指導計画の目標	個　人　目　標
A (2年，男)	様々な方法の中から興味のあるものを選択して，探究活動に取り組むことができる。	ア　情報の集め方やまとめ方について教師と一緒に考え，興味のある方法を選択し，憧れの人について調べることができる。 イ　教師と一緒にキーワードを探し，将来の自分の姿をイメージすることができる。
B (2年，男)	自分の得意な方法や知っていることの中から選択して，教師と一緒に課題の解決に取り組むことができる。	ア　情報の集め方やまとめ方について，教師と一緒に考えながら選択し，憧れの人について調べることができる。 イ　自分や友達の発表から，なりたい自分の姿を教師と一緒にイメージすることができる。

個別の指導計画の目標，全体目標と対応させ，より具体的に述べる。

4　指導計画（総時数 15 時間）

> 単元のねらいを達成するために，探究的な学習活動をどのように構成するかについて，課題解決していく過程に関連付けて書く。

次	主　な　学　習　活　動・内　容	時数	資料・準備
一	1　学習計画について話し合う。 2　自分の将来や憧れの人について考える。（課題設定）	1	・学習計画表 ・ワークシート ・写真
二	3　憧れの人について情報を集める。（情報収集） 　(1)　情報収集の方法について考える。 　(2)　インタビューや依頼の電話など，それぞれの方法で練習する。 　(3)　インタビューや電話で，憧れの人について情報を集める。	4	・ワークシート ・模擬電話 ・メモ用紙 ・カメラ ・VTR
三	4　調べた内容を整理する。（整理・分析） 　(1)　練習でインタビューした内容を整理したり，現場実習の壮行会用プレゼンテーションを編集したりする。 　(2)　調べたものを新聞やパワーポイントにまとめる。	5	・パソコン ・模造紙
四	5　発表する。（まとめ・表現） 　(1)　発表の評価の観点を見付ける。 　(2)　発表会での役割を決め，リハーサルをする。 　(3)　発表会をする。 6　自分で調べて思ったことや発表会に来てくださった方の意見，友達の意見などを踏まえて，自分の将来の姿について意見をまとめる。	5 本時 (3/5)	・ワークシート ・会順表 ・進行カード ・プロジェクター ・マイク ・スクリーン

> 一定の知識を教え込むのではなく，直接体験，問題解決の学習を取り入れる。

> 生徒の活動や体験の中で中心的なものを述べる。

5　本時の学習 (13/15)

> 指導計画上の位置付けを考えて，中核的なねらいを明確にする。本時は，「まとめ・表現」の段階であり，発表すること，聞くことについての目標が具体的に述べられている。

(1) **全体目標**

　調べた情報を自分の得意な方法で発表したり，発表をするときの留意点に気を付けながら友達の発表を聞いたりすることができる。

(2) **個人目標**

> 本時における個別の目標を，全体目標と関連付けて述べる。

生徒	個　人　目　標
A （2年，男）	スクリーンの画面を指し示して発表したり，友達の発表を聞いて，その内容について教師と一緒に評価や感想を選んだりすることができる。
B （2年，男）	カメラを操作して写真を提示しながら発表したり，友達の発表を聞き，教師のアドバイスを受けて感想や評価を選択肢の中から選んだりすることができる。

(3) **指導及び支援に当たって**

> 本時において，重点的に指導することや配慮事項，個別の支援方法などについて具体的に表す。

　本時は，課題設定→情報収集→整理・分析→まとめ・表現という探究活動の中の，表現に当たる時間であり，それぞれが選んだ方法で整理した情報を発表することが中心的な活動である。発表を通して，発表方法の良さや内容を理解することができるようにしていきたい。

　まず，事前に発表をするときの留意点を確認することで，自分なりに目標をもって発表することができるようにする。次に，友達や自分の発表について，その内容や方法を評価し，記録することができるようにワークシートを準備する。その際，生徒の実態に応じて，○で囲んで選択するものやメモ欄を設けたものなどを用意して，できるだけ自分で記入できるようにする。また，発表原稿や発表カードは，めくり方式にしたり，スライドを進める場所が分かるように原稿に印を付けたりして，生徒が順を追ってスムーズに発表することができるようにする。

(4) 実際

> 生徒が見通しをもち，意欲を高めることができるようにする。本時の場合，ファイルや発表原稿を見てこれまでの学習活動を振り返ることで，見通しをもたせることをねらっている。

過程	主な学習活動	指導及び支援上の留意点	資料・準備
導入（5分）	1 始めの挨拶をする。 2 本時の学習内容について話し合う。 　憧れの人について発表しよう。	・学習計画表を提示し，読み上げることで，本時の学習内容を意識することができるようにする。 ・発表するときの留意点や伝えたいことを総合ファイルや発表原稿を見て確認する。	・学習計画表 ・総合ファイル
展開（35分）	3 発表会をする。　　　進行：H 　1 進行のあいさつ 　2 ゲスト紹介 　3 発表・質問 　　(1) A (2) B (3) C 　　(4) D (5) E (6) F 　　(7) G (8) H 　4 講評（○○先生） 　5 進行係のあいさつ 本時の目標を達成するための一連の活動の流れを具体的に述べる。 生徒の主体的な活動となるような工夫をする（表現も含む）。 全体に対する指導・支援の観点や具体的な関わりのあり方などについて，できるだけ詳細に述べる。個に応じた指導・支援の方法についてもここで明らかにする。 学習活動を振り返り，一人一人が頑張ったこと，感じたことなどを認めたり，称賛したりして，次時への活動意欲を高める。	・会の流れに見通しをもつことができるように，会順表を準備する。 ・発表の際は，実態に応じた発表スタイルで発表する。 ・ポスター形式にまとめて発表する。発表原稿を読むようにするが，発音が不明瞭で伝わりにくいことが考えられるので，VTRも交えて発表するようにする。(A, G) ・自分で撮影した写真やインタビューのVTRなど映像を中心に発表する。発表原稿はカードのめくり式にしておき，スライドの進行と同じにしておく。(B, H) ・実際にインタビューしたときの内容をプレゼンテーションソフトで編集して発表する。発表の際は，発表原稿を読み，レーザーポインタで示すようにする。パソコンの操作も自分で行うようにする。(C, E, F) ・自分で撮影した写真やインタビューVTRを使用して発表する。操作はCTが行うようにする。父親が記入した質問紙を投影することで，文字でも確認することができるようにする。(D) ・評価シートは，実態に応じてイラスト入りのものや○で囲むもの，コメントを記入するものなどを準備する。 ・発表の準備をしている間に，評価シートに記入する。STは生徒の思いや気付きを大切にしながら，一緒に評価をしていく。CTは発表の準備をする。 ・発表の準備（プレゼンやマイクの準備）に関する役割を事前に決めておき，自分たちで運営することができるようにする。	・会順表 ・進行カード ・発表原稿 ・発表用のプレゼンデータ ・カメラ ・VTR ・評価シート ・マイク ・パソコン ・プロジェクター
終末（10分）	4 自分や友達の発表を振り返って，感想を記入する。 5 終わりの挨拶をする。	・発表の配付資料に，印象に残ったところ（マーカーで線を引いた部分）や評価シートを見て，感想を記入する。	・評価シート

> めあてに対して実際の活動の姿はどうだったのか，振り返りの視点を明確にする。

(6) 場の設定（図書室）

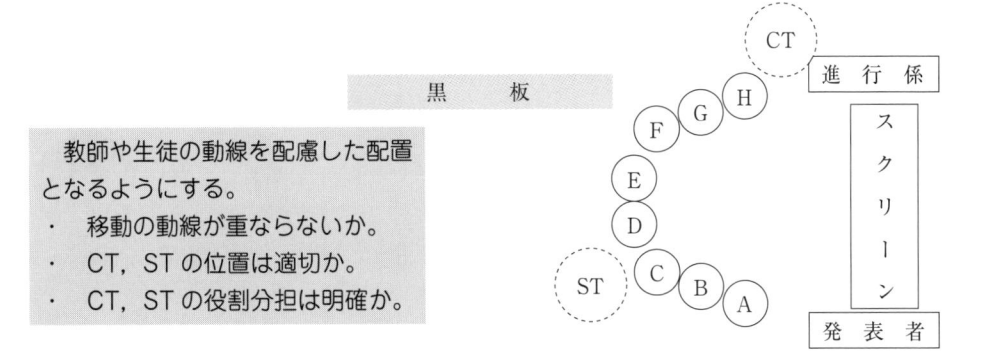

教師や生徒の動線を配慮した配置となるようにする。
・ 移動の動線が重ならないか。
・ CT，ST の位置は適切か。
・ CT，ST の役割分担は明確か。

黒　板

配置図：CT（進行係）、スクリーン、発表者、A, B, C, D, E, F, G, H、ST

(7) 教材・教具

発表原稿，発表カード	会　順　表	評価シート
スムーズに発表ができるようにするために発表内容をメモしたもの。	進行係がスムーズに進行できるようにするためのもの。	発表内容や方法等について記入するもの。

視聴覚機器（OHC，パソコン，プロジェクター，VTR，デジタルカメラなど）
生徒の実態に応じて使用する。使用するボタンにシールを貼ったり，事前に使い方を説明したりして，できるだけ生徒自身で操作・活用することができるようにする。

視聴覚機器は，生徒が実際に操作できるようにすることが大切である。

(8) 評価
ア　全体目標
　　調べた情報を自分の得意な方法で発表したり，発表するときの留意点に気を付けながら友達の発表を聞いたりすることができたか。

イ　個人目標

具体的な手立てについて，3段階で評価する。

生徒	個人目標	評価	具体的な手立てについて	評価
A（2年,男）	スクリーンの画面を指し示して発表したり，友達の発表を聞いて，その内容について教師と一緒に評価や感想を選んだりすることができたか。		発表原稿は実態に合った内容や量であったか。また，評価や感想を選択・記入する際の言葉掛けは適切であり，自己選択に有効であったか。	
B（2年,男）	カメラを操作して写真を提示しながら発表したり，友達の発表を聞き，教師のアドバイスを受けて感想や評価を選択肢の中から選んだりすることができたか。		機器操作のモデリングは適切であったか。また，ワークシートの内容は実態に合った言葉で選択の際に本人の気持ちを引き出すものであったか。	

◎：十分達成できた　○：ほぼ達成できた　△：達成できなかった

第4節　学習指導案の実際　●　103

ブラッシュアップ8
評価の考え方

　学習指導の評価と改善が効果的に進む過程を説明するために，マネジメントのモデルであるPDCAサイクルが頻繁に引用されます。それに基づくと，学習指導は，教育的ニーズを的確に把握し学習や発達の見通しに沿った妥当な目標設定と，指導課題や支援方法の具体化を行った上で（P），計画に基づいて着実に指導を実施し（D），指導の過程を随時監視しながら，一連の指導後には目標の達成を確かめ（C），必要に応じて目標や手立ての修正を行って次の指導へと進む（A）というサイクルで表されます。

　アセスメントは，上述のPにおける評価であり，指導に先立って現在の子どもの姿を把握するための評価全体を意味します。子どもの能力特性や支援のニーズ，学習内容への興味・関心，生活や学習環境の特性などについて，多面的に資料を集めます。広義には（ないし今日の一般的理解では），子どもに合った目標設定や指導計画，必要な配慮や支援の手立てなどを具体的に設定するプロセス及びその先に期待される子どもの姿を描くことを含みます。したがって，目的に適った資料収集を行い，指導に結び付ける視点が大切です。例えば，各種の検査は，単に状態像を客観的に記述するためではなく，学習課題の達成可能性や採用する支援方法の妥当性を説明するために用いられてこそ，意味をもつのです。

　一方，アセスメントで得る情報は，指導・支援のための仮説であり，支援の奏功を保証するものではありません。例えば，視覚系の能力が高いと判断された子どもには，視覚的な情報を用いた教材・教具や教示を工夫しますが，刺激の構成によっては注意の転導が起こりやすくなる場合もあります。そのため，指導は，支援によって課題場面からの逸脱が減ったり，課題を理解して取り組めたりしたということの確認が伴われてはじめて，評価が行えるのです。このことから，指導・支援の内容は仮説として示され，指導実践（D）の中で検証されるものと指摘することができます。

　指導後の評価（C）は，主に子どもの学習の成果に対して行われます。できたことのみに着目して画一的に評価するのではなく，学習過程で観察される様々な情報を，失敗も含めて広く丁寧に評価することに留意します。そのような方法としては，パフォーマンスやポートフォリオなどによる方法が知られています。また，授業研究等の機会を活用して，複数の教師で子どもの学びを見いだすことも有効な方法です。これらによって，指導・支援のどの要素が子どもの学びにどんな効果を及ぼしたか（または及ぼさなかったか）が明らかにされます。それは，指導の改善に向けた分析や改善の取り組みそのもの（A）となり，次の段階の指導を可能にします。

　なお，今日の学校教育では，評価は極めて多くの場面で実施するようになっています。上述のような学習指導における評価のほか，授業やカリキュラムの評価，教師に対する評価，学校組織・環境や教育制度に対する評価などがあります。いずれも，教育活動をすべての子どもにとってよりよいものにしていくことが第一の目的です。また，評価は指導と一体となって機能するものという考えが通底していることを指摘することができます。

（雲井未歓）

ブラッシュアップ9
授業環境の設定

　蒸し暑い深夜の熱帯夜，古いがないよりましのエアコンのスイッチを入れてみました。あなたはこの後，眠れそうですか。おそらく，多くの人が，実際にその場で，そのエアコンをつけてみなければ分からないと答えるでしょう。では，10人に実際に経験をしてもらった後に同じ質問をしてみると，どうなるでしょうか。エアコンの性能や，その騒音，部屋の遮光の状況にもよると思われますが，10人とも同じ答えを返すであろうとは考えにくいと思います。

　なぜそのようなことが起こるのでしょうか。それは，「人は同じ環境下におかれても，環境の理解や解釈がそれぞれ異なる。」からです。温度に敏感な人，エアコンから送られる風に敏感な人，風の匂いに敏感な人，騒音に敏感な人，光に敏感な人など，これらの人々は，同じ環境を経験してもその評価や解釈は異なっていることが十分考えられます。複数のメンバーからなるアイドルグループの中の"推しメン"（イチ推しのメンバー）が異なるのも，類似の理由からだと思われます。

　この環境の理解の差異は，授業ではどのような問題として現れてくるのでしょうか。それは，教師の良かれと思って行った環境設定が，子どもには意味のあるものでなかったり，教師がさほど気にならずに放置しておいた環境刺激（騒音や温度など）が，子どもにとっては侵襲的であったりするといった現象として表に出てきます。このような場合，教師は「適切な」環境設定を求めるようになります。

　筆者は，「授業環境の設定は，このようにするのが正しい。」といった言説はあまり意味がないと考えています。ただ，「このクラスのこの子どもたちに最適な授業環境」というものは存在しうると思っています。しかし，それを教えてくれるのは，子どもたちなのです。普遍的にベストな授業環境の設定を探すのではなく，ともに過ごしている子どもたちの視点から見た適切な授業環境設定を，手探りで見いだしていく試みこそが重要なのだと思います。

　筆者の専門は行動分析というものですが，この視点からすると，これまでの議論してきた授業環境は，「行動」に先立つ，「先行状況」についてであったことになります。では，行動分析的に見ると授業環境の設定とは「先行状況」の調整を意味するのかといえば，答えは"NO"です。行動分析における環境とは，行動の前の「先行状況」と後の「後続状況」のに二つを指すからです。したがって，授業環境における「後続状況」の設定もありうるわけです。授業における「後続状況」とは，行動後の環境の変化や周囲の対応が含まれます。つまり，授業で行動Aには対応A'を，行動Bには対応B'といったことを設定していくことや，即時の対応を原則とすることを明示していくことが，授業環境の設定の中に含まれていくべきだと考えます。授業の展開に貢献するような発言をした子どもには，即座にそのことを褒めることは，その例です。そんなことは当たり前だと思われる方もいらっしゃるでしょう。しかし，機を逸せず褒めることは，本当に努力のいるものです。そして，この子がうれしくなるような方法で行うことはさらに難しくなります。なぜならば，教師のうれしいと思う方法と，その子がうれしいと思う方法は異なっているかもしれないからです。褒めることも決して簡単なことではないのです。

　これらのことを念頭に置きながら授業の環境設定に意識を向けることができれば，教師は，授業の展開をよりスムーズに運べるようになると思います。

（肥後祥治）

8　日常生活の指導

(1) 基本的な考え方

ア　日常生活の指導の意義

　日常生活の指導は，児童生徒一人一人の日常生活が充実し，より高まることを目指し，日常生活の諸活動を生活の流れに沿って，実際的な状況下で適切な指導及び支援を行うものである。その内容は，衣服の着脱，洗面，手洗い，排泄，食事といった基本的生活習慣に関すること，挨拶，言葉遣い，時間を守ること，決まりを守ることといった集団生活をする上で必要な要素など広範囲で多様である。

　学校生活で，児童生徒が，毎日ほぼ同じように繰り返す日常生活の活動には，例えば，登校，朝のしたく（衣服の着脱，持ち物の整理），朝の会，排泄，係の仕事，帰りのしたく，帰りの会，下校などの諸活動がある。その指導には，各教科等と関連付けながら，毎日繰り返し取り組むことが重要である。

　このような指導を通して，児童生徒の望ましい生活習慣形成を図るとともに，「自分のことは自分でしたい。」という思いに応えることが必要である。また，自分の生活をよりよくしていこうとする意欲や態度を身に付け，個人生活から集団生活，社会生活へと関わりを広げていくことができると考える。

イ　日常生活の指導における指導の基本的な考え方

　児童生徒の実態は，多くの場面で支援を必要とする段階から身辺処理がある程度確立している段階まで，様々である。また，活動への取り組みの様子や人への関わりを見ても，自分から積極的に活動に取り組んだり，教師や友達に関わったりする児童生徒もいれば，指示待ちであったり，言葉掛けや身体的な援助を必要としたりする児童生徒もいるなど，実態差が大きい。

　そこで，日常生活の指導では，児童生徒の発達段階や障害の特性を丁寧に把握し，毎日の学校生活の流れの中で，個別の指導計画をもとに，一人一人に応じた段階的な指導を行うようにする。例えば，衣服の着脱に課題がある児童生徒については，指導を焦点化し，朝のしたくや帰りのしたくにおいて個に応じた支援を行うことで，その解決を図ることができるようにする。また，他者と関わることに意欲が見られる児童生徒については，諸活動の中で役割を担う場面や友達と協力する場面を設定するなど，集団生活を豊かに過ごすために必要な内容を多く扱うようにする。

　また，指導に当たっては，各教科等との関連を十分図りながら取り組むようにする。さらに，学習指導要領を踏まえ，発達段階だけでなく生活年齢を十分に考慮しながら，小学部から中学部，高等部へと続く系統的・発展的な指導を行う。

　小学部段階では，児童の実態を把握し，個別の指導計画をもとに学部全体で継続的な指導を行い，基本的な生活習慣の確立を目指す。

　中学部段階では，小学部で身に付けてきた基本的な生活習慣の定着を図り，生活年齢を考慮しながら，学級，学部を中心とした集団生活への取り組みや地域社会への参加も大切

する。

　高等部段階では，中学部までに身に付けてきた基本的な生活習慣の確立と自立を目指しつつ，社会生活に目を向け社会人としての意識を高め，社会生活に向けて必要な事項に積極的に取り組む態度をはぐくむ。

ウ　題材設定の考え方と指導上の留意点
- 指導場面や集団の大きさなど，活動の特徴を捉え，個々の実態に即した効果的な指導ができるような指導計画を立てる。
- 日常生活の指導で扱われる内容は，実際的で必然性のある状況の中で，繰り返し取り組むことが大切であることから，日常生活の指導として設定している時間以外でも意図的・発展的に指導機会を設定する。
- 活動の流れや環境を整えたり，一貫した支援を行ったりすることで定着を促し，児童生徒が自分から進んで活動に取り組み，達成感を感じることができるようにする。
- 個別の目標設定に当たっては，教師に全介助を受けて取り組む，教師の一部介助を受けて取り組む，必要に応じて補助具等を使い自分で取り組む，というように，支援の程度を段階に示すようにする。
- できつつあることや意欲的な面を考慮し，適切な支援を行うとともに，記録に取りながら達成状況を評価し，改善を行う。
- 個々のペースを大切にし，集中して取り組むことができる環境を設定する。
- 写真や絵・文字カード，手順カードなど，児童生徒が分かって活用できる手立てを用意し，自己の成功体験を豊かにすることができるようにする。
- 他の指導の形態等や家庭でも並行して取り組むことで成果が期待できる内容について，積極的に家庭と連携を図り，効果的な指導を継続して行うことができるように配慮する。

給食指導（小学部）　　　　　　　　朝の会（中学部）

(2) 学習指導案　小学部：朝の会

日常生活の指導学習指導案

平成○年○月○日○曜日　○校時
小学部1組　男子3人　女子3人　計6人
場　所　　小学部　1　組　教室
指導者　　○○○○（CT）　○○○○（ST）

1　題材　　「朝の会」

2　題材について
　(1) 題材設定の理由
　　＜児童の実態＞ ──▶ 現在獲得している力と課題について述べる。課題については，原因を分析して，考えられる対応策を書く。

　　　本学級の1年生は初めての学校生活に戸惑いながらも，一つ一つの事柄を体験的に学んだり，1年間の経験からおおよその見通しや期待感をもちながら学習に参加したりする姿が見られる。一方で，自分のしたいことだけを要求し続けたり，教師との関係性の中だけで生活していたりする姿も見られる。この背景として，一日の学校生活の見通しを具体的にイメージできていないことや，教師に依存的であったり，友達とのやり取りをする経験が少ないこと，自分の役割を十分に理解できなかったり，他者から認められる成功経験の少なさから自信がもてなかったりすることが考えらえる。このことから，学校における具体的な一日の見通しをもちながら，友達と集団を構成しながら学び合ったり，他者から認められる環境の中で自分の役割を発揮したりする主体的な参加の場や時間が必要であると考える。

　　＜題材の意義・価値＞ ──▶ 朝の会を行う意義を，実態と照らし合わせて述べる。

　　　以上の実態を踏まえて，本題材を設定した。朝の会は，児童に身に付けてほしい事柄を実際的，反復的に指導することができる。児童の学習上の特性等を考慮しながら一日の予定を取り扱うことで，その日の学校生活に対する具体的な見通しをもち，期待感をもって一日の生活をスタートすることができる。また，会の進行をしたり，係活動での取り組みや体験したことを発表し合ったりするなど，それぞれの役割を設定することで，友達相互のやり取りを促すとともに，言語活動を充実することができる。さらに，友達や教師からの称賛を受け，認められた自分に気付くことで，自分の役割を発揮していこうとする態度を養うことができる。

　　＜ねらい＞　本題材のねらい：①学校生活の見通しと期待感をもつ。
　　　　　　　　　　　　　　　　②やり取りを通して会を進行する。

　　　そこで，本題材では，朝の会を通して具体的な見通しをもち，期待感をもって学校生活をスタートしたり，相互に役割を担い，やり取りをしながら相互に会を進行したりすることができるようにする。

　　＜指導観＞ ──▶ 見通しをもったり，やり取りをしたりして主体的に参加するための手立てを述べる。

　　　指導に当たっては自分の役割を意識しながら参加できるように，係活動と関連付けた会順を設定するとともに，発表するために必要な教材・教具等を自分で準備するようにする。進行の児童に対しては，会順の内容と担当する児童の写真が添付された，めくり式のカードを準備し，友達に「お願いします」と言葉や身振りなどで伝え，相互の関わり合いを促す。また，予定を伝える際は，一日の具体的な見通しをもつことができるように，教科等名を示す文字カードに加えて教科等に対応したシンボルカードや授業場所を示す写真カードを併せて提示する。さらに，進行ボードを会順ごとに着脱できるようにすることで，全体の内容を把握しつつ，始まりと終わり，順序性などのスケジュール自体の理解についても深めることができるようにする。発表場面においては，音声言語を獲得していない児童に対して，代替となる絵カードやトーキーペンなどを活用し，友達に伝える喜びを感じることができるようにしたい。

<展望> ← 朝の会で学んだことが，今後の生活においてどのように発揮されるかについて述べる。

　このような学習を通して，見通しをもって進んで活動に取り組んだり，友達や教師と関わり合いながら集団生活に参加したりできるようになるとともに，役割やルール，情報の選択など，集団生活に必要な知識・技能及び態度を，経験を積み重ねながら身に付けることができるようになると考える。

(2) 児童の実態 ← 題材に関する実態と，これまでの授業の様子から実態を述べる。

観点 児童	題材に関する実態			授業の様子
	スケジュールの理解	人との関わり	役割理解	
A (1年，男)	順序を理解し，文字とシンボルカードの内容を関連付けることができる。活動に対して見通しがもてないときに情緒が不安定になることがある。	教師との関わりを好み，友達との関わりは少ない。依頼された物を対象の友達に渡したり，定型の挨拶をしたりすることはできる。	決まった手順や方法があると，繰り返し取り組む中で自分の役割を理解したり行ったりすることができる。	前に立つ友達に注目するが，発表や投げ掛けに対して応答することは少ない。朝の会の流れや進め方については理解してきている。
B (2年，男)	シンボルマークや写真カードを手掛かりに，自分の好きな活動があるか確かめることができる。一方で，自分の好きな活動に固執することがある。	教師との関わりを好み，言葉で要求を伝えたり，身体的関わりを求めたりすることができる。依頼された物を対象の友達に渡すことができる。	手順や方法が理解できている役割であっても自分から取り組むことは少なく，自分のしたいことを優先したり，教師からの促しを受けて取り組んだりする。	前に立つ友達に注目を向けたり，応答したりすることは少ない。友達の前で発表することは少ないが，称賛されると笑顔を見せることがある。

3　題材目標
(1) 全体目標 ← 「2 (1) ＜ねらい＞」と整合させる。
　ア　学校生活に対する具体的な見通しをもち，期待感をもって一日を過ごすことができる。
　イ　相互に役割を担い，やり取りをしながら朝の会を進めることができる。

(2) 個人目標 ← 全体目標が「具体的な見通しや期待感をもつこと」，「役割を担ったやり取りのある朝の会の進行」であるから，個人目標は，その二つの観点から立てている。

児童	個別の指導計画の目標	個　人　目　標（1学期）
A (1年，男)	○　スケジュールを理解し，安定した情緒で集団活動等に参加することができる。 ○　教材を介したり，役割を担ったりしながら，友達と関わり合うことができる。	ア　進行ボードやスケジュールボードを手掛かりにして，朝の会や一日の流れに見通しと期待感をもつことができる。 イ　めくり式のカードを手掛かりに友達に会順を伝えたり，担当する友達に依頼したりするとともに，呼び掛けに応答したり，自分の役割を発表したりすることができる。
B (2年，男)	○　スケジュールを手掛かりに，次の活動を見通すことができる。 ○　友達と教材を受け渡したり役割を発表したりして関わることができる。	ア　スケジュールボードを手掛かりにして，一日のおおよその流れを時系列で見通すことができる。 イ　友達に注目を向けたりめくり式のカードを手掛かりに，担当する友達に依頼したりするとともに，トーキーペンを活用し自分の役割を発表することができる。

第4節　学習指導案の実際

4　指導計画（総時数70時間：1学期）

次	主な学習活動・内容	時数	資料・準備
一 （教師と一緒に参加し，朝の会の流れや進め方を知る。）	毎時間の学習活動・内容は日々同じ流れで行う。 1　朝の会の準備をする。 　(1)　朝の会を行う場に椅子を持ってくる。 　(2)　使用する教材を準備する。	20	・進行ボード ・めくり式進行カード ・キーボード ・CDデッキ ・花丸ボード ・花丸カード ・依頼カード ・日付，天気調べボード ・スケジュールボード ・給食調べボード
二 （教材・教具の習得とそれらを使用した発表の仕方を知る。）	2　朝の会をする。 　(1)　始めの挨拶をする。 　(2)　朝の歌を歌う。 　(3)　朝の挨拶をする。 　(4)　元気調べをする。 　(5)　日付・天気調べをする。 　(6)　給食調べをする。 　(7)　お楽しみ活動をする。 　(8)　終わりの挨拶をする。 3　片付けをする。	30	
三 （習得したことを活用し，児童が役割を分担しながら朝の会を進行する。）		20 本時 （1/20）	

＞ 朝の会の進め方を段階的に習得し，習得したことを児童自らが少しずつ活用していくことができるように計画する。

5　本時の学習（51/70）
(1)　全体目標
　ア　一日の学習や生活に対する見通しをもつことができる。
　イ　友達と呼名や写真カードの受け渡しを通してやり取りをしたり，進行に沿ってそれぞれの役割を発表したりすることができる。

(2)　個人目標　　→　題材の全体目標や個人目標と関連させて設定する。

児童	個　人　目　標
A （1年，男）	ア　進行ボードやスケジュールボードを手掛かりに，見通しをもちながら朝の会に参加したり，一日の学習を理解したりすることができる。 イ　めくり式の進行カードを手掛かりに，朝の会を進行したり，友達に発表を依頼したりすることができる。
B （2年，男）	ア　スケジュールボードを手掛かりに，校時と学習とを対応しながら一日の流れを確認することができる。 イ　進行からの呼び掛けに応答したり，依頼カードを受け取り，自分の役割を発表したりすることができる。

(3)　指導及び支援に当たって　　→　1段落：これまでの学習と本時との関連について，2段落：授業環境，集団及び個別の指導及び支援について述べている。

　児童は，これまでに，朝の会の会順や内容について理解を深めるとともに，手掛かりとなる教材の使用についても習得してきている。本時は，進行や友達への依頼，発表やスケジュールの確認を，手掛かりとなる教材を活用しながら自分たちで行うことができるようにしたい。
　導入では，それぞれが役割を意識できるように，使用する教材を自分たちで準備する。展開では，めくり式の進行カードに友達の写真を添付したり，依頼カードを手渡したりすることで，発信と受信が視覚的に分かるようにする。音声言語を獲得していない児童には，代替となるトーキーペンを活用し，友達に内容を伝えやすいようにする。今日の予定の発表では，校時を示す数字カードと学習名及びシンボルカードなどを対応し，時系列で一日の学習を理解することができるようにする。また，必要に応じて教師が支援を行ったり，十分な称賛をしたりして，できた自分に気付いたり，友達と関わる楽しさを感じたりすることができるようにする。

(4) 実際

過程	主な学習活動	指導及び支援上の留意点	資料・準備
導入 (5分)	1 朝の会の準備をする。 2 「はじめのことば」で朝の会の始まりを知る。 目標を達成するための学習活動とその手立てを個別に記載したり，CT，STの役割について述べたりする。 3 「あさのうた」を歌う。 4 「あさのあいさつ」をする。	・進行児童Aに注目を向けることができるように言葉掛けをし，サインを手掛かりにAが挨拶できるようにする。 ・Aは進行ボードを確認しながら進行カードをめくるようにする。 ・できたことに対して，具体的な言葉掛けで称賛するとともに，花丸カードをボードに添付することで視覚的にできたことが分かりやすいようにする。	・日付，天気調べボード ・スケジュールボード ・給食ボード ・進行カード ・依頼カード ・キーボード ・花丸カード ・花丸ボード
展開 (22分)	5 「げんきしらべ」をする。 6 「ひづけ・てんきしらべ」をする。 7 「きょうのよてい」を確認する。 8 「きゅうしょく」のメニューを知る。	・Aに対して，CTが写真カードを指さすことで友達の名前を呼ぶことができるようにする。呼名に対して返事をしたりタッチをしたりして，応答できるようにする。 ・体調を表したシンボルカードを選択することで，自分の体調を伝えることができるようにする。 ・数字や文字の理解が難しい児童に対しては，月日，曜日，天気を○△□のカードに記し，形を弁別しながら日付，天気ボードに貼ることができるようにする。 ・スケジュールボードには，学習や学習名，それを表すシンボルマーク，授業場所を表す写真カードを併記することで，具体的に一日の活動に見通すことができるようにする。 ・Bが取り組む際は，校時と学習とを一対一対応しながら行うことで，時系列に沿って見通しをもつことができるようにする。発表の際は，代替手段のトーキーペンを使用し，友達に伝わる喜びを感じることができるようにする。 ・メニューに近いシンボルカードを使い，イメージをもつことができるようにする。	・体調調べボード ・顔写真 ・日付，天気調べ用のボード ・日付等のカード ・シンボルカード ・シンボルマーク ・場所写真カード ・トーキーペン ・給食ボード
終末 (3分)	9 お楽しみ活動（読み聞かせ）をする。 10 「おわりのことば」で朝の会の終わりを知る。	・相互のやり取りや役割に対する取り組みに対して十分な称賛を行った後に行うようにする。 ・進行（A）に注目を向けることができるように言葉掛けを行う。	・絵本

(5) 場の設定

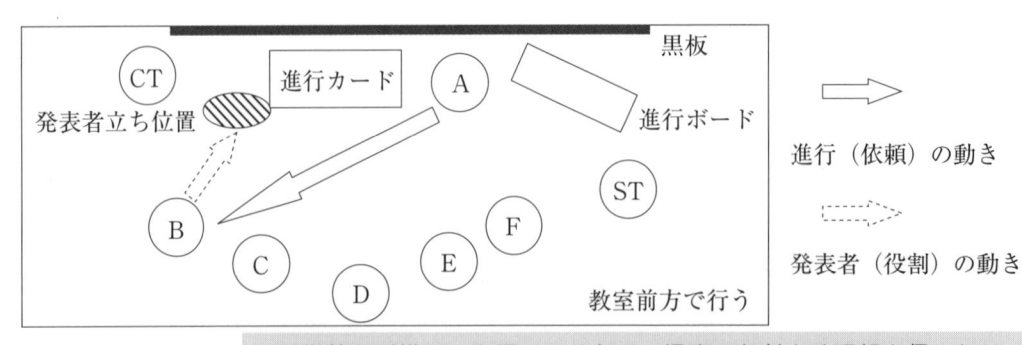

```
                                    黒板
       CT    進行カード    A
    発表者立ち位置                  進行ボード       ⇒ 進行（依頼）の動き
              B                    ST
                 C      E  F                    ⇢ 発表者（役割）の動き
                   D            教室前方で行う
```

(6) 教材・教具 → 視覚的な手掛かりを用いることで，児童の気付きや理解を促したり，発表の補助手段として活用したりすることができるように配慮している。

めくり式進行カード	依頼カード	トーキーペン※	スケジュールボード
会の進行順をめくり式のカードで示したもの。シンボルを併記したり，友達の写真カードを添付したりして活用する。	友達に役割を依頼するときに手渡すもの。カードを介すことで視覚的に分かりやすくする。	発表に使用する教材に添付されたシールに当てることで，録音された内容を読み上げることができる。	学習や活動名，シンボルマーク，活動場所を併記したもの。具体的な見通しをもつことができるようにする。

※ トーキーペンは渕上印刷株式会社（鹿児島市）で販売されている。

(7) 評価
　ア　全体目標
　　(ｱ) 一日の学習や生活に対する見通しをもつことができたか。
　　(ｲ) 友達と呼名や写真カードの受け渡しを通してやり取りをしたり，進行に沿ってそれぞれの役割を発表したりすることができたか。
　イ　個人目標

児童	個人目標	評価	具体的な手立てについて	評価
A（1年，男）	(ｱ) 進行ボード等を手掛かりに，見通しをもって朝の会に参加したり，一日の学習を理解したりすることができたか。		(ｱ) 見通しを促すための教材は視覚的に分かりやすく，必要な情報が過不足なく含まれたものであったか。	
	(ｲ) めくり式の進行カードを手掛かりに，朝の会を進行したり，友達に発表を依頼したりすることができたか。		(ｲ) 進行ややり取りを促す方法は分かりやすく，使いやすいものであったか。	
B（2年，男）	(ｱ) スケジュールボードを手掛かりに，校時と学習とを対応しながら一日の流れを確認することができたか。		(ｱ) 教材は視覚的に分かりやすく，校時と学習とを対応させながら時系列に見通すことができたか。	
	(ｲ) 進行からの呼び掛けに応答したり，依頼カードを受け取り，自分の役割を発表したりすることができたか。		(ｲ) 応答を含めたやり取りや発表を促す方法は，分かりやすく使いやすいものであったか。	

◎：十分達成できた　　○：ほぼ達成できた　　△：達成できなかった

9 遊びの指導

(1) 基本的な考え方

ア 遊びの指導の意義

遊びとは，子どもにとって自然な欲求であるとともに，発達にとってなくてはならないものである。その理由としては，子どもは，自発的な欲求や関心に沿って主体的・意欲的に遊び，その中で心身のあらゆる感覚や機能を働かせながら，遊びが複雑で豊かなものへと変化していくこと，友達との遊びも増え，個から集団へと遊びが発展していくことなどが挙げられる。

遊びの指導は，遊びを学習の中心に据えて取り組む指導の形態であり，身体活動を活発にしたり，仲間との関わりを促したりすることを通して，意欲的な活動をはぐくみ，心身の発達を促していくものである。特に，知的障害のある児童生徒の場合，生活単元学習等のいろいろな指導の形態へと発展させていくことのできる指導である。また，遊びの指導では，生活科の内容をはじめ，各教科等に関わる広範囲の内容が扱われることになり，場や遊具などが限定されることなく，児童生徒が比較的自由に取り組む内容のものから，期間や時間設定，題材や集団構成などに一定の条件を設定し活動するといった比較的制約性が高い内容の遊びまで，連続的に設定することが可能である。また，遊びの指導の成果が各教科別の指導につながることも期待できる。

イ 遊びの指導における基本的な考え方

遊びの指導を領域・教科を合わせた指導の一つとして位置付ける場合，各教科の内容をはじめ，道徳や特別活動及び自立活動等の内容が総合された形で含まれてくる。また，日常生活の指導や生活単元学習との関連も強いものがある。したがって，他の指導の形態との関連性を十分に図りながら遊びの指導を進めていく必要がある。

遊びは，それ事態が目的であり活動自体を楽しむものである。そのため目的や課題に応じて，自由遊びと課題遊びをバランスよく，また段階的に設定するようにしたい。

自由遊びは，一定の条件の場や遊具などが設定されることなく，児童生徒が自由に取り組む遊びであり，課題遊びは砂や粘土など，特定の素材をもとに，一定の課題に沿って取り組む遊びである。

自由遊びと課題遊びの両方に共通して考えられる基本的な考え方は下記のとおりである。

- 児童生徒の安全面や衛生面を最優先としながら，児童生徒が積極的に遊ぶことができる環境の設定を図る。
- 遊びをできるだけ制限することなく，安全に遊べる場や遊具を設定する。
- 教師と児童生徒，児童生徒同士の関わりを促す場を設定する。
- 自由遊びに取り組むことが難しい児童生徒には，遊びを促し，遊びに誘い，いろいろな遊びが体験できるようにし，遊びの楽しさを味わうことができるようにする。

- 環境設定の工夫に加え，同じ遊びを共有するメンバーとして教師の関わり方を工夫する。
- 身体活動が活発に展開できる遊びを多く取り入れるようにする。
- 児童生徒との活動を活発にしたり，主体的に素材に関わったりすることができるよう，児童生徒の実態や興味・関心を踏まえながら，遊びの題材を豊富に取り入れた指導内容を設定する。

ウ　題材設定の考え方と指導上の留意点
- 児童生徒自身が楽しく遊びに参加できるように，児童生徒の興味・関心を日頃から捉え，興味・関心を満たすことのできる題材を設定するとともに，素材を組み合わせて設定するなどの工夫をする。
- 児童生徒が好きな遊びに積極的に取り組めるように，遊びの場や遊具などを工夫し，用具や場所を自由に使って遊ぶことができるようにするなど，児童生徒の自発的・自主的活動を大切にした題材を設定する。
- 遊びの指導に必要な教材・教具の工夫をするとともに，教室環境や授業環境の整備や充実を図る。
- 児童生徒一人一人の障害の程度や発達段階を十分に考慮し，遊びの指導で取り扱う題材の設定及び指導計画を作成する。また，学校の実態等に即して適切な指導ができるように，学部，学級，小集団など指導グループを柔軟に構成する。
- 遊びの指導と他の指導の形態との関連を十分考慮する。
- 指導グループに配慮した指導計画を作成し，週時程表の位置付けを明確にする。

遊びの指導における一場面

(2) 学習指導案　小学部：「ウォーターランドであそぼう」

遊びの指導学習指導案

　　　　　　　　　　　平成　〇年　〇月　〇日　〇曜日　〇校時
　　　　　　　　　　　小学部全　男子10人　女子8人　計18人
　　　　　　　　　　　場　所　　　　　プレイヤード
　　　　　　　　　　　指導者　〇〇〇〇（CT）〇〇〇〇（ST）他3名

1　題材　「ウォーターランドであそぼう」（水遊び） → 内容の組み立て方やねらいによっては，単元化して指導計画を立て実践することも考えられる。

2　題材について
　(1) 題材設定の理由
　　＜児童の実態＞ → 遊びにおける課題を述べ，その要因について分析し〈ねらい〉につなげる。

　　　学級集団に慣れてきた時期の小学部児童は，自分の学級だけでなく他の学級の友達への意識が高まってきており，「もっと楽しく遊びたい。」，「いろいろな友達と遊びたい。」という気持ちをもっている。しかし，休み時間の様子を観察すると，自己刺激的な感覚遊びが中心の児童，友達と場を共有して遊んではいるが，関わり合いがあまり見られない児童など様々である。このことは，それぞれが時間いっぱい遊んではいるものの，遊びそのものを十分に楽しむことや友達と関わりながら遊ぶことに苦戦しているといえる。
　　　その課題の背景として，道具を使ったり，新しい動きを取り入れたりなどの工夫をして遊び込む経験の不足や，新しい遊びを考え出したり，周りに勧められた遊びを楽しんだりする素地や経験の不足が考えられる。また，友達との関わりに関しては，共有できる遊びが分からないことや，誘うこと，順番を守ること，交代すること，遊具を貸借することなどの方法が十分身に付いていないことが考えられる。

　　＜題材の意義・価値＞ → 題材の核となる水のもつ特性，なぜ水遊びを設定したのかについて述べる。

　　　暑い時期，多くの児童にとって水は心地よいものであり，その感触を楽しもうとする姿が多く見られる。水そのものが心地よい素材であるため，教師や友達と一緒に行う水掛け遊びや水鉄砲遊びなどへの抵抗が少なく，関わりながら遊ぶ場面が生じやすいと考える。また，水遊びでは，容易に形を変えることができ，自分なりに変化のある遊びを楽しむことができること，道具や他の素材と組み合わせやすいこと，飲んだり触れたりしたときの安全性が高く，活動制限が少ない素材であることから，児童の主体的な活動意欲を高めることができると考える。

　　＜ねらい＞
　　　そこで，本題材では，水を使った様々な遊びを主体的に楽しむことを通して，教師や友達と関わりをもちながら遊んだり，遊びそのものの経験を広げたり，深めたりできるようにしたい。

　　＜指導観＞
　　　具体的には，水遊びができる広場（以下「ウォーターランド」という。）に，小プールやウォータースライダーなどを設置し，学部全員で遊ぶことで，にぎやかに遊ぶ経験をしたり，好みの遊びが似ている友達を見付けて関わりながら遊んだり，友達の遊びから自分の遊びを広げたりするなどの場面が生まれるようにする。また，ウォータースライダー等のダイナミックな遊びや，水鉄砲やじょうろなどを使って自分の好みの感覚を満たすことができる遊びなど，いろいろな遊びを設定することで，各児童が好きな遊びを十分に行うことができるようにする。加えて，題材全体を通して，遊びの内容だけでなく，着替え等の身辺処理の内容，順番等集団活動に必要な決まりを守る内容，「貸してね。」，「ありがとう。」，「ごめんなさい。」などの交際の内容などを総合的に取り扱って指導を進めたい。

＜展望＞
　このように，人と楽しく関わりながら遊ぶ活動を通して，児童は自分の学級だけでなく，他の学級の教師や友達との関わりを広げたり，自分から活動しようという意欲を高めたりできるのではないかと考える。また，人との適切な関わり方や決まりについても学び，今後の集団活動にも生かされると考える。さらに，この単元で味わった水遊びの楽しさは，家庭や地域における余暇活動にもつながっていくものと考える。

> 本題材における学びが，題材を超えて広がる姿について述べる。

(2) 児童の実態

> 遊びの素材として水そのものに関すること，さらに，遊びの指導に関する実態としての観点から項目を設定する。

観点　児童	水遊びへの興味・関心	人との関わり	休み時間等の遊びの様子	決まりの理解	安全への意識・態度
A（3年，男）	ベタベタする感触はやや苦手であるが，水への抵抗はなく，様々な感触を楽しむことができる。	上手に伝えられずにつまんでしまったり，友達が決まりを守らない場面で険しい表情になってしまったりすることがあるが，友達と関わりたい気持ちをもっている。	活動の集中時間が短く，次々と遊びを変える様子が見られる。友達と遊びたい気持ちが高まっており，場の共有から関わり遊びに変化しつつある。	順番の理解は難しいが，教師の付き添いや並び方の工夫などの支援があると順番を守ることができる。	走って滑ったり，不意に跳び降りたり，草や落ちている物などを口に入れたりすることがあるが，教師のサイン等で行動をコントロールすることができる。
B（4年，男）	水への抵抗はなく様々な感触を楽しむことができる。	自分から誘う対象は教師が多いが，誘われると誰とでも遊ぶことができる。Cとの関わりが芽生えてきている。	友達の遊ぶ様子を眺めながらの一人遊びが多いが，参加の仕方を支援すると追いかけっこ等を楽しむ。	数による順番の理解は不十分であるが，並び方等によって順番を守ることができる。	慎重に物事を行うため，自ら危険な行動をすることは少ない。

3　題材目標
(1) 全体目標

> 遊びの指導の意義から大きく，①遊びへの取り組みそのものに対するねらい，②遊びを通して学ぶことの2点から整理している。

　ア　自ら水に働き掛けながら，遊び込んだり，遊びを広げたりすることができる。
　イ　水遊びを通して，友達や教師と関わって遊ぶことができる。

(2) 個人目標

> 全体目標と個別の指導計画の目標から，個人目標を導き出す。

児童	個別の指導計画の目標	個　人　目　標
A（3年，男）	○　いろいろな人や物に関心をもち，好きな遊びを増やすことができる。 ○　友達や教師と遊ぶ経験を通して，物の貸し借り等の簡単なやり取りをすることができる。	ア　友達や教師の遊びを模倣しながら，いろいろな遊びに取り組み楽しむことができる。 イ　自分から遊びに誘ったり，友達からの誘いに応じて遊んだりすることができる。
B（4年，男）	○　物や道具を使い，工夫して遊ぶことができる。 ○　自ら友達と関わって一緒に遊ぶことができる。	ア　道具の使い方や滑り方などを模倣したり，工夫したりしながら遊ぶことができる。 イ　友達からの誘いを受け，関わり合いながら遊ぶことができる。

4 指導計画（総時数8時間）

次	主な学習活動・内容	時数	資料・準備
一	1 ウォーターランドで遊ぶことを知る。 　昨年の活動を振り返り，今年の日程や決まりを知る。	1	・写真カード ・カレンダー
二	2 ウォーターランドで遊ぶ。 　プールコーナー：水深の違うプールで，水を掛けたり潜ったりして遊ぶ。 　スライダーコーナー：一人で滑ったり教師や友達と滑ったりして遊ぶ。 　水鉄砲コーナー：水鉄砲で水の掛け合いや的当てをして遊ぶ。 　※ 児童の様子を見ながら，道具の変更，コーナーの追加等を行い，遊びが発展し，活用場面が生まれるようにする。	6 本時 (1,2/6)	・たらい ・水鉄砲 ・的 ・ゴムボート ・小プール ・ホース
三	3 活動を振り返る。 　活動の写真を見たり，思い出を発表したりして振り返る。	1	・写真

　　　　　　　　　　　　　　　　題材のまとまりや発展性について述べる。

5 本時の学習（2，3/8）
（1）全体目標
　ア　ウォーターランドにおいて自分の好きな水遊びを見付けて遊ぶことができる。
　イ　教師や友達と一緒に活動や場を共有して，やり取りをしながら遊ぶことができる。

（2）個人目標

児童	個 人 目 標
A （3年，男）	ア　複数のコーナーで遊ぶことができる。 イ　友達や教師と一緒に，やり取りをしながら遊ぶことができる。
B （4年，男）	ア　好きな遊びを見付けて，道具を使ったり友達と水の掛け合い等をしたりしながら遊ぶことができる。 イ　友達と道具を交換したり役割を交代したりして遊ぶことができる。

　　　　　　　　　　　　　　　整理しやすいように項立てを行い，箇条書きによる表記にしている。

（3）指導及び支援に当たって
　友達と関わって遊ぶことへの意識を高めるために，本時では「あそびなかまをみつけよう。」をねらいとする。児童同士が関わり合うために，具体的には以下のようなことに配慮する。
　＜教師の配置と基本的な働き掛け方＞
　　・　安全及び支援のために各コーナーに担当教師を配置するが，コーナーに児童がいないときは他のコーナーや児童の支援に当たる。
　　・　基本的には遊びを楽しんでいる児童を見守るが，漫然と同じ活動を繰り返しているような場合には，別の遊び方を提示して，遊びの深まりや広がりにつながるようにする。
　＜学習環境＞
　　・　学級ごとに色分けしたカラーマットを準備し，集合場所を分かりやすくする。
　　・　活動中と片付けの音楽を設定し，遊びの終わりに活動の切り替えができるようにする。
　＜各児童について＞
　　・　Aは，関わりを求める意味で他の児童をつまむ行動が見られるため，教師が常に近くでコミュニケーション面への支援を行う。また，各コーナーで遊び込むとともに，他のコーナーでも遊ぶことができるようにするために，教師が，遊びのモデルとなる友達や教師に気付くように働き掛ける。
　　・　Bには，友達とのやり取りに関する言葉や遊び方のモデルを示したり，教師が遊びを先導したりしながら，友達と一緒に遊びを楽しむことができるようにする。

(4) 実際

過程	主な学習活動	指導及び支援上の留意点	資料・準備
導入 (10分)	1 水着に着替えてプレイヤードに集合する。 2 始めの挨拶をする。 3 決まりを確認する。 4 本時の活動を話し合う。 　あそびなかまをみつけよう。	・集合場所を分かりやすくするために，学級ごとに色分けしたカラーマットを準備する。 ・「仲良く（貸して，一緒に遊ぼう）」，「片付け」などの決まりを確認する。 ・コーナーでの遊びを紹介することで，見通しや意欲を高めるようにする。	・カラーマット ・黒板 ・決まりカード ・めあてカード
展開 (75分)	5 ウォーターランドで遊ぶ。 　プールコーナー 　　　　(CT, ST1・ST3) ・潜ったり水を掛け合ったりする。 　スライダーコーナー 　　　　(ST4) ・教師や友達と一緒にゴムボートに乗って滑る。 　水鉄砲コーナー　(ST2) 　的当てコーナー ・的をねらって水鉄砲で遊ぶ。 6 片付けをする。	・プールコーナーでは，潜ったりボールを使って遊ぶなど，遊びの変化が生まれるようにする。　← 各コーナーにおける教師の分担，留意点について記入する。 ・スライダーでは，児童がぶつからないように安全面に配慮する。 ・友達をゴムボートに誘って乗ることができるように教師が支援する。　← 友達同士で関わり合う場として意図的に設定している。 ・水鉄砲コーナーには様々な水鉄砲を用意して，自然な形で貸し借りができるようにする。 ・的は，児童の実態に応じて大きさや距離を工夫しながら設置する。 ・遊びの終了と片付けを意識することができるようにするために曲を変化させる。 ・かごを準備し，片付け場所を分かりやすくする。　← 遊んだ後，使ったものは自分たちで片付けることができるようにするための手立てを述べる。	・CD ・シート ・水鉄砲 ・的 ・ホース ・たらい ・容器 ・バケツ ・ゴムボート ・小プール ・カラーボール ・片付け用のCD ・かご
終末 (5分)	7 活動の振り返りを行い，感想を発表する。 8 終わりの挨拶をする。	・遊んだ友達や内容，楽しかったこと，決まりが守れたかなどを確認したり，称賛したりすることで，充実感や満足感，次時への期待感が得られるようにする。	・カラーマット ・黒板 ・写真カード

(5) 場の設定（プレイヤード）

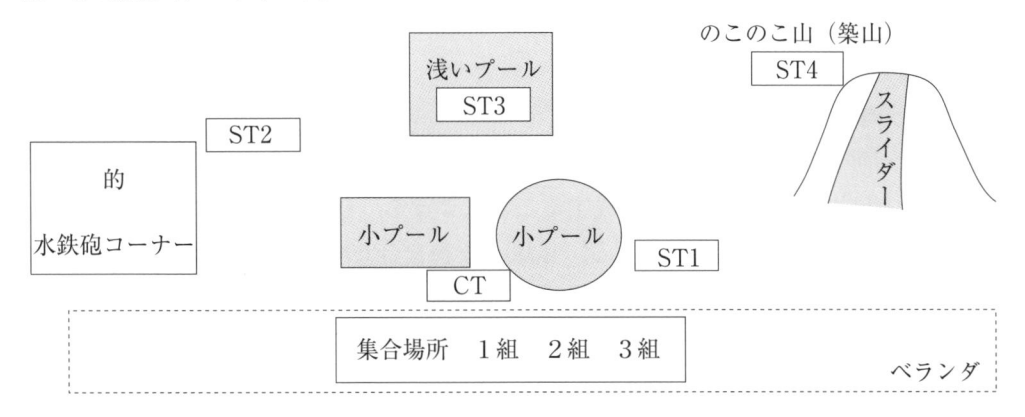

```
                            のこのこ山（築山）
              浅いプール        ST4
                ST3                    ス
        ST2                            ラ
  的                                    イ
 水鉄砲コーナー                          ダ
              小プール  小プール         ー
                       ST1
                  CT
         集合場所  1組  2組  3組
                                      ベランダ
```

(6) 教材・教具

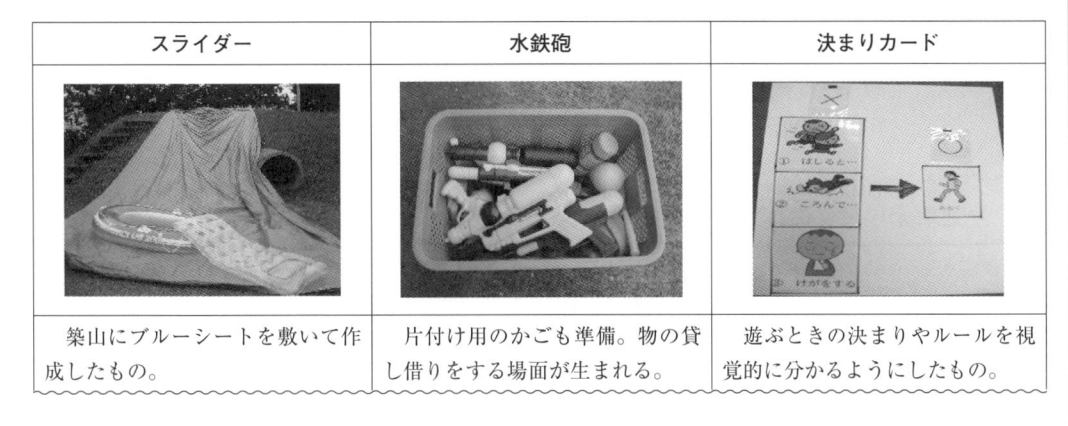

スライダー	水鉄砲	決まりカード
築山にブルーシートを敷いて作成したもの。	片付け用のかごも準備。物の貸し借りをする場面が生まれる。	遊ぶときの決まりやルールを視覚的に分かるようにしたもの。

(7) 評価

　ア　全体目標
　　(ｱ) ウォーターランドにおいて自分の好きな水遊びを見付けて遊ぶことができたか。
　　(ｲ) 教師や友達と一緒に活動や場を共有して，やり取りをしながら遊ぶことができたか。

　イ　個人目標

手立ての有効性が検証できるように具体的な言葉についても表記する。

児童	個人目標	評価	具体的な手立てについて	評価
A（3年，男）	(ｱ) 複数のコーナーで遊ぶことができたか。		(ｱ) 遊びの提案や，タイミングのよい誘い方等の働き掛けができたか。	
	(ｲ) 友達や教師と一緒に，やり取りをしながら遊ぶことができたか。		(ｲ)「貸して。」「楽しそうだね。」など，Aの思いを適切に言語化することができたか。	
B（4年，男）	(ｱ) 好きな遊びを見付けて，道具を使ったり友達と水の掛け合い等をしたりしながら遊ぶことができたか。		(ｱ) 友達の遊びのよさに気付くことができるようにしたり，道具を渡したり，物や道具に意味付けをして見立てを発展させたりなどの支援ができたか。	
	(ｲ) 友達と道具を交換したり役割を交代したりして遊ぶことができたか。		(ｲ) 道具の交換等の言葉のモデルや，言葉が不明瞭で伝わらなかったときの支援ができたか。	

◎：十分達成できた　○：ほぼ達成できた　△：達成できなかった

10　生活単元学習

(1) 基本的な考え方

ア　生活単元学習の意義

　　生活単元学習は，児童生徒が生活上の目標を達成したり，課題を解決したりするために，一連の目的活動を組織的に経験することによって，自立した生活に必要な事柄を実際的・総合的に学習することのできる，領域・教科を合わせた指導の形態である。つまり，生活単元学習では，児童生徒が自分の生活を基盤として環境に積極的に働き掛けることで，生活経験の幅を広げ，自発的・自主的行動ができるように行動の質的変容を目指すとともに，生活する力の育成を図っていこうとするものである。

　　広範囲に各教科等の内容が扱われるが，単に領域・教科の内容を合わせて指導するということではなく，あくまでも生活の流れやまとまりに基づいて計画・展開する，具体的経験の組織化による生活力の育成がねらいである。取り組む過程で，児童生徒の生活上の課題を解決するために必要な領域・教科の内容を習得し，実生活に役立つ関心・意欲・態度，技能，知識となるところに生活単元学習の意義がある。

イ　生活単元学習における指導の基本的な考え方

　　生活単元学習においては，一人一人の児童生徒，あるいは学習集団にとって必要な生活上の課題に沿って，学習活動を選択・組織し焦点化することが重要である。児童生徒に対する指導においては，個別の指導計画で明らかになった教育的ニーズや指導目標を生かしながら，生活に密着し，かつ児童生徒の興味・関心に基づいた学習活動を準備し，それらを展開していく中で満足感や成就感といった自己実現の喜びを味わうことができるようにする。

　　小学部では，興味・関心が自分自身や身の回りの人や物に向かいつつあることから，身の回りの人や物への関わりを促し，自分の身の回りの生活につながっていくような活動を中心に，集団や社会との関わりに関する内容を取り入れる。単元を配列する際は，学校生活との結び付きの強い行事単元等を効果的に配置する。

　　中学部では，興味・関心が身近な人々や初歩的な社会現象や事象に向かいつつあることから，社会との関わりや社会生活の観点を踏まえ，内容等を構成する。具体的には，「自己に関すること」，「公共施設の利用に関すること」，「働くことに関すること」，「集団宿泊に関すること」，「発表（表現）に関すること」などの視点で内容を整理して，単元を設定する。単元を配列する際は，生徒の生活上の課題や興味・関心を基盤にしながら，学校行事や季節感などを考慮する。また，これまでの生徒の経験が生かされ，意欲的に活動することができるように，年間を通してそれぞれの単元に有機的な関連をもたせるようにする。

　　高等部では，将来の生活や自分自身の生き方に興味・関心が向き始め，社会生活を始める準備段階であることから，「何らかの働く活動に取り組むことのできる生活」，「自己選択・自己決定のできる生活」，「人との関わりが豊かな生活」，「余暇を楽しく過ごすことのできる生活」などを念頭に置き，余暇と働く生活の視点から単元を構成する。また，生徒

の生活上の課題や興味・関心を基盤にしながら学校行事や季節などを考慮して配列する。

ウ　単元設定の考え方と指導上の留意点
- 単元設定に当たっては，小・中・高等部年齢期における発達の系統と生活の体系の広がりに留意して，指導上の系統性をもたせるようにする。
- 児童生徒が目標をもち，見通しをもって単元活動に積極的に取り組むことができるように，目的意識や課題意識を育てる活動を取り入れる。
- 一人一人の児童生徒の実態に合った活動を設定し，実態に応じて道具や補助具などを工夫することで，どの児童生徒も積極的に活動に取り組み，充実した単元となるようにする。
- 教師も共に活動する場面を適宜設定することで，児童生徒の思いに沿った，適切な指導及び必要な支援を行うようにする。
- 指導内容の習得ができるように，単元間の活動内容に関連をもたせて継続的に取り組んだり，ある時期に一定の活動内容を集中的に取り組んだりする。
- 個別の指導計画の作成に当たっては，児童生徒の思いや願いの実現を図る中で，重点目標が達成できるような活動内容を設定する。
- 目標設定に当たっては，個々に「主体性」，「集団性」，「知識・技能面」などから，具体的な姿を捉えて設定する。
- 単元の活動中に見られた児童生徒の主体的な様子を捉え，興味・関心の広がりや新たな行動の芽生えなどを形成的に評価する。
- 単元において工夫した環境づくりや教材・教具，個への働き掛けなど，児童生徒の主体的行動を支えた手立てがどのようなものであったかを的確に評価する。

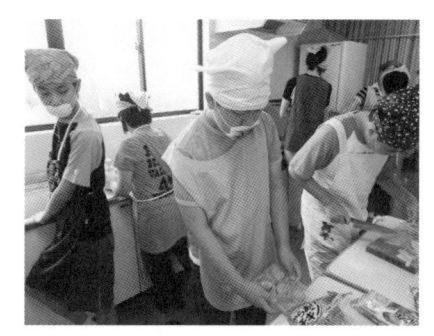

小学部「でかけよう」　　　中学部「なかまの家に泊まろう」

(2) 学習指導案　中学部：「なかまの家に泊まろう」

生活単元学習指導案

平成○年○月○日○曜日○校時
中学部女子グループ５人
場所　　中学部３年教室
指導者　　○○○○（CT）　　○○○○（ST）

> 児童生徒が単元の学習内容を把握しやすい単元名にする。実際の生活からの発展内容であり，児童生徒の興味・関心に基づいたものにする。

1　単元　「なかまの家に泊まろう」（校内宿泊）

2　単元について
　(1) 単元設定の理由
　　＜生徒の実態＞

> これまでの学習の様子や生徒の興味・関心，生活経験から，よさや課題となっている姿を述べる。

> 課題に対する分析を書く。分析したことを，ねらいや手立てにつなげる。

　　本グループは，１年生から３年生までの女子５人で構成されている。これまでに校内や公共施設に宿泊する学習を経験しており，友達や教師と一緒に泊まる活動を楽しみにしている。一方で，荷物の準備や身の回りのこと，調理活動などに対して主体的に取り組むことが難しい様子が見られる。これは，学習内容や準備についての見通しが十分もてておらず，行動する以前に失敗することに対して不安傾向が強いことや，教師や友達と一緒に活動することの楽しさやみんなで協力し合って取り組むことの喜びを感じる経験が少ないことが考えられる。

　　＜単元の意義・価値＞

> 生徒の実態に対応させて，この単元を設定することの意義を述べる。

　　以上の実態を踏まえて，本単元「なかまの家に泊まろう」を設定した。宿泊という学習形態は，家庭以外の所に泊まることに対して興味・関心の高い生徒たちにとって意欲的に取り組むことのできる活動である。日程や必要な物などを知ったり調べたりすることで，当日までの学習に見通しをもち，主体的に活動することができる。また，家庭を離れ日常生活の流れに沿った活動を経験することで，衣服の準備や調理，入浴など身の回りのことに自分で取り組もうとする意欲を高めることができる。さらに，事前学習や調理，掃除などの活動の中で，自分の役割を果たしつつ，友達と協力しながらみんなで活動することの楽しさを味わうことができる。

　　＜ねらい＞

> ①主体的に取り組む，②自立の意欲を高める，③一緒に活動することの楽しさ・役割について述べる。

　　そこで本単元では，学習や宿泊の日程を知ったり実際に活動したりすることを通して，活動に見通しや期待感をもち，主体的に取り組むことができるようにする。また，必要な物の準備や整理，入浴などの身辺処理に関する活動を通して，自分のことはできるだけ自分でしようとする意欲をもったり，高めたりすることができるようにする。さらに，活動全般を通して，友達や教師と一緒に活動する楽しさを味わったり，協力したりすることができるようにする。

　　＜指導観＞

> ねらいに迫るために，設定する学習活動や手立てについて具体的に述べる。

　　具体的には，単元の始まりにこれまでの宿泊学習のＶＴＲを見て活動内容を思い出したり，当日の日程や学習計画を知ったり，係や自分のめあてを決めたりすることで，宿泊学習への期待感を高め，学習に見通しをもつことができるようにする。また，必要な荷物や道具を自分で考えて準備したり，入浴の練習をしたりすることで，自分のことはできるだけ自分ですることができるようにする。さらに，調理や掃除，レクリエーションなど，自分の役割を果たしたり，友達と協力したりする場面を多く設定することで，みんなで一緒に活動することの楽しさを味わうことができるようにする。宿泊当日は，日程表や時計などを手掛かりにして活動を展開し，できるだけ自分たちで活動に取り掛かることができるようにする。単元の終わりには，宿泊当日の様子をＶＴＲ等で見ながら振り返ったり，頑張ったことを発表したりする時間を設け，頑張りを称賛し，達成感や満足感を得ることができるようにする。

<展望> → 今後の生活にどうつながっていくのかを述べる。

　このような学習を通して，生徒たちは，自分のことはできるだけ自分でしようとする意欲や日常生活の基礎的な技能を高めることができ，学校生活や家庭生活において身の回りのことに主体的に取り組むことができるようになっていくと考える。また，次の単元「修学旅行に行こう」においても，この学習で得たことを生かすことができることを期待したい。

(2) 生徒の実態　→　単元全体に関する実態を具体的な項目，観点を設けて述べる。

生徒＼観点	宿泊学習への興味・関心	宿泊学習に関する知識・技能			活動への意欲・態度
		身辺処理（入浴，荷物の準備）	調理活動	言語理解・時計の読み	活動への主体性 仲間意識，役割
A（1年，女）	当日の活動についてほぼ理解している。楽しみな反面，不安も感じている。	入浴面では教師の言葉掛けで自分から取り組む。自分の持ち物へ管理意識が見られず，物を置き忘れても気にしていない。	ポットや電子レンジなどの機器を使い，レトルト調理ができる。	平仮名の文章を読むことができる。聞いたことを友達に伝えることができる。時計を見て行動に移すことは難しい。	自分でしおりや日程表を確認して行動することができる。友達を意識して，言葉を掛けて集合したり一緒に活動したりする。
B（2年，女）	昨年の宿泊経験から当日の活動の写真を見て，宿泊を楽しみにしている。	身辺自立は手順や細かい部分で習慣化していない。衣服を畳まずにそのままかばんに入れてしまうことが多い。	調理に喜んで取り組む。教師と一緒に包丁を使って野菜を切ることができる。	小学2年生程度の漢字混じりの文章を読む。文字言語による理解が良好である。デジタル時計を読むことができる。	教師や友達の言葉掛けなどで，友達と一緒に活動できる。興味・関心の高い活動へは，意欲的に取り組む。

3　指導目標

(1) 全体目標　→　全体目標と個人目標の関連性をもたせる。

　ア　校内宿泊の日程や当日までの学習を知ったり，実際に活動したりすることを通して，活動に見通しや期待感をもち，主体的に取り組むことができる。
　イ　必要な物の準備や整理，入浴などの身辺処理に関する活動を通して，自分のことはできるだけ自分でしようとする生活態度を身に付けることができる。
　ウ　教師や友達と一緒に活動する楽しさを味わったり，協力したりすることができる。

(2) 個人目標　　全体目標のア，イ，ウとそれぞれ対応させる。

生徒	個別の指導計画の目標	個　人　目　標
A（1年，女）	学習に見通しをもち，自分で考えて主体的に活動することができる。	ア　学習計画表を手掛かりにして宿泊当日までの学習に見通しをもち，自分で考えて主体的に取り組むとともに，落ち着いて活動することができる。 イ　荷物チェック表を手掛かりにして荷物を小分けにしたり，活動に必要な荷物を自分で準備したりすることができる。 ウ　役割分担表を手掛かりにして，教師と一緒に自分の役割を果たしながら友達と楽しく活動することができる。
B（2年，女）	学習に大まかな見通しをもち，様々な活動に自分から進んで参加することができる。	ア　学習計画表の写真や荷物などの具体物を手掛かりにして，その日の活動に見通しをもち活動することができる。 イ　教師の言葉掛けで荷物を出し入れしたり，入浴の際に足や手など，細かい部分を洗ったりすることができる。 ウ　教師や友達の言葉掛けを手掛かりに，皮むきや野菜切り，台ふきなどの役割を果たすことができる。

4　指導計画（総時数31時間）

次	主な学習活動・内容	時間	資料・準備
一 見通し 計画 目的意識	1　校内宿泊について話し合う。 　(1) 昨年度のVTRを見る。 　(2)「なかまの家に泊まろう」の日程を知る。 　(3) 学習計画を知る。めあてを決める。	2	・昨年のVTR ・昨年の活動写真 ・日程表 ・学習計画表
二 準備 調べる 練習	2　校内宿泊の準備や練習をする。 　(1) 宿泊に必要な荷物を考える。 　(2) 荷物の確認をする。 　(3)「なかまの家」のお風呂に入る。 　(4) 1日目の行先（昼食）を決める。 　(5) 夕食（事前）作りをする。 　(6) 当日の係分担を知る。 　(7) 2日目の昼食（弁当作り）内容を決める。 　(8)「なかまの家」の掃除をする。	16 （本時1/16）	・しおり・写真 ・日程表 ・学習計画表 ・入浴道具 ・調理道具 ・調理手順表 ・荷物チェック表 ・掃除分担表 ・掃除道具
三 実践	3　「なかまの家」に泊まる。	12	・日程表 ・調理，入浴道具
四 反省 振り返り	4　反省をする。 　(1) 宿泊当日のVTRを見る。 　(2) めあてに則して，自分の活動を振り返る。	1	・VTR ・しおり

※「なかまの家」は本校の宿泊施設。

> 生活上の課題を達成するために，一連のまとまりのある活動を組織する。活動のまとまりごとに「次」でくくる。

5　本時の学習（3/31）

(1) 全体目標

　　これまでの宿泊学習を思い出したり，準備物の写真カード，日程表などを手掛かりにしたりして，宿泊に必要な荷物を考えて荷物チェック表を作成することができる。

(2) 個人目標

> 一人一人に応じた具体的な目標を設定する。
> 「～して，～できる。」と具体的な手立ても目標に述べると焦点化しやすい。

生徒	個　人　目　標
A （1年，女）	これまでの宿泊経験や家庭での旅行準備などを思い出したり，必要な荷物を自分で考えたりして，荷物チェック表を作成することができる。
B （2年，女）	昨年度の活動写真を手掛かりにして，教師と一緒に荷物チェック表を作成することができる。

(3) 指導及び支援に当たって

　　生徒たちは前時までに，昨年度のVTRを見たり，写真付きの学習計画表や日程表を作成したりすることを通して，「なかまの家に泊まろう」での学習内容について見通しをもつことができ，宿泊することへの期待感も高まってきている。

　　そこで，本時では，宿泊に必要な荷物を考え，自分で荷物チェック表を作成していく。具体的には，昨年度の写真を提示し，昨年度の活動から想起できるようにしたり，これまでの宿泊経験から必要な荷物を発表したりすることできるようにする。荷物チェック表は，自分で作成する生徒，写真を手掛かりにして必要な荷物の項目を書く生徒，写真シールを貼って作成する生徒など，個に応じた内容にする。また，荷物チェック表の作成に当たっては，生徒の混乱を少なくし，区別できるようにするために，宿泊学習の中の各活動場面ごとに作成する。

(4) 実際

過程	主な学習活動	指導及び支援上の留意点	資料・準備
導入 (10分)	1 始めの挨拶をする。 2 本時の学習を話し合う。 荷物チェック表を作ろう。	・グループのリーダーの号令に注意を向けられるように言葉掛けして，学習の始まりを意識できるようにする。 ・学習計画表の文字や写真に着目できるように言葉掛けをして，生徒が自分で気付いたり，考えたりすることができるようにする。 　　　　　→ 学習の見通しがもてるための工夫 ・本時の学習内容を黒板に提示し，教師も生徒と一緒に読むことで，生徒が本時の学習内容に見通しをもつことができるようにする。	・黒板 ・学習計画表
展開 (30分)	3 宿泊に必要な荷物を発表する。 4 荷物チェック表を作成する。 (1) 作成に必要な物を準備する。 (2) 各自の荷物チェック表を作成する。 児童生徒の実態に応じて，主体的に学習活動に取り組むための手立てを個別化する。	・生徒が必要な荷物を考えたり，昨年の活動から想起したりしやすくするために，日程表や昨年度の活動写真を提示する。 ・家庭で荷物の準備をすることができるように，活動場面ごとの荷物チェック表を作成することを伝える。 ・文字の読み書きや表の見方など生徒の実態から個別に準備したチェック表を配付する。 ・荷物チェック表の作成場面では，CTはA，C，Dを，STはB，Eを中心に指導に当たる。 　　　　　→ 指導体制の工夫	・日程表 ・昨年度の写真 ・荷物チェック表
終末 (10分)	5 本時の学習を振り返り，次時の学習内容の確認をする。 6 終わりの挨拶をする。	・教師がそれぞれの生徒の頑張った点を紹介したり，生徒自身が発表したりすることで，生徒の頑張りを称賛し，満足感や宿泊に向けての意欲を高められるようにする。 　　　　　→ 学習の成果が分かるようにするための工夫 ・次時の学習は，なかまの家で荷物を確認する学習であることを知らせ，次時の学習への意欲を高めることができるようにする。 ・グループのリーダーの号令に注意を向けられるように言葉掛けしたり，教師も生徒と一緒にサインをしたりして，学習の終わりを意識できるようにする。	・荷物写真カード ・学習計画表

(5) 場の設定

【中学部3年教室】

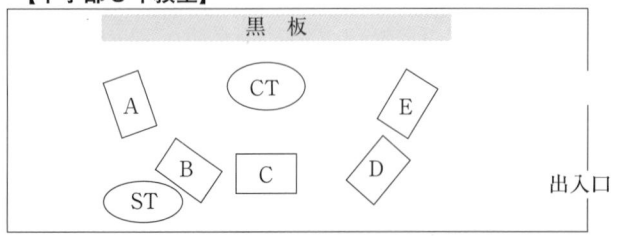

```
┌─────────────────────────────┐
│           黒　板            │
│                             │
│   A      CT      E          │
│                             │
│      B       D              │
│   ST    C              出入口│
└─────────────────────────────┘
```

(6) 教材・教具　→　どの指導場面で，どのようなねらいで使用するのかを述べると，指導の意図が分かりやすい。

学習計画表	日程表	昨年度の活動写真
学習が終わるごとに赤ペンで斜線を引く。	宿泊当日の日程が分かるように，文字と写真で表示する。	必要な荷物を思い出すときの手掛かりとする。
荷物チェック表①	荷物チェック表②	荷物チェック表③
荷物チェック表は，生徒の読み書き等の実態に合わせて，文字情報や写真を手掛かりにしたり，自分で必要な荷物を判断して書き込んだりすることができるようにする。		

(7) 評価　→　毎時の形成的評価をもとに，単元終了時に総括的評価を行い，指導上の課題や次の単元の課題を明らかにする。

ア　全体目標

　これまでの宿泊学習を思い出したり，準備物の写真カード，日程表などを手掛かりにしたりして，宿泊に必要な荷物を考えて荷物チェック表を作成することができたか。

イ　個人目標

生徒	個人目標	評価	具体的な手立てについて	評価
A（1年，女）	これまでの宿泊経験や家庭での旅行準備などを思い出し，必要な荷物を自分で考え荷物チェック表を作成することができたか。		自分で必要な荷物を考えることができるような言葉掛けや写真の提示ができたか。	
B（2年，女）	昨年度の活動写真を手掛かりにして，教師と一緒に荷物チェック表を作成することができたか。		生徒が分かりやすく，実態に応じた荷物チェック表であったか。	

◎：十分達成できた　　○：ほぼ達成できた　　△：達成できなかった

11　作業学習

(1) 基本的な考え方
ア　作業学習の意義

　一般的に職業教育は，特定の職業に就くために必要な知識，技能及び態度を身に付けさせようとするものであるが，特別支援教育においては，児童生徒が将来の自立と社会参加を目指し，社会人や職業人として必要とされる知識，技能及び態度の基礎を身に付けることを重視している。そのため，作業を学習活動の中心にしながら，児童生徒の働く意欲を培い，将来の職業生活や社会自立に必要な事柄を総合的に学習するという作業学習の意図は重要である。

　作業学習の指導は，中学部の「職業・家庭」及び高等部の「職業」，「家庭」，「情報」，主として専門学科において開設される各教科である「家政」，「農業」，「工業」，「流通・サービス」，「福祉」を中心に，各教科，道徳，特別活動及び自立活動などの広範囲な内容が扱われ，日常生活の指導や遊びの指導，生活単元学習と同様に領域・教科を合わせた指導の形態の一つである。作業学習では，働く活動を通して，将来の職業生活や家庭生活を見通し，自立的な生活に必要な力の習得を図ろうとするところに意義がある。

イ　作業学習における指導の基本的な考え方

　作業学習の目標は，「職業生活及び家庭生活に必要な基礎的・基本的な知識と技能を習得させ，勤労を重んずる実践的な態度を養い，進んで社会生活に参加していく能力を培うこと」である。児童生徒の学習上の特性として，学習によって得た知識や技能が断片的になりやすく，実際の生活場面で応用されにくいことや，成功経験が少ないことなどから，主体的に活動に取り組む意欲が十分育っていないこと，実際的な生活経験が不足しがちであることなどが挙げられる。そのため，障害の状態にかかわらず，小学部から高等部まで，すべての発達段階に配慮しながら，一貫性や系統性をもたせた指導が重要である。また，一人一人の課題に応じた具体的な場面を設定し，実際的な活動を通した指導が求められる。

　小学部においては，作業学習の時間を特設しないが，日常生活の指導，生活単元学習，各教科等の全教育活動の中で仲間と協力し合う場を多く設定しながら，道具に触れたり，身体全体や手指を使う活動を経験したりして最後まで頑張り通す態度を養いたい。また，身辺処理に関する基本的生活習慣の確立を図り，中学部の作業学習への準備段階となるように配慮する。

　中学部では，小学部で培ってきた力を深めるとともに，明るく豊かな職業生活の大切さに気付き，作業に必要な知識と技能の習得を図り，実践的な態度を育てる。生徒，学校及び地域の実態等を考慮しながら作業種目を選定し，生徒の働くことに対する興味・関心を高め，作業における基礎的な知識・技能を養う。また，校内実習や現場実習で実際的な事業所や福祉作業所等で働く機会を設定し，働くことへの意識を高め，高等部の作業学習への移行を図る。

高等部では，作業学習を教育課程の中核的な指導の形態の一つとして位置付け，小・中学部で身に付けてきた力と社会生活における実際的な体験活動をもとに，自ら働く意欲や自覚をもつことができるようにする。また，製品と社会との関連に気付くことができるようにしながら，勤労を重んずる態度を養い，職業生活への自立を図る。さらに，校内実習や産業現場などにおいて実際の職場で働く経験を通して，社会人としての生活を具体的にイメージし，卒業後の生活に見通しをもつことができるようにする。

ウ　題材設定の考え方と指導上の留意点

　卒業後の生活につながる働く力を身に付けるためには，社会のニーズに応じた現実度の高い作業に取り組みながら，生徒一人一人が自分の力を精一杯発揮し，よりよい製品づくりをすることが必要である。

　中学部においては，生徒が主体的に作業に取り組んだり協力して根気強く取り組んだりできること，完成の喜びを味わいやすい活動であること，個に応じた作業内容を準備しやすいこと，身近で活動に見通しがもちやすいことを視点に置いた題材を設定する。

　高等部においては，一人一人の実態やニーズに応じて，生徒が自分の役割を意識しながら自分で考えながら取り組む活動であること，働くことに対して他者とともに成就感や達成感を味わえる作業内容であること，職業教育の視点から進路選択に必要な知識や技能を身に付けることができることを視点に置いた題材を設定する。

　さらに，作業学習の指導に当たっては，以下のような点を考慮することが重要である。

・　生徒にとって教育的価値の高い作業活動等を準備し，それらの活動に取り組む喜びや完成の成就感が味わえるようにすること。
・　生徒の実態に応じた段階的な学習ができるようにするとともに，学部間，学年間に一貫性をもたせること。
・　障害の状態等が多様な生徒が，共同で取り組める作業の場を設定すること。
・　作業内容や作業場所が安全で衛生的，健康的であり，作業量や作業の形態，実習期間などに適切な配慮がなされること。
・　一人一人の生徒の実態に応じた作業工程や作業内容の分析を適切に行うこと。
・　同一の生徒がいくつかの作業種目を経験する場合，作業種目相互の関連を図ること。
・　作業製品等の利用価値が高く，生徒にとって生産から消費への流れが理解されやすいような作業種を選定すること。

作業学習における一場面

(2) 学習指導案　中学部：「皿やスプーンを作ろう」

作業学習（窯業）学習指導案

　　　　　平　成　○　年　○　月　○　日　○　曜　日　○　校　時
　　　　　中学部窯業班　男子5人　女子1人　計6人
　　　　　場　所　　　　　　　窯　業　室
　　　　　指導者　○○○○（CT）　○○○○（ST1）　○○○○（ST2）

1　題材　　「皿やスプーンを作ろう」

2　題材について
　(1) 題材設定の理由

> ①実態，②課題，③課題分析の順で書く。今回は，作業態度や作業習慣の形成，作業に必要な知識・技能の習得の面から整理する。

　　＜生徒の実態＞
　　　本班は，各学年2人の計6人で構成されている。生徒たちは，作業体験において粘土の成形に取り組むことで，自分の力で粘土が製品の形になっていくことに喜びを感じ，意欲をもって作業に取り組んだり，成形の過程に興味をもったりしている。
　　　しかしながら，窯業製品が出来上がるまでの工程や流れについて理解していない部分も多く，一つ一つの工程を教師と確認しながら作業を進めている状態である。また，出来上がった製品の形や大きさが不揃いであったり，作業途中で集中力が途切れてしまったりする。これらは，完成品のイメージができていなかったり，作業手順の理解が十分でなかったりすることによると考えられる。また，粘土や道具の基本的な使い方を身に付けていく段階の生徒，失敗したことや困っていることを言葉で適切に伝えることがうまくできない生徒，報告や確認をせずに作業を進めてしまう生徒がいる。これは，作業に必要な技術と報告，連絡など，社会生活の中で必要な態度が十分身に付いていないため，どのように報告したり質問したりしていいのか分からないということが考えられる。

　　＜題材の意義・価値＞

> 実態から見た題材の有意性を述べる。

　　　このような生徒たちの実態を踏まえて，本題材では，たたら成形を中心とした皿，スプーン作りを行うことにした。皿やスプーンは生徒にとって身近な食器であり，興味・関心を高めることができる。また，本製品作りには，複数の作業内容が含まれるため，生徒の実態に応じて作業工程を選定したり，補助具を工夫したりすることができる。さらに，作業工程を分担することにより，報告や連絡の場面も多く設定することができ，適切な言葉遣いや話し方を意識して取り組むことができると考える。

　　＜ねらい＞
　　　そこで，本題材では，皿やスプーンの製作に見通しをもてるようにすることで，自分の分担された作業内容に責任をもち，意欲的に最後まで取り組むことができるようにする。その上で，安全に正しく道具を使ったり，必要な場面で報告，連絡，質問をしたりする姿勢を身に付けたりすることができるようにする。

　　＜指導観＞　→　＜ねらい＞の達成に向けた具体的な手立てを書く。

　　　具体的には，具体物や写真などの視覚的な手掛かりを用いて，作業手順や基礎的技能を理解・習得し，見通しをもって作業に取り組むことができるようにする。そして，生徒の実態に応じて，必要な補助具を用意して，準備や製作，片付けを一人ですることができるようにする。また，作業場面で用いる主な言葉を掲示して，状況に応じた挨拶や返事，報告，連絡をすることができるようにする。さらに，質問に対しては，生徒に考えさせるような問い掛けを意図的に用いて，自ら考えて解決しようとすることができるようにする。

<展望> ──→ <ねらい>と対応させて整理する。大きく飛躍させない。

　このような学習を通して，生徒たちは達成感を味わい，今後の作業学習においても自信や意欲をもって活動することができるようになると考える。そして，人との関わり方を学んだり，自分で考え判断する経験を積んだりすることで，積極的・協調的に人と関わろうとする意欲や態度にもつながっていくと考える。

(2) 実態 ──→ 観点は，授業に必要な情報を精選する。「合わせた指導」であることも踏まえながら課題を明確にする。

生徒	興味・関心	作業態度	社会性・対人	作業能力
A（1年，男）	作業に対する意欲は高く，自分から取り組んだり，確認をしたりすることができる。良品を作ろうという意欲も高い。	自分が担当する作業内容や手順を理解しており，集中して時間いっぱい最後まで取り組むことができる。	自分から大きな声で挨拶や返事，報告をすることができる。状況に応じた言葉遣いもできつつある。友達に自分から関わろうとする場面もよくみられる。	型紙に沿って粘土を切り，型起こしをして皿の形を作ることができる。皿の形をバランスよく整え，製品の良否を判断することができつつある。
B（1年，女）	作業に対する意欲は高く，集中して取り組むことができる。製品ができる喜びや販売することに対する期待感を教師や保護者に伝える姿が見られる。	自分の担当する内容や手順をほぼ理解しており，最後まで根気強く取り組むことができる。教師からの指示も素直に受け入れることができる。	発音は不明瞭だが，大きな声で挨拶や返事，報告をすることができる。周囲の友達に自分の作業の成果を伝えたり，作業を促したりすることがある。	補助具を使って粘土をひも状にし，模様を型押ししてスプーンの形にすることができる。太さや大きさをそろえることが課題である。

3　題材目標
(1) 全体目標 ──→ 「2 (1)＜ねらい＞」と対応させる。

　ア　皿やスプーンを製作することを通して，粘土をのばす，切る，接合するなどの成形過程を理解し，製作の喜びと作業への意欲や責任感をもつことができる。
　イ　必要な道具の使い方等を身に付けるとともに，挨拶や返事，報告，質問などを場に応じて適切に行ったり，自分で考え，判断して作業を進めたりすることができる。

(2) 個人目標　　個別の指導計画の年間目標を踏まえ，全体目標をより具体的に個に合わせて設定する。

生徒	個別の指導計画の目標	個 人 目 標
A（1年，男）	○ 皿を作る工程や自分の作業内容が分かり，作業に時間いっぱい取り組むことができる。 ○ 場面に応じて「終わりました。」，「チェックをお願いします。」などの報告，連絡を使い分けることができる。	ア　自分の作業内容と手順を理解し，丁寧に製品を作ることができる。 イ　自分から進んで挨拶や返事，報告を行ったり，道具を正しく使ったりすることができる。
B（1年，女）	○ 作業工程を理解し，丁寧な作業を心掛けることができる。 ○ 場面に応じて返事や報告をゆっくりはっきりと行うことができる。	ア　補助具を用いて，ほぼ同じ長さの製品を作ることができる。 イ　ゆっくりはっきり発音するように意識して，挨拶や返事，報告をすることができる。

4 指導計画(総時数 105 時間)

次	主な学習活動・内容	時数	資料・準備
一	1　作業分担を確認する。 (1) 製品と工程，材料や道具の扱いについて知る。 (2) 作業分担を決める。 (3) 製作工程の手順を確認する。	13	・製品見本 ・写真カード ・工程カード ・個別の手順表
二	2　手順を覚え，作業に慣れる。 (1) 製作工程の手順を覚える。 (2) 製作工程に必要な道具や材料を準備する。 (3) 製作の各工程が正確にできる。	24 本時 (7，8/24)	・製作に必要な道具 ・補助具 ・作業日誌
三	3　丁寧に効率よく作業する。 (1) 製品の良否が分かる。 (2) 効率よく製作するための方法を考える。 (3) 出来高の目標を立てて製作する。 (4) 必要に応じて修正を加える。	40	習得，活用の流れを意識して段階的に設定する。 ・基本製作　・製品 ・速さと正確性　・販売 ・応用製品
四	4　ふようまつりで販売をする。 (1) 販売の準備をする。 (2) 販売活動の反省をする。	8	・製品・接客の手引き ・包装紙・値札 ・売上記録表
五	5　販売の反省を踏まえて作業をする。 (1) 販売の反省を生かして新しい目標を設定する。 (2) 新製品の製作に取り組む。	20	・写真カード ・工程カード ・製作に必要な道具

5　本時の学習 (20，21/105)

(1) 全体目標　―――→　「3題材目標」と対応させ，本時でのねらいを具体化する。

　ア　手順を覚え，自分の分担する作業内容に丁寧に取り組むことができる。
　イ　使う道具の安全な使い方を覚えるとともに，自分から教師に報告し，確認を求めることができる。

(2) 個人目標　―――→　一人一人の生徒にどのような力を身に付けさせたいのかを具体化する。

生徒	個　人　目　標
A (1年，男)	ア　手順と仕上がりの形を意識して深皿を5枚作ることができる。 イ　道具を正しく使い一つの工程が終わったら「確認をお願いします。」と報告することができる。
B (1年，女)	ア　補助具を用いて粘土を均等な太さのひも状にし，同じ長さのスプーンを作ることができる。 イ　製品を作り終えたとき，「確認をお願いします。」と自分から報告することができる。

(3) 指導及び支援に当たって　　授業環境や支援の方法などを具体的に述べる。

　　生徒たちは，前時までに製品を作ることを通して，作業への理解を深め，作ることの喜びを知り，作業への興味・関心を徐々に高めつつある。そこで，本時では継続してこれまでと同じ製品を製作することで，生徒が確実に見通しをもって作業を行うことができるようにする。また，生徒の実態を見極め，今後発展した製品づくりを行うことができるようにする。具体的には，安全に作業に取り組むことができるように動線を意識した場の設定にし，見通しをもって製作できるように写真を使った手順表を提示したり，生徒の実態に応じた補助具を準備したりする。さらに，挨拶や返事，報告，質問などを適切な言葉遣いでかつ聞き取りやすい声量でできるように言葉掛けをしたり，一緒に確認したりする。

第4節　学習指導案の実際　131

(4) 実際

過程	主な学習活動	指導及び支援上の留意点	資料・準備
導入(10分)	1 始めの挨拶をする。 2 本時の学習内容を話し合う。 　(1) 製品と担当教師の確認をする。 　(2) めあての確認をする。 　　[丁寧に作業をしよう。] 　(3) 作業終了時刻の確認をする。 　※生徒が見通しをもち，意欲を高めることができるようにする。	・正しい姿勢と大きな声で挨拶できるようにし，始まりを意識できるようにする。 ・ホワイトボードに生徒の顔写真と担当する製品，担当教師の写真を貼ることでイメージしやすくする。 ・めあてカードを掲示し，一緒に読むことで，目標を意識できるようにする。 ・製品の見本を提示することで良品をイメージしやすくする。 ・作業の終了時刻に見通しをもつことができるように，時計に印を付け，時刻の確認をする。	・エプロン ・帽子 ・確認表 ・めあてカード ・ホワイトボード ・顔写真 ・時計
展開(80分)	3 道具や材料を準備する。 4 製作をする。 　・深皿　A（ST1） 　・小皿　D，F（CT） 　・たたら（模様付け）E（ST1） 　・小鉢　C（ST2） 　・スプーン　B（ST3） 　※すべての生徒が本時の目標を達成できるように活動内容や具体的な支援方法を工夫する。 5 片付け，清掃をする。	・個別の道具入れを準備し，自分で必要な道具を準備できるようにする。 ・生徒の実態に合わせて異なる硬さの粘土を準備して，作業しやすいようにする。 ・ローラーで平らに伸ばすときは教師が必ず一緒に付き，安全面に留意する。（A，C，D，F） ・型おこしをする際は，できるだけ水平になるように型の印を意識できるようにする。（A，C，D，F） ・簡単にひも状の粘土を作ることができるように補助具を準備する。（B） ・ひも状の粘土を作る数を意識できるような入れ物の工夫をする。（E） ・工程ごとに報告するように言葉掛けをする。 ・道具は元の場所に片付け，整理できるように言葉掛けをする。	・道具入れ ・粘土 ・さらし布 ・型（印付き） ・粘土板 ・ローラー ・粘土切り ・型抜き ・ひも作り補助具 ・手順表 ・印花 ・ケース ・色粘土 ・化粧泥 ・筆 ・粘土入れ（F用）
終末(10分)	6 本時のまとめをする。 　(1) めあてを振り返り，評価する。 　(2) 次時の作業内容について知る。 　※振り返りの視点を明確にして，頑張ったことを称賛し次時への活動意欲を高める。 7 終わりの挨拶をする。	・出来高を確認したり出来上がった製品を提示したりする。 ・次時の作業を確認し，反省を生かすことができるように言葉掛けをする。 ・正しい姿勢と大きな声で挨拶できるようにし，終わりを意識できるようにする。	・めあてカード ・製品

(5) 場の設定

安全面の配慮としてローラーを中心に置き，職員がすぐに対応できるようにしている。

実際の授業の様子

教師にローラー掛けの手伝いを依頼している場面

友達の製品の仕上げを手伝っている場面

(6) 教材・教具

手順表	型（印付き）	粘土入れ（F用）	ひも作り補助具	確認表
大まかな工程を写真で示し，めくりながら確認できるようにしたもの。	型おこしの際，できるだけ水平に型をおこせるように印を付けたもの。	ひも状にした粘土を仕切りに入れ，10個を区切りにして次の工程に進めるようにしたもの。	取っ手の板を前後することで，均一の太さのひもができるようにしたもの。	担当する製品，担当職員，目標，出来高を一覧表にしたもの。

(7) 評価

ア　全体目標

具体的に個に対して行った支援に対して成果を評価する。

(ｱ) 自分の作る製品の道具の使い方や手順を覚え，丁寧に作業に取り組むことができたか。
(ｲ) 一つの工程が終わったら自分から教師に報告し，確認を求めることができたか。

イ　個人目標

生徒	個人目標	評価	具体的な手立てについて	評価
A（1年，男）	(ｱ) 手順と仕上がりの形を意識して深皿を5枚作ることができたか。		(ｱ) 手順表と仕上がりの形を示したカードは適切であったか。	
	(ｲ) 道具を正しく使い一つの工程が終わったら「確認をお願いします。」と報告することができたか。		(ｲ) 道具の使い方を示した写真は効果的であったか。工程ごとの報告を随時受け，称賛や適切なアドバイスをすることができたか。	
B（1年，女）	(ｱ) 補助具を用いて粘土を均等な太さのひも状にし，同じ長さのスプーンを作ることができたか。		(ｱ) 粘土は扱いやすい固さであったか。大きさを意識できたことを称賛して次の作業に生かすことができたか。	
	(ｲ) 製品を作り終えたとき，「確認をお願いします。」と自分から報告することができたか。		(ｲ) ゆっくり，はっきりとした言葉での報告を称賛して次の報告に生かすことができたか。	

◎：十分達成できた　　○：ほぼ達成できた　　△：達成できなかった

(3) 学習指導案　高等部：「養護商会で働こう」

作業学習学習指導案

平成○年○月○日○曜日　○校時
高等部3年　男子6人　女子2人　計8人
場　所　高　等　部　3　年　教　室
指導者　　○○○○（CT）　○○○○（ST）

1　題材　　「養護商会で働こう」〜前期産業現場等における実習に向けて〜

2　題材について
　(1) 題材設定の理由
　　　＜生徒の実態＞　　→　これまでの学習や現場実習の様子から課題を明らかにする。

　　　本学年の生徒は，事業所就労を目指す生徒2人，福祉施設希望の生徒6人で構成されている。生徒たちは，これまでに手芸，木工，窯業を中心とした校内実習，事業所や福祉施設での現場実習を経験している。このような学習を通して，一人でできる作業内容が増え，自信をもって取り組む姿が多く見られるようになった。一方で，困ったときに尋ねたり，苦手な作業になると集中力を持続したりすることが難しいといった課題が挙げられるが，それに対して自分で改善しようとする姿はあまり見られない。また，他者と協力して作業に取り組むことの難しさがある。これらの原因の一つとして，課題に対する意識が十分でないことや，作業方法などについて他者と話し合いながら取り組むことの経験不足があると考えられる。

　　　＜題材の意義・価値＞　　→　校内実習で取り組む「めぐい作業」を生徒の実態と関連させて分析する。

　　　このような生徒の実態を踏まえ，校内実習を取り入れた現場実習の事前学習を行う。前期現場実習前に校内実習を設定することで，昨年度までに実習先から受けた評価や自分の課題を分析し，改善に向けて取り組むことができるため，現場実習がより充実すると思われる。
　　　校内実習では，「めぐい作業」を中心に行う。「めぐい」とは，ビニール製のバンドに釘を通したもので建築現場で施行位置の目印として使用されるものである。製作に当たっては，工程を細分化でき，生徒それぞれの作業能力に応じて作業工程を分担できるとともに，材料の受け渡しや作業を行う上で必要なコミュニケーションなど，生徒それぞれの課題に応じた機会を意図的に多く設定することができる。そのため，生徒が分析した課題を具体化し，経験を通して学ぶことで，現場実習先での実践力を高めることができると考える。

　　　＜ねらい＞　　→　本題材のねらい：①自分で振り返りながら作業に取り組む。②協力して作業に取り組む。

　　　そこで本題材では，卒業後の生活を見据えた一連の学習として，自分の課題を踏まえた目標を設定し，自分で振り返って評価することができるようにしたい。また，自分の役割を理解し，友達と協力し合って作業を進めようとする態度や習慣を身に付けることができるようにしたい。

　　　＜指導観＞　　→　①VTRや評価表を用いた振り返り，②作業における話し合いを重視している。

　　　指導に当たっては，まずVTRや評価表を使用して，これまでの現場実習での作業を客観的に振り返り，自分の改善点を意識し改善策を講じることができるようにする。一人一人の作業分担や作業内容を決める際は，改善点に対して十分に取り組むことができるように配慮する。
　　　校内実習において，提示された納期や納品量に対して生徒同士で計画を立てたり，計画が遂行できたか振り返ったりする場面を設定して，お互いに協力して作業を行う意識を高めることができるようにする。その際，教師は必要以上に介入せず，生徒たちの思いや考えを尊重する。さらに，授業環境を整え安全面には十分に配慮する。

<展望> ──────────────→ 次題材へのつながりと卒業後の姿について述べる。

　本題材の学習を通して，生徒たちは，目的意識をもって現場実習に臨むことができると考える。また，目的意識をもつことで，実習先での作業態度，習慣を高めることができると考える。そして，これらは，将来の職業生活や日常生活を豊かにしていくための力につながっていくものと考える。

(2) 生徒の実態　──→ 本題材のねらいと作業学習における評価観点（勤労観，作業態度，社会性・対人，作業能力など）から項目を立て，実態を述べる。

生徒＼観点	現場実習や卒業後の生活における興味・関心	作業学習における自己評価の様子	作業態度（集中力，指示理解）	社会性・対人関係
A（3年，男）	現場実習（福祉施設）に行くことを楽しみにしている。卒業後の生活について理解しつつある。	どの項目も良い評価「◎」を付ける傾向がある。評価表や観点を教師が示すと自分の課題を見付け，言葉で伝えることができる。	製作活動が好きで，長時間集中することができる。集中しすぎて，時間になっても作業をやめられないことがある。	分からないときは教師に助けを求めることができる。注意されると怒ることがある。
B（3年，男）	実際に就職したい事業所での実習に向けて，自分のよさをアピールしようと意気込んでいる。	自分の姿や実習先の評価表から自分の課題を見付けて目標を立て，評価することができる。目標によっては，解決方法を考えることが難しい。	責任感が強く，作業に最後まで取り組むことができる。作業内容を正確に理解するために，注意事項をメモ帳に書き留め，覚えることができる。	臨機応変に対応することが増えている。挨拶の表情が，ぎこちない場面がある。

3　題材目標
　(1) 全体目標　──→ 「2 (1) <ねらい>」と整合させる。
　　ア　自分の課題を踏まえた目標を設定し，自分で振り返ることができる。
　　イ　自分の役割を理解し，友達と協力し合って作業を進めようとする態度や習慣を身に付けることができる。

作業学習の年間目標のうち「職業に関する知識」，「役割」の項目を記載する。　　全体目標と対応させる。

　(2) 個人目標

生徒	個別の指導計画の目標	個 人 目 標
A（3年，男）	○　教師や友達，実習先からの評価を取り入れた目標を設定し，評価することができる。 ○　自分の役割が分かり，決まりを意識しながら作業に取り組むことができる。	ア　評価表から自分の目標を教師と一緒に考え，自分の姿を文章にして評価することができる。 イ　設定された時間を守って，計画的に作業に取り組むことができる。
B（3年，男）	○　評価表を読み取ったり，前時の様子を振り返ったりして目標を設定し，理由を明確にして，評価することができる。 ○　指示を理解し，迅速・丁寧・正確に取り組むことができる。	ア　目標を達成する方法や，そのために必要な姿を具体的に考えて作業に取り組み，自分なりの方法で評価することができる。 イ　納期や納品量から自分や友達の役割を考え，協力して作業に取り組むことができる。

4 指導計画（総時数 34 時間）

次	主な学習活動・内容	時間	資料・準備
一	1 働くことについて必要なことを考える。 　(1) 1年後になりたい自分の姿について考える。 　(2) これまでの作業学習や現場実習の様子を振り返る。 　(3) 卒業生の現在の様子を知る。 　(4) 職場見学に参加する。（事業所，福祉施設） 　(5) 働く上で必要なことをワークシートにまとめる。	10	・VTR ・実習先資料 ・日程表 ・ワークシート
一	2 自分のよさや課題を考え，校内実習の目標を設定する。 　(1) 自分のよさや課題を表にまとめる。 　(2) 校内実習の目標を設定する。	4	・振り返りマップ
二	3 校内実習をする。 　(1) 校内実習をする。（3日間） 　(2) 校内実習の反省をする。	18 本時 (5/18)	・出来高表 ・掃除分担表 ・実習日誌
三	4 前期現場実習の準備をする。 　(1) 校内実習の反省を踏まえた目標を設定する。 　(2) 現場実習壮行会に参加する。	2	・ビデオカメラ

→ 働くために必要なことと自分の課題を習得し（知識・理解）校内実習，現場実習で活用することを想定して指導計画を構成する。

5 本時の学習（19/34）

　(1) 全体目標 → 「3（1）全体目標」の「ア：自己評価に関する目標」を踏まえて設定する。

　　VTRを見たり，友達や教師の意見を聞いたりしながら，自分の作業態度を評価することができる。

　(2) 個人目標

生徒	個 人 目 標
A （3年，男）	VTRを手掛かりにして，自分の作業態度のよいところと課題を見付け，教師と一緒に簡単な文章（肯定的な文章）にまとめて評価シートに記入することができる。
B （3年，男）	自分，友達，教師のそれぞれの意見を踏まえて評価を行い，作業目標の妥当性を教師と一緒に検討し，発表することができる。

　(3) 指導及び支援に当たって → これまでの学習と本時の流れに沿って述べる。

　　生徒たちは，前時までにこれまでの学習を振り返り，この2年間で達成したこと（自分のよさ），もう少し頑張ること（課題）を整理し，前期現場実習を想定した目標を設定している。生徒たちは，事前に提示された納期や納品量という条件をもとに，作業分担や作業時間を話し合って決めている。得意な作業内容ではない生徒もいるため，出来高が伸びず戸惑いを感じている生徒も多い。そこで以下の点に留意する。

　・ それぞれの個人目標に迫るポイント（生徒の姿）や言葉掛けについて事前にSTと打ち合わせをしておくことで，できるだけ生徒が自分自身で気付くことができるようにする。
　・ 個に応じた評価シートを作成し，自分の姿から判断できるようにする。Aは，数値評価にこだわるため，文章でまとめる評価シートを使用する。
　・ 評価の際は，課題だけではなく，自分のよさに注目することを取り入れることで，自己肯定感を高めることができるようにする。
　・ Bは，言葉でまとめていくことが難しいため，必要に応じて教師と対話しながら評価シートにまとめることができるようにする。

(4) 実際

過程	主な学習活動	指導及び支援上の留意点	資料・準備
導入 (5分)	1　始めの挨拶をする。 2　本時の学習を話し合う。 　[午前中の作業を振り返り，作業計画や目標を見直そう。]	・号令に気付き，始まりを意識できるように言葉掛けをする。 ・午前中の出来高を提示することで，数値を手掛かりにして，全員が評価できるようにするとともに，作業を振り返ろうとする動機を高めることができるようにする。 　→[学習に対する必然性を高めるための学習活動として設定している。]	・出来高表
展開 (40分)	3　個人目標を振り返る。 　(1) 自己評価をする。 　(2) 相互評価をする。 4　作業計画や目標を考え，話し合う。 5　作業をする。 　[自分で決めた目標や改善策に，実際に取り組む場面として設定する。]	・実態に応じた教材・教具（評価シート，メモ帳）を使用しながら自己評価を行う。 ・CT は A，B，C，D を中心に，ST は E，F，G，H を中心に机間指導を行う。 　→[自分で評価するためのワークシートである。] ・相互評価ができるように，課題が近い生徒をペアに設定する。 　（場に応じた対応）　　B－C 　（指示を聞く）　　　　A－D 　（集中して取り組む）　G－E 　（落ち着いて取り組む）F－H 　→[課題に対する気付きや関わり合いを取り入れるために他者評価を設定する。] ・C が進行メモを手掛かりに，スムーズに進行できるようにする。 ・生徒の発言から要点を CT が板書し，内容を理解することができるようにする。 ・各工程の作業が意識できるように，お互いの様子が見えるような作業場所を配置する。 ・友達に報告ができるように，動線が複雑にならないようにする。 ・手順表や良品チェック表，個人の出来高は，写真やイラスト，文字等を用いて，各生徒の実態に合わせて作成し，提示の方法や場面を工夫する。	・評価シート ・VTR ・目標マップ ・進行メモ ・各種道具 ・支援ツール
終末 (5分)	6　本時のまとめをする。 7　終わりの挨拶をする。	・班長の号令で作業の終わりに気付き，片付けを行うことができるようにする。 ・休憩時間を安全に過ごし，次の作業が快適に始められるように，机上のごみやはさみを片付けるように促す。 　→[安全面への配慮を大切にしたい。]	

第4節　学習指導案の実際　●　137

(5) 場の設定

【導入，評価するときの配置】

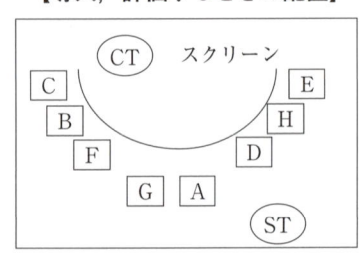

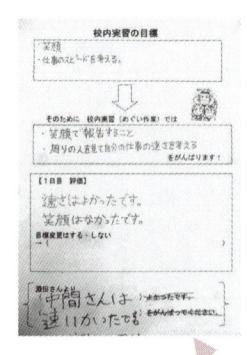

```
     CT    スクリーン
  C            E
  B            H
  F            D
     G    A
          ST
```

実際の様子
（右は，生徒同士協力している姿）

(6) 教材・教具

目標マップ	課題集約表	VTR	評価シート	進行メモ
これまでの自分の姿を書き出し，課題を分析するための表。その都度，よいところを確認して，課題意識を高める。	一人一人の課題と良さを分かりやすく理解するために短い言葉でまとめた表にしている。	よい場面，課題を焦点化したVTRを使用し，生徒が振り返ることができるようにする。	個別の評価シート。記入する量や手掛かりとなる絵やシンボル，写真が個によって異なる。	Bが使用している市販のメモ帳。事前に教師と話し合い，話し合いの会順や進行のポイントを記入している。

(7) 評価

ア　全体目標

　　VTRを見たり，友達や教師の意見を聞いたりしながら自分の作業態度を評価することができたか。

イ　個人目標

生徒	個人目標	評価	具体的な手立てについて	評価
A（3年，男）	VTRを手掛かりにして，自分の作業態度のよいところと課題を見付け，教師と一緒に簡単な文章（肯定的な文章）にまとめて評価シートに記入することができたか。		評価シートの項目は，評価の視点を理解するために有効だったか。	
			VTR視聴の際，自分の姿を評価するポイントでタイミングよく言葉掛けができたか。	
B（3年，男）	自分，友達，教師のそれぞれの意見を踏まえて評価を行い，作業目標の妥当性を教師と一緒に検討し，発表することができたか。		作業速度を比較できるような具体的な例を提示することができたか。	
			目標変更の妥当性を分かりやすく板書することができたか。	

◎：十分達成できた　　○：ほぼ達成できた　　△：達成できなかった

12 特別活動

(1) 基本的な考え方

ア　特別活動の意義

特別活動は,「望ましい集団活動を通して, 心身の調和のとれた発達と個性の伸長を図り, 集団や社会の一員としてよりよい生活や人間関係を築こうとする自主的, 実践的な態度を育てるとともに, 人間としての在り方や生き方についての自覚を深め, 自己を生かす能力を養う。」ことを目標としている。

特別支援教育においても, この目標を達成するため, 児童生徒の障害の状況や発達段階を踏まえ, 以下の五つの観点から, 学校全体の教育活動として展開する。

> ①　望ましい集団活動の展開と望ましい集団の育成
> ②　一人一人の生きる力の育成
> ③　社会の中で生活していくための資質の育成
> ④　自主的, 実践的な態度の育成
> ⑤　自分を生かす能力の育成

また, 特別活動は, ホームルーム活動, 児童生徒会活動及び学校行事の各内容から構成されている。これらの内容は, それぞれ独自の目標と内容をもつ教育活動であるが, 最終的には特別活動の目標を目指して関連をもたせながら行われるものである。

イ　特別活動における指導の基本的な考え方

特別支援教育においては, 障害の状態等の実態から, 小学校, 中学校又は高等学校の学習指導要領に示すものに準ずることとされており, 指導計画の作成と内容の取り扱いについては原則として同一であると考えられる。ただし, 小学校, 中学校又は高等学校の学習指導要領に準ずるのみならず, 以下のような特別支援教育独自の配慮が必要になってくるので留意したい。

> 1　学級活動においては, 適宜他の学級や学年と合併するなどして, 少人数からくる種々の制約を解消し, 活発な集団活動が行われるようにする必要がある。
> 2　児童生徒の経験を広めて積極的な態度を養い, 社会性や豊かな人間性をはぐくむために, 集団活動を通して小・中・高等学校の児童生徒等と交流及び共同学習を行ったり, 地域の人々などと活動を共にしたりする機会を積極的に設ける必要がある。その際, 児童生徒の障害の状態や特性等を考慮して, 活動の種類や時期, 実施方法等を適切に定めたい。
> 3　内容の指導に当たっては, 一人一人の児童生徒の障害の状態や経験等に応じて, 適切に指導の重点を定め, 具体的に指導及び支援を進める必要がある。

以上のことを踏まえて，ホームルーム活動，児童生徒会活動及び学校行事について，児童生徒一人一人の障害の状態や経験等に応じた指導の重点を明確にし，小学部から高等部まで，段階的に具体的なねらいや指導内容を設定することが重要である。

ウ　題材設定の考え方と指導上の留意点

- 学習指導要領や学習指導要領解説等に基づき，特別活動の目標や内容，配慮事項等を十分検討し，指導計画を作成する。
- 個々の児童生徒の障害の状態や経験等に応じた指導の重点を明確にし，具体的なねらいや指導内容を設定する。その際，特に生活に結び付いた内容を，実際的な場面で具体的な活動を通して指導する。
- 指導計画作成においては学校・学部行事，児童生徒会活動を考慮し，相互の行事や活動が密接な関連をもつようにし，児童生徒が見通しをもった取り組みができるように留意する。
- 指導に当たっては，各学年や学級の実態，先行経験の有無などを勘案し，適切な題材名を定める。
- 各題材の時数については，学級の児童生徒の興味・関心や先行経験の有無，段階的な取り扱いの必要度などに考慮し，適切に定める。
- 将来の生き方と進路の適切な選択決定については，産業現場等における実習や進路に関する年間指導計画との関連を図ったり，保護者や社会福祉施設等の進路担当者との連携を図ったりする。
- 健康や安全，性に関する題材に当たっては，日常生活の指導や保健体育等との関連をもたせるとともに，実際の指導に当たっては，学級単位のみならず，発達段階等を考慮したグループを編制するなど，一人一人の実態に即応した指導を進める。
- 児童生徒の興味・関心や生活に結び付いた題材について，視聴覚教材や教育機器，コンピュータなどの情報機器を活用するなどの工夫をする。

交流及び共同学習（小学部）　　　　全校朝会（児童生徒会活動）

(2) 学習指導案 小学部:「○○小学校の友達となかよくなろう」

特別活動学習指導案

平成○年○月○日○曜日 ○校時
小学部全 男子9人 女子9人 計18人
場 所 プレイルーム 各教室 体育館
指 導 者 ○○○○（CT） 全 担 任

1 題材 「○○小学校の友達となかよくなろう」（交流及び共同学習）

2 題材について
 (1) 題材設定の理由
  <児童の実態>

> 題材における意義・価値等は，特別支援学校及び相手校の双方から記入する形もあるが，本指導案は特別支援学校に絞って記入している。特別活動において大切にしたい「自主的・実践的な態度」，「集団活動」から課題を整理，分析している。

　これまで児童たちは，なかよし散歩や一日遠足などの行事を通して，異年齢集団での関わりを経験したり，みんなでできる遊びを考えたりと集団活動や実践的な活動を経験している。その中で，積極的に遊びに取り組む様子が見られるようになってきている。しかし，児童の中には，自分の思いと実際の内容が異なった場合に気持ちをコントロールすることが難しかったり，様々な意見の中から活動内容を自分たちで決めていくことが難しかったりする者もいる。これは，集団の中での望ましい行動の仕方を獲得する段階であること，自主的・実践的な態度を集団の中で発揮する経験が少ないことなどが原因として考えられる。また，児童の中には集団で行うことよりも個人の思いが優先されてしまったり，友達とペースを合わせて同じ活動に取り組むことが難しかったりする姿も見られる。これは，集団構成の幅が大きく活動に対する見通しがもちにくいことや，友達と一緒に何かを行う楽しさを十分に味わうことができていないことが原因として考えられる。これらのことから，同年代の集団の中で，お互いの思いを表現したり，友達と一緒に活動する楽しさを共有したりする中で実践的な態度を高めていく必要がある。

  <題材の意義・価値> → 交流及び共同学習を行う意義を実態と照らし合わせて述べる。

　以上の実態を踏まえ，本題材「○○小学校の友達となかよくなろう」を設定した。交流及び共同学習は，児童の経験を広めて積極的な態度を養い，社会性や豊かな人間性をはぐくむための学習である。そのため，事前の話し合い等において自分の意見を伝えつつも全体としての意見をまとめていく過程を経験したり，集団の中で役割を発揮するなどの実践的な態度を養ったり，集団活動の内容を工夫することで，同年代の友達と場や活動を共有して学習する楽しさを感じたりすることができると考える。

  <ねらい> → ねらい：①主体的な学習参加と実践的態度，②集団での活動の楽しさ

　そこで本題材では，○○小学校との交流及び共同学習を行うことを通して，自分の意思を伝えながら事前・事後の学習に取り組んだり，集団活動で役割を発揮したりしながら，同年代の友達と場や活動を共有し，学習する楽しさを味わうことができるようにする。

  <指導観> → 児童が主体的に交流及び共同学習に参加できるような手立てを中心に述べる。

　まず，事前学習の中で相手校からのビデオレターや日程表などを見ることで，大まかな学習への見通しと意欲を高めることができるようにする。その際，自分のしたい活動内容を選択したり，発表したりできるような機会を積極的に設定し，これまで経験したことのある運動会の種目や歌遊びなどを関連付けて意見が出せるようにする。また，出会いの式や終わりの式を設定することで，児童が役割を果たすことのできる場を設け，集団活動の中で役割を果たすことができるようにする。さらに，活動内容においては，これまでの経験が生かせる内容や友達と

第4節 学習指導案の実際 ● 141

一緒に活動できる内容，チームとして協力できる内容などを設定することで，お互いに関わりながら活動する楽しさを味わうことができるようにする。そして，事後学習で楽しかったことを振り返り，お互いの学校に手紙を送ることで，次の交流及び共同学習へと期待感がもてるように工夫する。

＜展望＞
　このような学習を通して，集団において自分の役割を果たそうとする態度や集団での望ましい行動様式を身に付けたり，同年代と関わる楽しさを味わい，積極的に社会参加しようとする姿が見られるようになったりすると考える。

(2) 児童の実態　→ 交流及び共同学習での主体的な学習参加につながる要素やこれまでの様子から述べる。

観点　児童	活動への見通し	集団活動の様子	コミュニケーション	昨年度の活動時の様子
A（5年，男）	写真や絵カードなどで，場所や活動内容について見通しをもつことができる。	教師が支援することで，友達と場や活動を共有しながら遊ぶことができる。	音声言語はないが，声や身振り，絵カードなどを選択することで気持ちを伝えようとすることができる。	教師の支援なしで友達とリレーをしたり，自分の番以外でも友達を応援したりと主体的に活動することができた。
B（5年，男）	文字や写真カードなどで，活動内容等に見通しをもつことができる。	学級内外の友達に，積極的に話し掛けることができる。友達からの誘いを受けて，すごろくや砂遊びをすることがある。	音声言語で，気持ちや意見を伝えることができる。相手の意見を聞くことができるようになりつつある。	小学校の友達に積極的に話し掛けることができた。自己紹介では，「自分から言います。」と意欲的に活動に参加することができた。

3　題材目標
(1) 全体目標　→「2(1)＜ねらい＞」と整合させる。
　ア　自分のしたい係や楽しかったことを，自分なりの方法で伝えることができる。
　イ　小学校の友達と一緒に活動することを通して，自分の役割を果たしたり，関わり合いながら活動したりすることができる。

本題材と個別の指導計画とのつながりを明確に示すために記述している。

全体目標が「伝えること」と「関わり合いながら活動すること」であることから，個人目標は，この二つの観点から立てる。

(2) 個人目標

児童	個別の指導計画の目標	個　人　目　標
A（5年，男）	集団活動では，約束や決まりを守って，みんなと一緒に行動することができる。	ア　自分のしたい係や楽しかったことを絵カードを選択して伝えることができる。 イ　ペアの友達と一緒に活動することができる。
B（5年，男）	集団での活動を通して，友達の意見を聞いたり，自分の意見を言ったりすることができる。	ア　自分のしたい係や楽しかったことを相手に伝えたり，友達の意見を聞いたりすることができる。 イ　同じグループの友達と協力して活動に取り組むことができる。

4 指導計画（総時数4時間）

次	主な学習活動・内容	時数	資料・準備
一	1　交流及び共同学習について話し合う。 　(1) 交流及び共同学習の日時や相手校の友達を知る。 　(2) 活動内容について知る。 　(3) 係を決める。	1	・ビデオレター ・自己紹介カード ・テレビ ・パソコン
二	2　交流及び共同学習をする。 　(1) 出会いの式をする。 　(2) レクリエーションをする。 　(3) 「ともだちうんどうかい」をする。 　(4) 終わりの式をする。	2 本時 (1, 2/2)	・会順表 ・ホワイトボード ・アンプ ・ビデオカメラ ・コーン
三	3　交流及び共同学習を振り返る。 　(1) 活動の様子をビデオで振り返る。 　(2) 楽しかった活動を発表したり，聞いたりする。 4　手紙を書く。 　(1) 楽しかったことや思い出に残ったことを書く。 　(2) 送る準備をする。	1	・テレビ ・ビデオ ・写真 ・画用紙 ・筆記用具

（一次(3)「係を決める。」に注記）自分の意見を伝える場面を意図的に設定した。

5　本時の学習（2, 3/4）

(1) 全体目標

　レクリエーションや「ともだちうんどうかい」をすることを通して，自分の役割を果たしたり，お互いの気持ちを伝え合い，関わり合いながら活動したりすることができる。

（注記）題材の全体目標や個人目標と関連させて設定する。

(2) 個人目標

児童	個　人　目　標
A （5年，男）	ペアの友達と一緒に，歌遊びをしたり，ボールを運んだりすることができる。
B （5年，男）	ペアの友達と走るペースを合わせたり，自分の考えを伝えたりすることができる。

(3) 指導及び支援に当たって

（注記）前時の学習と本時の学習との関連について述べる。

　児童は，前時に交流及び共同学習について説明を聞いたり相手校から届いたビデオレターや自己紹介カードを見たりして，交流及び共同学習に対しての興味・関心や期待感が高まってきている。

　本時は，○○小学校との交流及び共同学習を行う。出会いの式や終わりの式は，児童が司会を行ったり児童代表挨拶や感想発表の場を設けたりすることで，児童が主体的に参加したりお互いに気持ちを伝えたりすることができるようにする。「ともだちうんどうかい」では，ボール運びや玉入れといったこれまで経験したことがある活動を設定することで，見通しをもって行うことができるようにする。また，グループ内でペアになって取り組むようにすることで，児童同士の関わりが促進されるようにする。

　場の設定では，チームのシンボルマークをコーンに貼り，集合する際の目印となるようにする。待機場所と競技場所を分け，安全面に留意する。教師は，必要に応じて個別に支援を行い，児童が活動に参加することができるようにする。また，関わり方のヒントを言葉掛けするようにし，児童同士の関わりが促進されるようにする。

（注記）学習活動の概要とともに，授業環境や目標を達成するための手立てを具体的に述べる。

第4節　学習指導案の実際　●　143

(4) 実際

過程	主な学習活動	指導及び支援上の留意点	資料・準備
導入 (10分)	1　出会いの式をする。 　(1) 始めの挨拶をする。 　(2) 副校長先生の話を聞く。 　(3) 児童代表の挨拶をする。 　(4) 終わりの挨拶をする。	・会順に司会や挨拶を担当する児童の名前や写真カードを提示することで、見通しをもって活動に取り組むことができるようにする。 ・司会者には、手順表を準備し、主体的に司会を行うことができるようにする。	・ホワイトボード ・会順 ・司会手順表 ・アンプ ・写真カード ・タイムタイマー
展開 (65分)	2　レクリエーションをする。 　(1) 活動内容について知る。 　(2) 歌遊びをする。 　　① 「貨物列車」をする。 　　② 「手と手と手と」をする。 　　③ 仲間探しをする。 　　④ 自己紹介をする。 　　⑤ 「はちはち」をする。 3　「ともだちうんどうかい」をする。 　(1) 活動内容について確認する。 　(2) 運動会をする。 　　① ボール運びをする。 　　② 玉入れ、リトミックをする。 　　③ 結果発表を聞く。 　　④ 表彰式を行う。	・レクリエーションの内容や流れを説明することで、見通しをもって活動に取り組むことができるようにする。 ・教師は、見守ることを基本とするが、児童同士の関わりが促進されるよう、言葉掛け等の支援を行う。 ・活動内容や活動のルールなどを説明することで、活動への見通しや期待感をもつことができるようにする。 ・友達と仲良くなることが目的であることを伝え、協力しようとすることができるようにする。 ・場の設定等を工夫し、友達の様子が見やすいようにする。必要に応じて教師が支援を行い、けが等に十分配慮する。 ・優勝グループの人数分のメダルを準備し、活動への達成感を感じることができるようにする。 ・活動前には、作戦タイムを設け、児童同士で意見を出し合うことができるようにする。 ・表彰式は、チーム内で協力する様子や応援する様子などの良かった点を挙げる。活動の目的に対する振り返りを促したり、活動への達成感を感じたりすることができるようにする。	・ホワイトボード ・会順 ・アンプ ・CD ・コーン 目標に関する重要なポイントを述べる。 ・ホワイトボード ・会順 ・ボール運びに必要な道具 ・玉入れに必要な道具 ・CD等 ・アンプ ・得点表 ・タイムタイマー
終末 (15分)	4　終わりの式をする。 　(1) 始めの挨拶をする。 　(2) 感想発表をする。 　(3) 小学校の先生の話を聞く。 　(4) 終わりの挨拶をする。	・感想発表は、各校3人ずつ発表するようにし、いろいろな感想が出るようにする。絵カードを使ったり、実際に使用した道具を使ったりするなど、児童の実態に応じて発表方法を工夫する。	・ホワイトボード ・会順 ・司会手順表 ・アンプ ・写真カード

(5) 場の設定

【出会いの式，終わりの式】

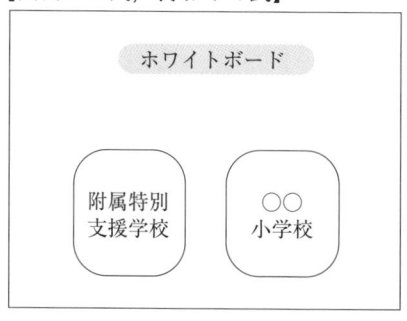

ホワイトボード

附属特別支援学校　　○○小学校

【ともだちうんどうかい】

ホワイトボード　　道具置き場

△　←活動場所　△
△　　→　　　　△

グループの待機場所

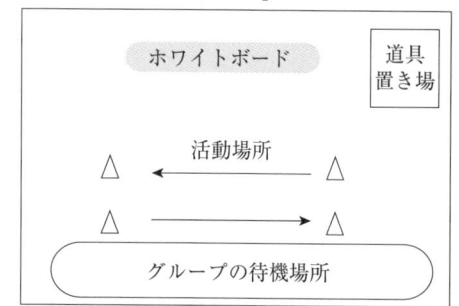

(6) 教材・教具

会順	司会手順表	タイムタイマー	コーン
短冊に一つずつ活動を書いたもの。活動が終わると外すことができる。	司会の方法や動きを短冊に書き，順次めくって使用することができるようにしたもの。	残り時間が視覚的に分かるタイマー。	各グループのシンボルマークを貼り，並ぶ場所を分かりやすくしたもの。

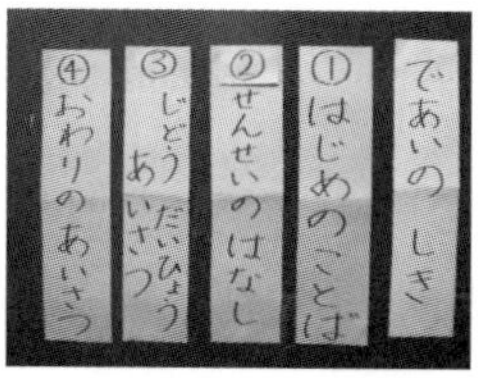

(7) 評価

ア　全体目標

　　レクリエーションや「ともだちうんどうかい」をすることを通して，自分の役割を果たしたり，お互いの気持ちを伝え合い，関わり合いながら活動したりすることができたか。

イ　個人目標

児童	個人目標	評価	具体的な手立てについて	評価
A（5年，男）	ペアの友達と一緒に，歌遊びをしたりボールを運んだりすることができたか。		自己紹介を設定したことは，ペアの児童を意識するために有効であったか。	
			歌遊びやボール運び等は，ペアの児童との活動を促進するものであったか。	
B（5年，男）	ペアの友達と走るペースを合わせたり，作戦タイムでは自分の考えを伝えたりすることができたか。		自己紹介や作戦タイムを設定したことは，ペアの児童と協力したり，自分の考えを伝えたりするために有効であったか。	
			教師の言葉掛けや言葉掛けのタイミングは，相手の意見を聞くために有効であったか。	

◎：十分達成できた　○：ほぼ達成できた　△：達成できなかった

13 自立活動

(1) 基本的な考え方

ア 自立活動の意義

　自立活動の指導は，個々の児童生徒が自立を目指し，障害による学習上又は生活上の困難を主体的に改善・克服しようとする取り組みを促す教育活動であり，個々の児童生徒の障害の状態や発達の段階に即して指導を行うことが基本である。そのため，指導に当たっては，個々の児童生徒の実態を的確に把握し，個別に指導の目標や具体的な指導内容を定めた個別の指導計画を作成し，適切な指導内容や効果的な指導方法を工夫する必要がある。

　また，自立活動の指導内容は，人間として基本的な行動を遂行するために必要な要素と，障害による学習上又は生活上の困難を改善・克服するために必要な要素で構成され，代表的な要素である26項目が「健康の保持」，「心理的な安定」，「人間関係の形成」，「環境の把握」，「身体の動き」，「コミュニケーション」の六つの区分に分類・整理されている。一人一人の児童生徒に指導する具体的な指導内容は，六つの区分の下に示された26項目の中から必要とする項目を選定した上で，それらを相互に関連付けて設定する。

　以上の考え方をもとにして個別の指導計画を作成するが，児童生徒一人一人に応じた目標を設定し，指導内容及び指導の機会や場を明確にして指導を行うようにする。個別の指導計画を引き継ぐことで，小中高一貫した指導を充実させることが重要である。

イ 自立活動における指導の基本的な考え方

　児童生徒は，全般的な発達の程度や適応行動の状態に比較して，言語（理解言語と表出言語の著しい差など），運動（ぎこちなさ，筋力の弱さ，協応動作の困難さなど），情緒，行動面（情緒発達の未成熟，情緒の不安定さ，固執行動など）などの特定の分野に，顕著な発達の遅れや特に配慮を必要とする様々な状態が随伴してみられ，その障害によって，日常生活や学習場面において様々なつまずきや困難さを生じている。

　そこで，各教科等の指導のほかに，個々の障害による学習上又は生活上の困難を改善・克服するための指導として「自立活動」の領域を設定し，指導を行うことで児童生徒の人間として調和のとれた育成を目指す。

　また，「自立活動」は，個々の児童生徒が自立を目指し，障害による学習上又は生活上の困難を主体的に改善・克服するために必要な知識，技能，態度及び習慣を養う指導であり，時間における指導を中心としながら，各教科等の指導と密接な関連を図り，全教育活動を通じて指導するものである。すなわち，自立活動の指導の内容と各教科，道徳，特別活動及び総合的な学習の時間の指導とが密接な関連を保つようにし，両者が相補い合って，効果的な指導が行われるように，組織的・計画的に指導を行うことが重要である。

ウ 活動設定の考え方と指導上の留意点

　自立活動の指導をするに当たって，個別の指導計画を作成し，それをもとに指導を展開

する。個別の指導計画の作成と実際の指導に当たっては，以下の点に配慮する。

- 観察法や検査法を用いて児童生徒の障害の状態及び発達や経験の程度，興味・関心，生活や学習環境などの実態を把握し，それに基づいて指導の目標を設定する。目標の設定においては，長期的及び短期的な観点から指導の目標を設定する。
- 目標を達成するために必要な指導項目を，6区分26項目から選定し，相互に関連付けながら具体的な指導内容を設定する。その際，「自己を肯定的に捉えることができる。」ように児童生徒が主体的に取り組む指導内容や，「活動しやすいように自ら環境を整えたり，必要に応じて周囲の人に支援を求めたりすることができる。」ように主体的に環境に働き掛ける力をはぐくむことをねらう指導内容も設定する。
- 自ら障害による学習上又は生活上の困難を改善・克服しようとする意欲を高めるために，実際的な経験等の具体的な学習活動を通して指導したり，発達の進んでいる側面を更に伸ばし，遅れている側面を補ったりする指導内容も取り上げる。
- 指導の場や機会，より具体的な指導及び支援の手立てを設定する際は，個々の目標と指導内容を考慮し，時間における指導や個別指導なども効果的に計画し，各教科，道徳，特別活動などと関連を図る。その際は，各教科等の目標の達成を著しく損なったり，目標から逸脱したりすることのないように留意し，工夫して指導を行う。
- 個々の児童生徒の実態に適合した指導方法や，児童生徒が主体的に取り組み，成就感を味わうことができるような指導方法を創意工夫する。
- 指導はPDCAの過程で進め，より児童生徒にとって適切な指導を展開する。評価については，指導の効果を評価するだけでなく，指導計画の妥当性についても検討を行い，適切な評価に基づき，適宜修正を図る。
- 専門的な知識や技能を有している教師を中心にして，全教師の協力の下に個別の指導計画を作成し，実際の指導に当たる。
- 必要に応じて外部の専門家や保護者などと連携を図り，適切な指導ができるようにする。保護者との連携においては，児童生徒の成長の様子を確認してもらうとともに，学習で身に付けたことを家庭生活でも発揮できるように協力を求める。

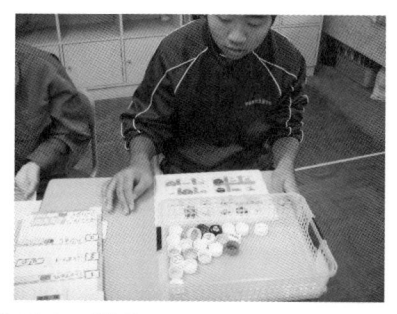

自立活動の指導における一場面

(2) 学習指導案　小学部：「みんなであそぶためには？」

自立活動学習指導案

　　　　　　　　　　　　平　成　○　年　○　月　○　日　○　曜日　　○　校　時
　　　　　　　　　　　　小学部おひさまグループ　　男子８人　　計８人
　　　　　　　　　　　　場　所　　　　　プ　レ　イ　ル　ー　ム
　　　　　　　　　　　　指導者　　○○○○（CT）　○○○○（ST1）　○○○○（ST2）

1　活動名　　　「みんなであそぶためには？」

2　活動について
　(1)　活動設定の理由
　　　＜児童の実態＞　→　個々の実態を踏まえた上で，グループとしての実態及び課題とその要因を分析する。

　　　本グループは，「ルールを守って行動する。」，「集団の中で仲良く活動する。」といった，教育的ニーズをもとに構成された異学年の集団である。児童たちは，音声言語による簡単なやりとりや友達や教師と一緒に場や道具を共有して活動できる。また，発達検査から，言語性に比べ認知発達が高いことや情報を視覚的に捉えることが得意であること，集団で遊ぶことを喜ぶ時期であることが考えられる。しかし，集団ゲームの約束やルールを守ることが難しかったり，自分の意見が通らず怒ったり，負けて大声を出したりするなど，他者と関わり合いながら活動する場面で苦戦する姿が見られる。その原因として，変化の多い集団活動に強い不安を感じることや集団でルールを守って楽しく活動できた成功経験が少ないこと，感情のコントロールや適切な言動の仕方が分からないことなどが考えられる。

　　　＜活動の意義・価値＞　→　実態を踏まえ，自立活動の六つの内容から適切なものを選択し，小集団で行うことの効果，意義・価値を述べる。

　　　以上のような実態から，本グループでは「心理的な安定」と「コミュニケーション」に焦点を当て，個々の課題を解決できる学習機会の多い集団ゲームを設定した。集団ゲームは，ルールを守る，感情をコントロールする，自分の気持ち等を伝える，友達の意見を聞くなど，集団における課題場面を設定でき，適切な行動の仕方を身に付けることができるものである。また，集団ゲームは，児童にとって楽しい活動であり，友達と一緒にできたという成功経験を積み，集団活動に参加する意欲を高め，不安感を軽減することができるものである。

　　　＜ねらい＞　→　集団ゲームを通して，個々にねらうことを意識して述べている。

　　　そこで本活動では，集団ゲームを通してルールや約束を守って活動したり，感情や言動をコントロールする力を身に付けたりすることができるようにする。また，集団ゲームを通して，他者からの働き掛けを受け入れ，自分の気持ちを適切に表現したり，伝えたりすることができるようにする。

　　　＜指導観＞　→　個々のねらいを達成するための教材・教具や活動内容，支援の工夫について述べる。

　　　本活動は，静的な環境の中，ルールや約束を守って楽しく遊ぶゲームであるすごろくを取り扱う。すごろくのルールや約束は，アニメーションや絵，文字カードを使って「イライラしたら深呼吸をする。」，「順番を守る。」などの確認をする。それらのルールや約束を守ることができたときには，児童に伝わりやすい称賛として，個々の好きなキャラクターを使用し，キャラクターが描かれたカードをファイルに蓄積して，児童が振り返ったり自己肯定感を味わったりすることができるようにする。すごろくは，30分程度でゴールできるように人数やマスの数を工夫し，児童が集中して遊ぶことができるようにする。また，「隣の友達とタッチする。」，「自分のポイントを友達に渡す。」などのカードを用いて，友達と関わる場面や葛藤する場面を設定する。それらの場面では，児童の不安な気持ちに寄り添いつつ，一緒によりよい方法を考えることで，自

分の感情をコントロールし,適切な言動を取ることができるようにする。活動の様子は,家庭に伝え,集団場面において有効と思われる個々の手立てを共通理解することができるようにしたい。

<展望> 授業場面にとどまらず,生活上(家庭)での困難さを改善する視点も加える。

このように,ルールや約束事を守りながら友達と一緒に楽しく遊ぶ経験を積み,成就感を味わうことで,自己を肯定的に捉え,他の友達とも楽しく関わることができるようになると考える。また,家庭や地域生活を含めた様々な場面において,他者と関わり合いながら豊かな生活を送ることができるようになると考える。

(2) 児童の実態 → 自立活動の内容や児童のよさ(得意なこと)から述べる。実施した検査の中で,発達の偏り等が顕著なものは,児童の状態像を客観的に示すデータとして記載することが望ましい。

観点 児童	実態や課題			新版K式発達検査結果 平成○年○月○日実施
	心理的な安定	コミュニケーション	よさ	
A (1年,男)	集団で活動することが苦手である。活動内容や状況の変化によって不安になり,活動が滞ることがある。	困った場面では,自分の気持ちを伝えられず,「あー。」と大きな声を出したり,泣いたりすることがある。	友達が遊ぶ様子を観察した後,遊びに入る。絵カード等で活動内容の見通しをもつことができる。	姿勢―運動　2:11 認知―適応　3:7 言語―社会　2:9 全領域　　　3:3
B (2年,男)	ルールを自分で決めたり,負けると怒りその場から離れたりすることがある。	自分の気持ちや考えを強い口調で友達に伝えることがある。	友達と一緒に活動することを好む。視覚的な称賛で,感情をコントロールしようとすることができる。	姿勢―運動　3:6+α 認知―適応　3:5 言語―社会　3:6 全領域　　　3:6

3　活動目標
　(1) 全体目標 → 「2(1)<ねらい>」と整合させる。

　　ア　集団ゲームを通して,ルールや約束を守って行動したり,感情をコントロールする力を身に付けたりすることができる。
　　イ　集団ゲームを通して,他者の働き掛けを受け入れ,自分の気持ちを適切に表現したり伝えたりすることができる。

　(2) 個人目標　　全体目標と自立活動の個別の指導計画の年間目標を踏まえ,個人目標を立てる。

児　童	個別の指導計画の目標	個　人　目　標
A (1年,男)	○　安心できる環境の中で,他者の働き掛けを受け止めたり,応じたりすることができる。 ○　自分のやりたいことやりたくないことを,言葉にして伝えることができる。	ア　絵カードを手掛かりに,活動内容に見通しをもって友達と一緒に集団ゲームをすることができる。 イ　「○○がしたい。」,「交代してください。」などの気持ちを,友達に音声言語で伝えることができる。
B (2年,男)	○　視覚的な手掛かり等で,手順や決まりを理解し,守ることができる。 ○　感情をコントロールして,自分の気持ちや意見を適切な言い方で伝えることができる。	ア　約束カードを手掛かりに,約束事やルールを守りながら集団ゲームをすることができる。 イ　友達の主張に対して,怒らずに「分かった。」,「いいよ。」,「いやです。」など丁寧に自分の気持ちを伝えることができる。

4 指導計画（総時数 35 時間）

> 児童の実態を踏まえ，授業で習得したことを次の授業で活用しつつ，ゲームのルールが次第に複雑になるように設定している。

期	主な学習活動・内容	時数	資料・準備
Ⅰ期 （5～6月）	1　「絵カード合わせゲーム」をしよう。 　○　友達と一緒にめくるカードを見たり覚えたりする。	12	・トランプ ・絵カード
Ⅱ期 （10～11月）	2　「デカパンリレー」，「ビンゴゲーム」をしよう。 　(1)　多数決で決まったことを受け入れて，ゲームをする。 　(2)　二人で協力し，友達のペースに合わせて活動する。 　(3)　偶発的に勝敗が決まるゲームを通して，自分の思いどおりにいかないときの対応の仕方を知る。	12	・デカパン ・コーン ・キャラクターカード ・ビンゴカード
Ⅲ期 （1～2月）	3　「すごろく」をしよう。 　(1)　マスの指示を受け入れて活動する。 　(2)　使いたいコマを選び，自分が使いたいことを音声言語で友達に伝える。 　(3)　友達のコマと交代してほしいときの自分の気持ちの伝え方や，対応の仕方を身に付ける。 　(4)　勝つことができなかったときの対応の仕方を身に付ける。	11 本時 （9/11）	・すごろく ・サイコロ ・コマ ・ポイント表 ・写真カード ・テーブル ・じゅうたん

5　本時の学習（33/35）

(1)　全体目標
　ア　すごろくをする活動を通して，すごろくのルールやカードに書かれている指示を受け入れて，内容どおりに活動することができる。
　イ　コマを選ぶ場面において，自分の気持ちを友達や教師に分かりやすく伝えることができる。

(2)　個人目標

> 活動の全体目標や個人目標と関連させて設定する。

児童	個人目標
A （1年，男）	ア　指示カードの裏の絵を手掛かりにしながら，自分で取り組むことができる。 イ　自分の好きなコマを選んで，適切な声の大きさで，「このコマがいいです。」とみんなに伝えることができる。
B （2年，男）	ア　「イライラしたら深呼吸をする。」という約束を守って，ポイントを友達に渡すことができる。 イ　コマを選ぶ場面において，「このコマがいいです。」，「○○さん，交代してください。」と丁寧に友達に伝えることができる。

(3)　指導及び支援の手立て

> これまでの学習と本時の学習の関連について述べる。

　児童たちは，これまで「絵カード合わせゲーム」等の集団ゲームを経験し，友達と遊ぶことの楽しさを味わい，ルールや約束事を守ることへの意識が高まってきている。今期は，集団ゲームとして「すごろく」に取り組み，前時までに，「友達と握手する。」等の指示に従って活動したり，自分の好きなコマを選んだりすることができるようになってきた。本時では，「ポイントを友達に渡す。」という葛藤場面を設定する。葛藤場面で「大丈夫だよ。」，「イライラしたら深呼吸。」などの感情のコントロールのための言葉掛けや，できたことに対する称賛など，一人一人に応じた手立てを行い，楽しく「すごろく」をすることができるようにする。また，コマを選び友達に伝える場面では，教師がモデルを示したり文字や絵カードを提示したりして，自分の気持ちを友達に適切に伝えることができるようにする。

(4) 実際

過程	主な学習活動	指導及び支援上の留意点	資料・準備
導入 (5分)	※「はじまりの歌」で集まる。 1　始めの挨拶をする。 2　本時の学習内容を話し合う。 　　すごろくであそぼう。	・楽しい雰囲気の中で学習の始まりを意識できるように，授業の始まりの曲を流す。 ・前時の学習を振り返ったり，本時の学習内容を伝えたりして期待感を高め，見通しをもって活動できるようにする。	・CD ・ラジカセ ・パソコン ・テレビ
展開 (35分)	3　コマを選ぶ。 　(1) コマの写真を見る。 　(2) 好きなコマを選ぶ。 　(3) みんなの前で選んだコマを発表する。 　(4) 話し合って決める。 　　個別の目標を達成するための集団の効果を生かす部分。集団の楽しさやよさを十分味わわせることを意識した手立てにする。 4　くじ引きをして二つのグループに分かれる。 　(1) くじを引く。 　(2) 引いた色と同じ色の場所に移動する。 5　すごろくで遊ぶ。 　(1) サイコロを振り，コマを動かす。 　(2) 指示カードをめくり，内容に従って活動する。 　(3) 順位を知る。	・友達への伝え方をアニメーションやCTのモデルで確認する。 ・CTは，児童が選んだコマがみんなに伝わるように，コマの写真の下に自分の顔の写真カードを貼るように伝える。 ・選んだコマが重なった場合は，CTは児童が気持ちを表現できるように「交代してください。」という表現を共感的な関わりの中で引き出したり促したりする。STは，他方の児童に共感的に関わり，「いいよ。」，「だめです。」という応答を引き出したり，促したりする。 ・児童が戸惑っている際は，「何色がいいかな。」等の言葉掛けをする。 ・ST1，ST2は，青・黄に分かれ，児童が場所に気付く手掛かりとなるようにする。 ・教師は「〜できたら，かっこいい。」等の主体的な姿を引き出す言葉掛けをする。 ・教師は，児童が順番を確認できるように，サイコロを次の友達に渡すように促す。 ・教師は，個人目標に応じて，約束カードを提示したり，安心できる言葉掛けを行ったりする。児童のできたという表情やしぐさが見られた際は，個々の実態に合わせて，言葉や視覚的な称賛を行う。 ・CTは，児童が視覚的に順位が分かるように，表彰台にコマを乗せ，児童を称賛しつつ，「うれしい。」，「くやしい。」などの気持ちの表現を引き出す。	・パソコン ・テレビ ・コマ ・選択ボード ・写真カード 　(コマ，顔) 個別の目標を達成するための指導支援に関する部分。個別の目標を十分に意識して書く。 ・くじ ・写真カード ・テーブル ・じゅうたん 　(青，黄色) ・ゲーム盤 ・サイコロ ・指示カード ・表彰台 ・約束カード ・シール ・がんばり表
終末 (5分)	6　本時の活動を振り返る。 　(1) 順位を聞く。 　(2) 次時の日にちを知る。 7　終わりの挨拶をする。	・CTは，各チームの順位を伝えるとともに，個々のルールや約束を守れていた場面を取り上げ，みんなの前で称賛する。 ・次時の日にちを知らせ，学習への期待感を高めるようにする。	・ホワイトボード

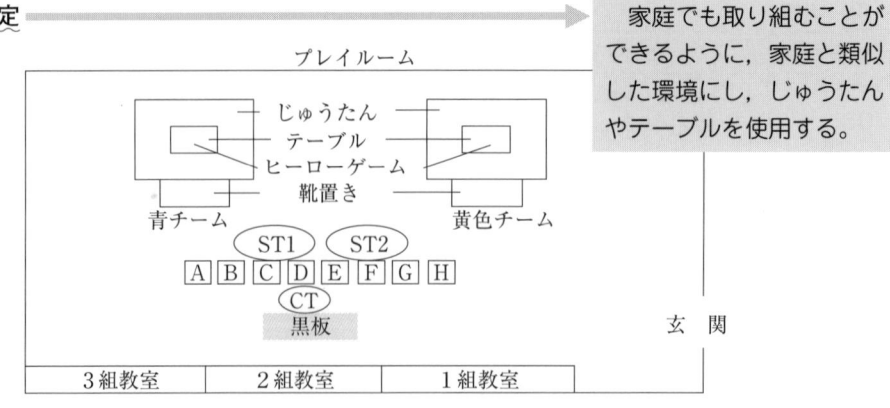

(5) 場の設定　　→　家庭でも取り組むことができるように，家庭と類似した環境にし，じゅうたんやテーブルを使用する。

```
           プレイルーム
   ┌──────────────────────────┐
   │  ┌──┐ じゅうたん ┌──┐  │
   │  │  │ テーブル   │  │  │
   │  │  │ ヒーローゲーム│  │  │
   │  └──┘ 靴置き    └──┘  │
   │   青チーム         黄色チーム│
   │       ST1  ST2            │
   │     A B C D E F G H       │
   │          CT               │
   │         黒板              │    玄　関
   └──────────────────────────┘
   │ 3組教室 │ 2組教室 │ 1組教室 │
```

(6) 教材・教具

ゲーム盤	コマ	指示カード	表彰台
マスの大きさをそろえ，矢印形にすることで進行方向が分かるもの。	顔写真を貼り，視覚的に自分や友達のコマが分かるもの。	マスの色と同じ赤色にすることで，ルールが視覚的に分かるカード。	階段状の台であり，視覚的にもゲームの順位が分かるもの。

(7) 評価

　ア　全体目標
　　(ｱ) すごろくをする活動を通して，すごろくのルールやカードに書かれている指示を受け入れて，内容どおりに活動することができたか。
　　(ｲ) コマを選ぶ場面において，自分の気持ちを友達や教師に分かりやすく伝えることができたか。

　イ　個人目標

児　童	個人目標	評価	具体的な手立てについて	評価
A（1年，男）	(ｱ) 指示カードの裏の絵を手掛かりにしながら，自分で取り組むことができたか。		(ｱ) 本児の気持ちに寄り添いつつ，「一緒にしよう。」と誘ったり，友達との活動を促したりすることができたか。	
	(ｲ) 自分の好きなコマを選んで，適切な声の大きさで，「このコマがいいです。」とみんなに伝えることができたか。		(ｲ) 友達をモデルとして見るように促したり，本児の気持ちに寄り添った励ましや，安心して伝えられるような環境を整えたりすることができたか。	
B（2年，男）	(ｱ)「イライラしたら深呼吸をする。」という約束を守って，ポイントを友達に渡すことができたか。		(ｱ) 事前に約束カードを見せたり，できたときには，言葉と合わせて視覚的な称賛を行ったりすることができたか。	
	(ｲ) コマを選ぶ場面において，「このコマがいいです。」，「○○さん，交代してください。」と丁寧に友達に伝えることができたか。		(ｲ) 丁寧な伝え方のモデルを示したり，「こう言うといいかも。」と提案したりすることができたか。	

　　　　　　　　　　　　　　　　　　　　◎：十分達成できた　　○：ほぼ達成できた　　△：達成できなかった

第5節
学習指導略案の作成

1　学習指導略案を書く際のポイント

　授業づくりのPDCAサイクルを日常化させ，授業をより充実したものとするために必要になってくるのが，学習指導略案（以下，「略案」とする。）である。

　略案を書く機会としては，日常的な打ち合わせ資料として用いる場合のほかに，①研究公開の際，一般授業として授業を行う場合，②校内研究等で，授業過程を参加者に把握・理解してもらう場合，③授業内容について保護者を対象とした学校参観，授業参観などで授業を行う場合などが考えられる。

　ここでは，特に日常的に略案を書くことの意義と指導案例をもとに略案を書く際のポイントを明らかにしたい。

(1) 略案を書くことの意義

　略案を書くことの主な意義として，以下の4点が挙げられる。

| ① 児童生徒一人一人の目標，具体的な活動内容や指導・支援方法，場の設定などを明確にする。 |
| ② CTやSTの動きや役割を確認する。 |

→ 計画的な指導，具体的な支援，共通理解

　特別支援教育では，チームティーチングで授業が行われることが多い。授業を進めていく上で，CT-ST間の口頭での確認や漠然としたイメージのみで授業を行うことは難しい。CTの授業意図や効果的なSTの役割など，事前のミーティング等で略案を提示して具体的に授業について語り合い，共通理解を図っておくことで，より質の高い授業となる。話し合いの時間がとれない場合は，略案を渡しておくことで，CTの授業意図を正しく伝えることができる。

| ③ 授業の進行状況を確認する。 |

→ 授業の形成的評価

　授業中の児童生徒が取り組む姿や進行状況によっては，修正が必要になることも考えられる。そのもとになるのが略案である。計画した授業展開となっているかどうか，授業中でも略案を確認してみることをお勧めする。

| ④ 授業の実際を振り返り，次時に生かす。 |

→ 授業反省，評価，改善

　授業終了後，略案をもとに授業を振り返り，指導方法や目標の妥当性について再検討したり，授業の工夫・改善を図ったりする際に用いることができる。朱書したものをファイリングして授業記録を積み重ね，実践記録として蓄積することは専門家としての教師の財産になる。

　略案を書くことの意義を理解した上で，実践を積み重ね積極的に授業改善に取り組んでいくことで，指導技術はますます向上していく。自分が担当・研究している授業を中心に，「1日1枚の略案」から始めてみてはいかがだろうか。

(2) 指導案例（略案）

国語科学習指導略案

平成○○年○月○日○曜日○校時
高等部Aグループ　男子5人　女子2人　計7人
指導者　○○○○（CT）　○○○○（ST）

1　題材（単元）「友達や先生に伝えよう」

2　本時の学習（13/16）　← 本時が，題材（単元）の全指導時間分の○時間目に当たるかを示す。

　(1) 全体目標　← 題材（単元）の全体目標との関連が分かるように書く。
　　身近な教師のVTRを見て，その状況をできるだけ詳しく説明することができる。

　(2) 個人目標
　　・全体目標を踏まえて，本時における具体的な目標を記入する。
　　・教師の支援や個別の手立てがイメージできるような目標が望ましい。

生徒	個　人　目　標
A（1年，男）	文字カードを手掛かりにしながら，助詞を正しく使って，誰が何をしているか説明することができる。
B（2年，女）	教師と一緒に確認しながら，助詞を正しく使って，どこで何をしているか説明することができる。

　(3) 実際
　　中心的なもののみ書く。↑
　　児童生徒が本時の目標を達成するために，教師（CT，ST）はどのように指導及び支援するかについて，全体的な視点で具体的に記述する。

過程	主な学習活動	指導及び支援上の留意点	資料・準備
導入（5分）	1　始めの挨拶をする。 2　本時のめあてを確認する。 　「ビデオを見て説明をしよう。」	・Aが司会を行うことを伝える。 ・VTRで学習内容を確認することで，意欲的に，見通しをもって取り組むことができるようにする。	・VTR ・めあてカード
展開（40分）	3　VTRを見て，説明する。 　(1) VTRを見ながら，ワークシートに記入する。 　（個に応じた指導及び支援上の手立てを書く。） 　(2) 発表する。 　(3) お互いに評価し合う。	・ワークシートは，ます目の大きさなど個別に対応したものを準備する。 ・必要に応じて，CTは，A，E，Dにヒントカードを出して，助詞を選ぶことができるようにする。STは，B，C，E，Fに「どこでしていますか。」と質問をして着目点を具体的に伝える。（教師の役割分担の内容を分かりやすく書く。） ・E，Dに対しては，VTRを流し，映像をヒントに説明できるようにする。	・ワークシート ・ヒントカード ・ポイント用のシール
終末（5分）	6　本時の学習を振り返る。 7　終わりの挨拶をする。	・本時の良かったことを称賛したり，更にポイントを得るためのヒントを伝えたりする。	・ポイント板

※　評価の項は特に設けないが，「(2) 個人目標」の裏返しであることを事前に確認しておく。

2　学習指導略案の実際

(1) 国語科学習指導略案　小学部:「ひらがなをよもう，かこう」

国語科学習指導略案

平成○○年○月○日○曜日○校時
小学部Ｂグループ　男子３人　女子２人　計５人
指導者　○○○○（CT）　　○○○○（ST）

1　題材　　「ひらがなをよもう，かこう」

2　本時の学習（6/15）
　(1) 全体目標
　　　五十音表から必要な文字チップを取り出し，語頭が「な行」の文字の単語を構成したり，正しく読んだりすることができる。

　(2) 個人目標

児童	個　人　目　標
A （3年，女）	教師の発声を聞き，五十音表から文字チップを取り出して，語頭が「な行」の文字の単語（3文字程度）を構成することができる。
B （6年，男）	文字カードを見て五十音表から文字チップを選んで単語を構成し，トーキーペンで一文字ずつ指して読んだり，まとまりで読んだりすることができる。

　(3) 実際

過程	主な学習内容	指導及び支援上の留意点	資料・準備
導入 （10分）	1　始めの挨拶をする。 2　前時の振り返りをする。 3　本時の学習を話し合う。 　「なにぬねの」でつくろう。	・使用した教材・教具を提示して，前時の学習を振り返ることができるようにする。 ・本時の学習内容を絵カード等を用いて伝えることで，学習への意欲を高めることができるようにする。	・五十音表 ・絵カード
展開 （30分）	4　「な」行の文字を含む単語を作る。 　(1) 構成したい絵カードを選ぶ。 　(2) 絵カードと文字カードを一致させる。 　(3) 絵が示す事柄を，文字チップで構成する。 　(4) 答え合わせをする。 　(5) プリント学習をする。	・実態に応じて課題を用意し，個別的な学習を行う。B，CはCT，A，D，EはSTが担当する。 ・交互に構成したい絵カードを選ぶようにして，学習に意欲的に取り組むことができるようにする。 ・一つの絵カードにつき2種類の文字カードを用意する。不正解に気が付かない場合は，正しい文字カードを提示し，手元で見比べることができるようにする。 ・Bは，トーキーペンを使用しながら単語を構成することができるようにする。Cは，文字カードを隠し，教師の発声を手掛かりにして単語を構成する活動を設定する。 ・構成した単語を友達同士で確認し合うように伝える。 ・個別にプリントを配布する。	・ホワイトボード ・絵カード・かご ・花丸カード ・文字カード ・トーキーペン ・プリント
終末 （5分）	5　本時の振り返りをする。 6　終わりの挨拶をする。	・できたことに対して個別に称賛する。	・絵カード ・五十音表

(2) 算数・数学科学習指導略案　高等部：「速さを計算しよう」

数学科学習指導略案

平成○年○月○日○曜日○校時
高等部　○グループ　男子5人　女子3人　計8人
指導者　○○○○（CT）　○○○○（ST）

1　題材　「速さを計算しよう」

2　本時の学習（2/9）

(1) 全体目標
　　時間と出来高の関係を示したグラフや速さの公式を使って，仕事の出来高を求めることができる。

(2) 個人目標

生徒	個人目標
A（1年，男）	グラフから1時間当たりの出来高を求め，公式を使って3時間後の出来高を計算することができる。
B（3年，女）	グラフから1時間当たりの出来高を求め，公式を使って二つの班の出来高の差を計算機で計算することができる。

(3) 実際

過程	主な学習活動	指導及び支援上の留意点	資料・準備
導入（10分）	1　始めの挨拶をする。 2　前時までの学習を振り返る。 3　本時の学習を話し合う。 　[仕事の速さを計算しよう。]	・前時に，タイル運びゲームで速さを求めたことを想起することができるようにする。 ・めあてカードと学習予定表を掲示し，学習の見通しをもつことができるようにする。	・パソコン ・めあてカード ・学習予定表
展開（35分）	4　二つの班の，時間と出来高の関係を示したグラフから，仕事の速さについて考える。 　(1) グラフから，どちらの班が速いか考える。 　(2) 関係式とグラフから，グラフの勾配と速さの関係を考える。 　(3) 関係式とグラフから，数時間後の出来高を求める。 　(4) 一定時間における二つの班の仕事量の差を考える。	・二人組でグラフ用紙や解答を確認し合う活動を設けることで，生徒同士が関わり合いながら学習を進めることができるようにする。 ・「グラフを作ろう」で学んだ，グラフ作成のポイントを再度確認する。 ・ある決められた時間での2班の出来高をグラフから読み取ることで，勾配と速さの関係について気付き，時間と出来高の関係を理解することができるようにする。 ・グラフと関係式を提示して，視覚的に時間と出来高の関係を確認しやすいようにする。 ・Aの理解を深めるため，STが個別に支援する。 ・全体の場で発表したり，友達の考え方を聞いたりすることで，出来高と時間の関係を深く理解できるようにする。	・パソコン ・グラフ用紙 ・計算機 ・実物投影機
終末（5分）	5　学習したことを振り返る。 6　次時の学習内容を知る。 7　終わりの挨拶をする。	・椅子の向きをパソコンの画面の方向に変えて，友達の学習した成果に注目できるようにする。 ・学習予定表を掲示することで，次回の学習に見通しをもつことができるようにする。	・パソコン ・学習予定表

(3) 音楽科学習指導略案　中学部：「箏に親しもう」

音楽科学習指導略案

平成○○年○月○日○曜日○校時
中学部○○グループ　男子6人　女子3人　計9人
指導者　　○○○○（CT）　　○○○○（ST1）
　　　　　○○○○（ST2）　　○○○○（ST3）

1　題材　　「箏に親しもう」

2　本時の学習（10/12）

(1) 全体目標
　　一人又は友達に合わせて演奏することを楽しむことができる。

(2) 個人目標

生徒	個　人　目　標
A（1年, 男）	友達の言葉掛けに合わせて「チューリップ」をリズムよく演奏することができる。
B（3年, 男）	色楽譜と教師の指さしを手掛かりに音符を一つ一つ確認しながら，「チューリップ」を演奏することができる。

(3) 実際

過程	主な学習活動	指導及び支援上の留意点	資料・準備
導　入（10分）	1　始めの挨拶をする。 2　ストレッチをする。 3　本時の学習を話し合う。 　[友達の前で発表しよう。]	・ストレッチでは，拍を意識させるためにメトロノームでテンポを示す。 ・前時に演奏した様子をVTRで流し，本時の目標を意識できるようにする。	・メトロノーム ・VTR ・めあてカード
展　開（35分）	4　学習活動の準備を行う。 5　グループ練習をする。 　・友達に合わせて演奏する。　（CT） 　・教師の手拍子や色楽譜を手掛かりに演奏する。（ST1，ST2） 　・友達の演奏に合わせて，自由に音を鳴らす。（ST3） 6　発表をする。 7　後片付けをする。	・活動のための準備を分担して行う。教師は，安全面に留意する。 ・二人は演奏し，一人は合わせて歌ったり，手拍子をしたりする活動を交代で行うことを伝える。 ・練習の状況で，発表の方法を自己決定できるようにする。 ・課題を2曲設定し，本人が選択できるようにする。色楽譜を使用する際は，生徒に応じて指さしでガイドをする。 ・自分の目標を確認してから演奏を行うことを伝える。演奏後は，お互いに良かったところや感想を発表する場を設け，称賛する。 ・役割ごとに安全面に気を付けながら友達と協力して行うようにする。	・箏 ・爪 ・長机 ・ホワイトボード ・譜面台 ・数字譜 ・色楽譜 ・メトロノーム
終　末（5分）	8　本時の学習を振り返り，次時の学習について話し合う。 9　終わりの挨拶をする。	・次時は，本題材のまとめとして発表会を行うことを伝える。	

(4) 保健体育科学習指導略案　高等部：「みんなで走ろう」

保健体育科学習指導略案

平成〇〇年〇月〇日〇曜日〇校時
高等部2年　男子6人　女子2人　計8人
指導者　〇〇〇〇（CT）　〇〇〇〇（ST）

1　題材　「みんなで走ろう」

2　本時の学習（27/50）
　(1) 全体目標
　　ア　自分の目標の周回数を意識して，意欲的に5分間走をすることができる。
　　イ　友達と協力して準備をしたり，運動したりすることができる。

　(2) 個人目標

生徒	個　人　目　標
A （2年，男）	ア　目標の周回数や時間を意識して5分間走をすることができる。 イ　友達とペアで運動をすることができる。
B （2年，男）	ア　体調に応じた目標数を設定し，休まずに5分間走をすることができる。 イ　友達に言葉を掛けながら，協力して運動したり準備や片付けをしたりすることができる。

　(3) 実際

過程	主な学習活動	指導及び支援上の留意点	資料・準備
導　入 （5分）	1　始めの挨拶をする。 2　本時の学習を話し合う。 　目標を決めて最後まで走ろう。	・進行をCが行うことで，友達のモデルになるようにする。 ・授業の流れを小黒板に示すことで，見通しをもち進行がスムーズにできるようにする。	・ホワイトボード ・小黒板
展　開 （40分）	3　準備運動をする。 4　5分間走の目標を立てる。 5　5分間走をする。 6　5分間走の自己評価をする。	・ひざを曲げていない等，動きが小さいときは，言葉掛けをしたりモデルを示したりする。 ・Dに，言葉を添えながら友達に記録表を配るように伝える。 ・体調に応じて目標数が設定できるように，全体で確認してから個別の記録表に記入するようにする。 ・CTがチェック表に周回数を示したり，残り時間や周回数を言葉掛けしたりすることで，自分の目標に向かって走ることができるようにする。 ・STは，生徒と一緒に走ることで立ち止まっている生徒を励ましたり，頑張っている生徒を称賛したりする。 ・「□周だから〇です。」と評価基準に合わせて自己評価ができるように，全体で確認してから個別に記録表の記入をするように伝える。 ・一人一人の記録表を確認する。	・記録表 ・鉛筆，消しゴム ・目標チェック表 ・ストップウォッチ ・笛
終　末 （5分）	7　整理運動をする。 8　終わりの挨拶をする。	・整理運動のポイントを伝え，言葉掛けをしたり，モデルを示したりする。 ・係の良かったところを称賛したり，課題点を挙げたりして，次の活動への意識が高まるようにする。	・記録表

(5) 生活単元学習指導略案　小学部：「なかまのいえにとまろう」

生活単元学習指導略案

平成○○年○月○日○曜日○校時
小学部○○グループ　男子3人　女子3人　計6人
指導者　○○○○（CT）　○○○○（ST）

1　単元　「なかまのいえにとまろう」

2　本時の学習（14/32）

(1) 全体目標

「おふろのうた」を歌ったり手順表を見たりしながら，体を洗う練習をすることができる。

(2) 個人目標

児童	個人目標
A（4年，男）	「おふろのうた」に合わせて数を数えながら，体の各箇所を10回ずつこする練習をすることができる。
B（6年，女）	めくり式の手順表を自分で操作しながら，体を洗う練習をすることができる。

(3) 実際

過程	主な学習活動	指導及び支援上の留意点	資料・準備
導入（10分）	1　始めの挨拶をする。 2　本時の学習を話し合う。 　(1) 前時学習を振り返る。 　(2) 本時のめあてを知る。 　　からだのあらいかたをれんしゅうしよう。	・スライドを使用することで，前時の学習の良かったところや，課題となるところを具体的に振り返るようにし，本時のめあてを導き出すようにする。	・学習計画表 ・パソコン ・テレビ ・前時の写真
展開（30分）	3　体の洗い方を振り返る。 4　ペアになって，体を洗う練習をする。 　(1) 上半身を洗う。 　(2) 下半身を洗う。 　(3) 体を流す。 　(4) 使ったタオルを片付ける。	・CTは，手順表を示し，実際に体を洗う真似をしながら「おふろのうた」を歌う。 ・STは，児童が手順表やCTの見本に注目するように促す。 ・CTは，児童の写真カードを提示して，写真カードを見ながらペアを作るように伝える。ペアは目標や実態に応じて編制する。 ・CTは全体の様子を見ながら，Aペアが手順表を使用することができるよう，指さしや言葉掛けを行う。 ・STは，Bペアが回数を数えながら練習をすることができるよう，児童と一緒に「おふろのうた」を歌うようにする。	・洗面器 ・椅子 ・タオル ・手順表 ・CD ・写真カード
終末（5分）	5　発表をする。 6　終わりの挨拶をする。	・CTは，各ペアが発表した後，良かったところを具体的に称賛する。 ・次時の学習内容を伝え，期待感をもつことができるようにする。	・学習計画表

(6) 作業学習（窯業）指導略案　中学部：「皿を作ろう」

作業学習（窯業）指導略案

平成○○年○月○日○曜日○校時
中学部窯業班　男子5人　女子1人　計6人
指導者　○○○○（CT）　○○○○（ST）

1　題材　「皿を作ろう」

2　本時の学習（13, 14/36）
　(1) 全体目標
　　ア　道具や補助具の安全な使い方や手順に気を付けながら，丁寧な製品作りを意識して作業に取り組むことができる。
　　イ　各手順の終わりや仕上がりを自分で判断し，進んで報告することができる。

　(2) 個人目標

生徒	個 人 目 標
A (1年，男)	ア　先輩からのアドバイスやメモを参考にしながら，作業に取り組むことができる。 イ　すべての工程が終わったら，「確認をお願いします。」と報告することができる。
B (1年，女)	ア　粘土に隙間ができないように気を付けながら，どんぶりの製作に取り組むことができる。 イ　製品を作り終えたとき，「確認をお願いします。」と自分から報告することができる。

　(3) 実際

過程	主な学習活動	指導及び支援上の留意点	資料・準備
導入 (10分)	1　始めの会をする。 　(1) 出席，服装，体調を確認する。 　(2) めあて，個人目標，終了時刻を確認する。 　　［丁寧に作業をしよう］	・目標個数は生徒各自が考え，意欲を高めることができるようにする。 ・「丁寧」に作ることを意識できるよう，具体的なポイントを確認する。	・エプロン ・帽子 ・めあてカード ・確認表
展開 (80分)	2　製作する。 　・カップ（担当：A） 　　①泥しょうの準備　②流し込み 　　③余分な泥しょうを捨てる 　・たたら板（担当：B） 　　①粘土伸ばし 　　②埋め込み　③運搬 　・どんぶり（担当：C） 　　①ひも作り　②成形 　・大角皿（担当：D） 　・深皿（担当：E） 　　①型切り　②型起こし 3　片付けをする。	・先輩からのアドバイスやメモを参考に取り組むことができるように言葉掛けをする。（A） ・型起こしをする際は，水平になるように，見るときの姿勢や型の印を意識することができるようにする。（D，E） ・模様付けが終わったたたら板を自分で運び，作業のつながりを意識できるようにする。（B） ・修正が必要な場合は，その都度自分で考えることができるような言葉を掛け，改善すべき点に自分で気付くことができるようにする。	・道具入れ ・粘土 ・粘土板 ・さらし布 ・型 ・たたら機 ・粘土切り ・計量器 ・色粘土 ・筆 ・トレイ ・機械ろくろ ・泥しょう ・ミキサー ・鋳型 ・メモ用紙
終末 (10分)	4　終わりの会をする。 　(1) 反省をする。 　(2) 次時の予告を聞く。	・自己評価，他者評価（教師）を行い，振り返りができるようにする。 ・次時の作業内容を伝える。	・製品 ・確認表 ・めあてカード

ブラッシュアップ10
授業の振り返りを大切に（授業の記録）

　教師にとって授業は，命ともいえるほど，教職の要であり，子どもと教師の相互作用を育む重要な場であるといえます。しかし，日々の雑務に追われ，次から次へと授業をこなす毎日の中で，次第に立ち止まったり振り返ったりすることを忘れ，決まった授業パターンやその場しのぎの授業でやりくりしてしまっていることがあるのではないでしょうか。もちろん，少なくとも学期に一度は評価を行うために授業を振り返るでしょうし，日常の中でも振り返ることを決して「忘れた」わけではないという反論もあるかと思います。また，ある程度パターン化された授業は，「○○スタイル」とその先生らしさの表れとなったり，見通しがもちやすいことから子どもにとっての安心感につながったりすることもあるでしょう。しかし，本当に，そのままでよいのでしょうか。

　授業の振り返りは，授業研究など，皆で実践を振り返りたいときに行われます。こうした「特別な機会」での他者からの助言や自己の評価は，各自の指導力を高めることにつながります。しかし，授業は日常的に行われているため，特別な機会を待っているだけでは貴重なスキルアップの機会をみすみす逃してしまいます。そして日常の中にこそ，子どもの姿や指導の手がかりが潜んでいるのです。

　例えば授業を振り返るには，「今日の授業でAさんがこんな発言をして…。」と同僚に語ったり，ビデオを撮り「あそこの動きがまずかったな。」と言動の反省を行ったりすることがあります。これらもよい方法だと思いますが，お勧めしたいのは，「書き言葉による実践記録」です。書くことは，話すことと異なり，言葉がその場に留まります。ですから，読み返す中で，その言動にふさわしい言葉選びや文（章）の組み立てを再度行うこととなります。そして，同じ状況を何度も振り返ってみる（思い出す，状況をイメージする）ことや，適切な言葉を選ぶ中で，自己を客観視したり子どもの言動に意味付けをしたりするようになります。こうした「言語によって思考を一度くぐること」に意義があり，そこから課題が見えてきて，それに対して向き合えるようになるわけです。この記録はなにも，すべての授業で行わないといけないわけでも，50分間という単位時間で毎回書かないといけないわけではありません。ある場面を切り取ったり，一人の1年間をあるテーマでくくって書いたりしてもよいわけです。

　授業の振り返りを行う際，実際に行っているのは教師ですが，振り返りの対象は，子どもであることが多く，「Yさんは，あそこであんなことを言ってたな。」，「Oくんは，あんな行動をしてたな。」と，子どもの視点から授業を振り返ることができます。このとき，教師の思い（教えたかったことや，期待・意図など）と子どもの思い（理解したこと，実態など）にズレが生じることがあります。竹沢（2010）は，このズレを「矛盾」として評価の基本的な視点と捉えていますが，ズレがあることが悪いわけではなく，なぜそのようなズレが表れたのだろうと改めて子どもの理解に返ったり，ズレを生かして少し難しいことや新しい見方に挑戦させることにつなげたりすることがよりよい実践へとつながるのです。実践を記録して検討することは，時間的にも，専門性の面からもたやすいことではありませんが，今この瞬間の子どもの姿を残すことは，明日の子どもの姿へとつながり，その先には，授業の専門家としての教師の姿があるのではないでしょうか。

（片岡美華）

ブラッシュアップ11
授業と生活の接続を

　学校の授業は，何のためにあるのでしょうか。新しい知識や技能を身に付けるため，社会で他者と共に暮らしていくための力を育てるためなど，考え方や答えは一つではないでしょう。ただ，将来，子どもたちがよりよく生きるための力を育てたいという思いは，教師として共通していることかもしれません。子どもにとってはどうでしょうか。「こんな授業何の役に立つの？」と誰しも一度は思ったことがあるでしょう。しかし，直接的であれ，間接的であれ，どの授業も知識や文化の継承，人間性を養う上で無駄なものはないはずです。ところが，障害のある子どもたちへの授業を考える場合には，ときとして，「生活に役立つ」ことだけが教師のみならず，保護者からも強く求められることがあります。なぜでしょうか。

　障害のある子どもたち，とりわけ知的に遅れのある子どもたちの場合，授業で学んだことを生活に生かすこと（汎化）が難しい場合が多いです。これは，状況や場面が「違うけれど同じ」という考え方が知的発達的に難しかったり，「前にどうやったかな。」という経験の振り返りが記憶等の問題で難しかったりするからです。あるいは障害特性から，ある場面ではできるけれども，一つ一つが新しいこととして捉えられ，応用することが難しい場合もあるでしょう。さらに，障害のある子どもたちは，活動や支援の制約から，経験できる時間や場所に限りがあり，経験が積み重ねられていないという現実も存在します。だからこそ，授業で生活に役立つことをしてもらえれば，そのまま生活に生かせるのではないかと考えてしまうのではないでしょうか。生活に生かせることを授業に取り入れることは，大切な視点の一つです。日々の暮らしの中での経験が乏しいことから，学校で経験できるよう場面を作っていくことは必要なことですし，練習の機会として設定することも求められます。しかし，授業と生活を結び付けるのは，単に学校と家とで同じことをするということではなく，もっと本質的な子ども理解とつながっているのです。

　子どもは，1日の活動時間の大半を学校で過ごします。しかし，基盤はやはり，家庭であり，地域であり，そこに「生活」があるのです。就学までにはぐくんだ時間，卒業後に自立していく場を考えれば，学校で過ごす時間よりもずっと長いのが生活の場となります。子どもは，たくさんの姿をもっています。学校で見せる姿，家庭で見せる姿，社会で見せる姿，どれもその子の一側面であり，大切にしてあげたい姿です。「Nさんは，学校では物静かで恥ずかしがり屋だけど，家では弟の着替えを手伝ってあげたりして，お姉ちゃんらしい姿を見せているんだって。」そうであるならば，Nさんのやさしさ，世話上手なところを学校でも生かせるよう，その姿を学校でも認めていく，認められるような場面を作っていくということは，Nさんの力の広がりとして大切なことでしょう。また，Nさんが，文字や数字に興味をもっていて，名前や10までの数が分かるのであれば，学校で，読み書きができる文字の数を増やしたり，数の操作を教えたりするでしょう。このとき，できるようになるだけでなく，できることが発揮できるような場として生活を見つめることで，弟の名前も読める，絵本を読んであげられる，二人分のお菓子を分けられる，お風呂の中で温まるまで数えられるといったように学んだことが生きる力として活用され，「できる私」が実感されるのではないでしょうか。

（片岡美華）

第3章

授業づくりの実際
～次の授業につながる授業研究,
　授業改善のプロセス～

第1節
授業研究

1 授業研究とは何か

(1) 授業研究とは

　授業研究とは，読んで字のごとく「授業を研究すること」である。換言すれば，授業の計画，実施，評価，改善という授業づくりの各過程やそのプロセス全体について，個人又は複数の教師で分析し，検討することである。

　授業研究を行う目的は大きく二つある。第一に，日々の授業における子ども全員の豊かな学びを実現することである。授業改善を目指し，一人一人の子どもの実態から，指導内容や，教材・教具，発問等の適切性や目標の到達度などについて分析・検討を行う。第二に，授業者や参加者の授業力及び教師同士で互いに学び合い支え合う意識を向上させること，すなわち，教師の専門性を高める学校文化を形成することである。授業研究は，子どものみならず教師自身の学びをはぐくむ上でも極めて重要な取り組みである。

　一般的に授業研究は，校内研修や研究会などにおいて，①学習指導案の作成と検討，②研究授業の実施と参観，③授業研究会の実施という過程で行われることが多く，教師にとっては研究と修養の中核をなす営みといえよう。

(2) 充実した授業研究にするために

　授業研究を充実させるためには，上記の①～③の過程の中で，次のア～エを兼ね合わせた授業研究になるように工夫する必要がある。

ア　全員が参加し，教師同士が学び合う授業研究（同僚性）

　特別支援教育では，一人の子どもの授業を複数教師で担当することが多い。授業研究会で多くの教師が発言することは，一人一人の教師がもっている子どもの情報を交換することであり，子どもを多面的に理解することにつながる。授業の見方や考え方などをお互いに学び合う機会にもなる。

イ　授業づくりの視点が共有されている授業研究（共有性）

　授業づくりの方法や授業づくりで使う用語などが学級や学部で異なると，授業研究会で話を共有することが難しくなる。そこで，各学校で授業づくりの方法を整理してまとめ，全職員で共有できるようにすることが重要である。

ウ　進め方やルールが明確な授業研究（機能性）

　授業研究会の進め方やルールが開催されるごとに異なると，参加した教師はどの場面で何を発言したらよいか分かりにくい。このような事態を防ぐために，学校全体で授業研究会の進め方やルールを決めることが重要である。

エ　効率的・継続的・効果的な授業研究（効率性）

　　子どもが下校した後は，会議や学級事務などで，個人や集団での授業研究の時間を十分に設定することが難しい。そのため，授業研究は計画的に，かつ効率的・効果的に実施できるように工夫する必要がある。

2　授業後の授業研究の具体的方法

　授業研究は，複数の教師で学習指導案を検討したり，代表者の授業を参観し検討会を開催したりするなど様々な方法があるが，ここでは，本校で実施している日々の授業を対象にした，授業実施後の授業研究会について述べる。

　本校では，研究授業等の特別な授業における授業研究会に加えて，「毎日の授業を少しでもよりよいものにしたい。」との思いから，日々の授業を対象にした45分間で行う授業研究会を実施している。そこでは，教師全員が授業VTRを提供して，授業後の評価や改善に焦点を当てて検討している。

(1) 授業研究会のポイント

　授業研究会は，次のア～カの順で行う。参加人数は，8～9人程度である。
　授業研究会の準備物は以下のとおりである。

　・学習指導略々案（A4用紙1枚）　　・サインペン（黒，青，赤）
　・75mm×75mmの付せん（赤，青，黄）　・メモ用紙　・模造紙
　・授業VTR　・プロジェクター　・教師が日ごろから書いている授業記録

ア　「授業研究会で大切にしたいこと」を確認する

　　授業研究会を行う前に，授業研究会のルールを設定し全員で確認することで，参加者が同じ意識をもって授業研究会に臨むことができる。

> 　本校では，以下のような「授業研究会で大切にしたいこと」を設定し，全員で音読してから授業研究会を始めている。
> ・　一人一人の子どもの豊かな学びの実現を目的とする。
> ・　教師同士互いに学び合う気持ちで臨む。
> ・　授業者の意図，思いや考えを尊重する。
> ・　教師自身の，子どもや授業の見え方，学んだことの交流を行う場である。
> ・　授業の「おもしろさ」と「難しさ」を共有する場である。
> ・　一人一人の教師がもっている子どもの情報を共有する場である。
> ・　子どもの名前を主語にして，子どもの姿を具体的に話す。
> ・　授業の事実と感想を分けて話す。
> ・　授業者に敬意を表した言葉で，建設的に話す。
> ・　設定された時間を守る。

イ　授業 VTR を見る

　授業者は，学習指導略々案（Ａ４用紙１枚）をもとにして授業を説明したり意見がほしいことを伝えたりする。次に，授業の目標に関する場面や意見をもらいたい場面を映す。授業者と参加者は授業 VTR を見ながら以下の６点について，メモ用紙に気付いたことを記入する。

① 「(子どもが) 学んでいたところ」
② 「(子どもが) 学びにつまずいていたところ」
③ 「感想等」（授業を見た自分の意見，感想，質問，改善策）
④ 「手立て等の活用」（他の場面でも有効な手立て）
⑤ 「他の教科等との関連」（他の教科等と関連すること）
⑥ 「生活場面との関連」（家庭や地域において生かせること）

　定期的に授業研究会を実施するには，授業 VTR を使用するとよい。直接授業を参観するためには，毎回その体制を整えなければならないからである。VTR を視聴する時間は，10分程度でも授業について十分に検討できる。VTR はスクリーンに映すことでより見やすくなる（写真３-１）。
　一方，VTR では子どもの表情や手元を詳細に見ることが難しいというデメリットもある。年数回は直接授業を参観して行う授業研究会と併せて実施することが望ましい。

写真３-１　VTR を見る

ウ　付せんに書く

　付せんを使うことで，全員が参加する意識を高くもつことができる。記入したメモをもとにして「①（子どもが）学んでいたところ」を赤の付せん，「②（子どもが）学びにつまずいていたところ」を青の付せん，③～⑥の項目を黄色の付せんに書く。このように事実である子どもの姿と，自分の意見・感想を区別して書くことで，発言の内容を理解しやすくなる。

写真３-２　付せんの書き方（例）

　さらに，子どもの名前を主語にして子どものありのままの姿を書くことで，具体性の高い表記となる（写真３-２）。付せんには，記入した教師の名前も記載することによって，授業研究会が終わった後も詳しく質問したり意見を交換したりすることができる。

　なお，付せんは，たくさん書くことを目的とせず，優先順位を付けながら精選して書くことがポイントである。

エ　付せんをもとにして発表する

　付せんに記入した後は，前述したメモ用紙と同じ項目からなる模造紙（図３-１）に付せんを貼りながら，一人１分程度で発表する。ここでは，時間内に分かりやすく伝える技術が求められる。

オ 学びの背景を検討する

　発表後は，付せんが重なっていた箇所を中心にして，「なぜ子どものこの姿が見られたのか。」，「どのように改善したらいいか。」など，学びの背景や授業の改善策などについて全員で検討する（写真3-3）。授業研究会で出された様々な意見やアイディアの中で，何をどの順番で取り入れるかは，授業者が子どもの実態やこれまでの学習の流れなどを考慮しながら決める。

学習活動	学んでいたところ	学びにつまずいていたところ	感想
計画を立てる			
作業をする			
評価する			

- 児童生徒の姿を書く。
- 意見や感想，質問等を書く。
- 授業者が見てほしい学習活動を記入する。
- 付せんが重なったところを中心にその背景を検討する。

活用場面の設定 活用場面の姿	手立て等の活用	他の教科等との関連	生活場面との関連

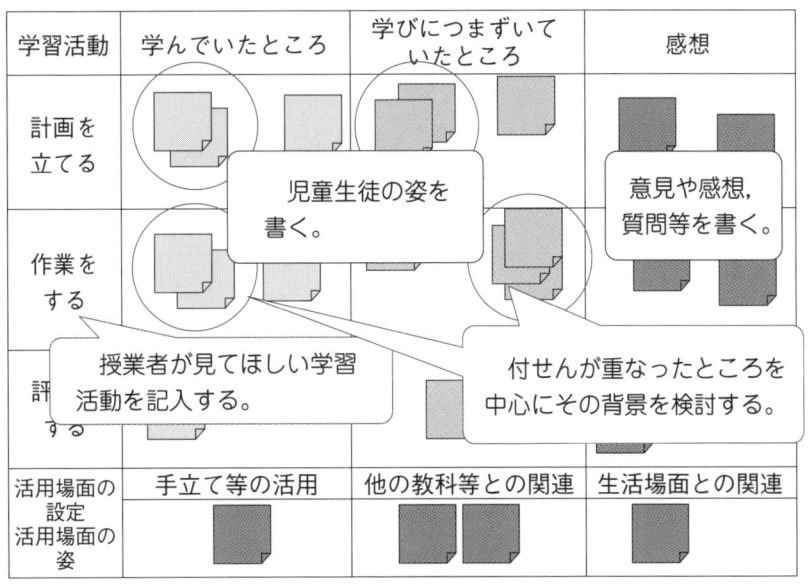

図3-1　模造紙の使い方（例）

写真3-3　貼られた付せんからの検討

　本校では，授業の改善策を考える際，本校で作成した「授業改善の視点」を参考にしている。このように，学校で授業を改善する視点を明確に設定することで，参加者全員が授業の改善策を考えやすくなり，活発な意見交換につながる。

① 「学び」の方向	授業の目標や指導計画に関すること
② 「学び」の機会	学習活動の設定に関すること
③ 「学び」の環境	授業環境に関すること
④ 「学び」の方法	教材・教具や言葉掛けなど手立てに関すること
⑤ 「学び」の連続	次時へのつながりや他の場面へのひろがりに関すること

カ　授業研究会で学んだことを書く

授業研究会を通して学んだことを一言付せんに書き，参加者で共有する（写真3-4）。

また，一人一人の教師が日頃から自身の授業について改善の経過等を書いている授業記録に，授業研究会で得た自分の授業に取り入れることができるヒントを記入する。

このように，学んだことを書く取り組みは，授業研究会で学び合おうとする意識を高めたり，授業研究会で得られた改善策等を次の授業に確実につなげたりする上で大きな効果がある。

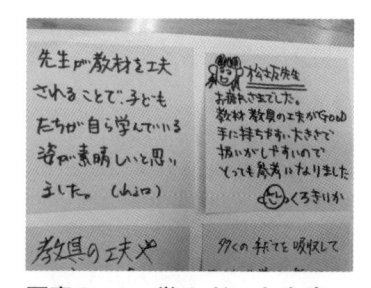

写真3-4　学んだことを書いた付せん

(2) 授業研究会の進行役の役割

授業研究会で深く検討するためには，進行役の会の進め方が重要となる。進行役は，参加者全員から意見を引き出すなどの技術が求められる（写真3-5）。

本校では，次の5点を進行役の心得としている。
ア　授業研究会の方法やルールを明確に伝えよう。
　　〜実りある会に，ルールあり〜
イ　全員の意見を尊重しよう。
　　〜年の差・経験，関係なし，中立の立場で〜
ウ　参加者の発言をありのまま受け止めよう。
　　〜まず，「うなずくこと」から〜
エ　参加者から意見を引き出そう。
　　〜大事なとき，困ったときこそ参加者に〜
オ　キーワードを聴き取り，図で表そう。
　　〜「視覚化」で，すっきり〜

写真3-5　進行役による意見の書き込み

(3) 授業研究会の具体的な進め方

授業研究会の進め方を，進行役，授業者，参観者に分けてまとめると表3-1のようになる。

表3-1　本授業研究会の進め方

時間	進行役	授業者	参観者
3分 【ルールの確認】	・準備物を確認する。 ・開始を伝える。 ・「授業研究会で大切にしたいこと」を全員で確認する。 	 ・指導案や改善経過，検討事項などについて簡単に説明する。	・自分の授業記録を持ち寄る。
12分 【VTR視聴とメモの記入】	・VTRを見ながら用紙にメモをとるように伝える。	・設定した目標に関する場面や検討したい場面を映す。	・VTRを見ながら用紙にメモをとる。

168 ● 第3章　授業づくりの実際〜次の授業につながる授業研究，授業改善のプロセス〜

時間	進行役	授業者	参観者
		・授業の解説は最小限にとどめる。あらかじめ見てもらいたい部分を決めておく。	
	・全員，VTRを見ながら，「学んでいたところ」，「学びにつまずいていたところ」，「感想」，「手立て等の活用」，「他の教科等との関連」，「生活場面との関連」に分かれているメモ用紙に気付いたことを書く（すべての項目を書く必要はない）。 ・「学んでいたところ」，「学びにつまずいていたところ」は，「○○さんが△△をしていた。」など子どもの名前を主語にして事実を書く。 ・授業の改善策は，「感想」の項に書く。			
7分 【付せんの記入】 【発表の準備】	・メモ用紙に基づいて付せんに記入するように伝える。	・メモをもとにして，優先順位を付けながら付せんに書く。	
	・付せんには，「○○さんが△△をしていた。」等，子どもの名前を主語にして，事実を具体的に書く。 ・付せん1枚に一つの事柄（姿）を書く。見やすいように，サインペンでできるだけ大きく書く。（1枚に4行程度まで。鉛筆，ボールペンは見にくい。）必ず自分の名前も記入する。 ・付せんに書く枚数は，参加者数等を考慮する。 ・赤の付せん：「学んでいたところ」，青の付せん：「学びにつまずいていたところ」，黄色の付せん：「感想」，「手立て等の活用」，「他の教科等との関連」，「生活場面との関連」についてそれぞれ書く。 ・授業で有効だった手立てや改善策などは，黄色の付せんに書く（「授業改善の視点」を参考にする）。			
10分 【意見の発表】	・模造紙の前に集まるように伝える。 ・一人1分程度で発表するように伝える。	・模造紙に貼った付せんの文字が見えるところに集まる。 ・話すことを1分程度にまとめる。	
	・付せんを模造紙に貼りながら全員が意見を1分程度で伝える。			
10分 【学びの背景の検討】	・付せんが重なっているところを中心に，その姿の背景や有効な手立て，改善策などについて意見を出すように伝える。 ・出された意見は赤ペンで模造紙に書き込む。	・なぜ学べていたのか，なぜ学びにつまずいていたのかなどを探り，有効な手立てや，改善策などについて意見を具体的，建設的に述べる。 ・改善策を出す際は，「授業改善の視点」を参考にする。	
3分 【授業研究会の振り返り】	・授業者に拍手を送るように伝える。		・授業者に拍手を送る。
	・授業研究会で学んだことを，付せんに一言書く。			
	・学んだことを書いた付せんは，一枚の用紙にまとめ，授業研究会終了後にコピーして配布する。	・書いた付せんを一枚の用紙に貼り付ける。	
	・授業研究会を受けて，自分の授業に取り入れることができるヒントや，参考になったことなどを自分の授業記録に書く。			
	・終了後，発表できなかった付せんは，模造紙に貼ったり直接書き込んだりしてもよい。模造紙は一定期間，学部室等に掲示しておくとよい。			

第2節
次の授業につながるために～授業改善のプロセス～

1　授業改善の必要性

　授業づくりは，PDCAサイクルのもとに行われ，子どもの実態に即した教育内容を計画（Plan），実践（Do）して，評価（Check）を行い，改善（Action）へと続き，再び次の授業計画（Plan）へと循環していく。このように，一連のサイクルにおいて，授業者は常によりよい授業を追究し，そのための努力を惜しまないことが求められる。しかし，「よりよい授業」というものは，答えが一つというわけではなく，同じ単元であっても，子どもが変われば，当然内容や方略が変わることから，「完成形」というものはない。ここが，授業実践の面白さであり，醍醐味ともいえるが，同時に，どこをどう改善すれば実践力が上がるのか，その方法論や到達点については，教師の悩みともいえる。

　授業において重要なのは，その主体である子どもにとって，内容や方法が適切であったか，という視点である。それは単に，子どもが目標を達成できたか否かにとどまらず，そもそも，子どもの実態をその授業（科目）と照らして把握できていたかという点，子どもに適した課題・言葉遣い・教材等が用いられたかという点，子ども自身が主体となり活動できていたかという点，子ども同士の関わり合いの中で学べていたかという点などが挙げられる。

　そして，教師側の視点である言葉掛けの内容，手立てのタイミング，指導形態，指導の手順や系統性を検討することで授業の反省となる。これらは，毎時間後に行うことが望ましいが，自らの授業を客観的に振り返ることやそこから改善点を見いだすことは容易ではない。だからこそ，教師集団を生かして，互いに議論し合うことが求められる。これは決して，子どもが答えられたか，活動に参加していたかといったうわべだけの話し合いではなく，「～だから理解していると捉えられる。」といった根拠をもっての議論が必要である。したがって，その子どもの発達的課題や障害特性などは，共通理解としておく必要があるだろうし，「いや，～という視点からも捉えられるのではないか。」という新たな観点が見いだされることも期待したい。そうした子どもについての議論があってこそ，望ましい指導の在り方が見えてくるものであり，Aという方法がいいだろう，Bという言葉掛けがよいだろう，Cについてこちらのタイミングのほうがよかったのではないか，といった教育の専門家集団による，知恵と経験と技の出し合いとなるのではないだろうか。

　さらに重要な点は，「褒めること」である。子どもを褒めることが大切なのは既知であるが，障害のある子どもに対して評価するとき，「～<u>ができていないの</u>でこうしたほうがよかった。」，「～は<u>難しそうだったから</u>ああすべきだった。」といった否定的な言葉が前面に並ぶことがある。そして，それは教師に対しても同様である。一見前向きな議論のようで，しかし授業者には後悔ばかりが残ることとなる。むしろ，「Kさんに対してあの教材は効果的であった。なぜなら，あの色はKさんの好きな色であり，大きさも握るのには適当であったことから，興味を持続させ，見ながら動かすことにつながったのだろう。」とすれば，Kさんの力量や課題確認になるとともに，他の授業でも生かせる視点が得られるからである。そして，授業者も肯定

的な評価を得たことで，さらに工夫をこらそうという意欲がわいてくるのではないだろうか。
　一授業の改善が，教育課程を見据えた全授業の改善へとつながれば，教師集団としての向上のみならず，子どもへの一貫性をもった指導にもつながるであろう。

(片岡美華)

2　各教科等における授業改善の実際

　学習指導案等で設計した授業は，授業を実施しながら継続的に改善することが重要である。ここでは，様々な授業実践例を紹介しながら，設計した授業をどのように改善していくのか，また，それに伴い子どもの学びはどのように変容するのかなどについて述べる（図3-2）。

Ⅰ　授業のデザイン

　授業を設計する段階で押さえる必要のある，子どもの実態や単元設定の理由，全体・個人目標，指導上の留意点・手立て，指導計画について述べる。

⬇

Ⅱ　授業後の改善

　以下の三つの方法で行った授業改善の経過について述べる。

【授業担当者が行う授業改善】
① 記録を付けたり授業をVTRに撮ったりして授業担当者が随時行う。

【授業研究会をもとにして行う授業改善】
② 参観者として参加した授業研究会で得たヒント等をもとにして行う。
③ 授業者として参加した授業研究会で出された意見等をもとにして行う。

　本校では，授業担当者が，実施した授業改善等を記録して，授業改善の有効性を判断したり子どもの学びの経過を振り返ったりしている。本節では，この授業記録の一部を掲載する。

授業記録（例：国語科における授業）

目標，教えたいこと	子どもの様子	具体的改善策	改善後の様子
「し」，「つ」をなぞることができる。	直線部分はできるが，曲線は難しい。（6月1日）	溝の付いたシートで練習する。（6月4日）	ゆっくりとなぞる姿が見られた。（6月8日）

⬇

Ⅲ　授業と子どもの変容

　授業改善に伴う授業及び子どもの変容について述べる。

⬇

Ⅳ　活用場面の様子

　授業で学んだことが他の場面でも発揮できるように，授業と他の場面をどのように関連させて取り組んだかなどについて述べる。

⬇

Ⅴ　成果と課題，本実践に取り組んだ感想等

　本授業の成果と課題や授業づくりを通して，教師自身が学んだことなどについて述べる。

図3-2　「各教科等における授業改善の実際」の構成

(1) 国語科における実践

小学部国語科　　　題材「ひらがなをよもう，かこう」

Ⅰ　授業のデザイン
1　子どもの実態
　本グループは，3年生2人，4年生1人，6年生2人の計5人で構成されている。どの子どもも音声言語や身振り，文字を使いながら単語や二語文で教師や友達とのやりとりを楽しむ姿が見られ始めている。また，自分の名前を読んだり書いたりすることができ，宿題等では文字を書くことに意欲的に取り組んでいる。
　しかし，「ぬ」と「ね」等の形の似た文字や濁音の文字の読み書きが定着していなかったり，「たいこ」の絵を見て「たいこ」と答えても，平仮名で「いこた」や「たこい」と構成するなどの，文字と音声が十分に対応していなかったりする課題が見られる。

2　題材設定の理由
　そこで本題材では，平仮名の五十音表をもとにした文字チップを用いて，絵カードを手掛かりにした単語の構成を行う。この学習で，似た文字を見分けたり，文字と音声を対応させて単語を構成したりする力を高めることができると考える。また，五十音表の構成を意識させることで，すべての平仮名が異なる形をしていることに気付き，適切な平仮名を選んで使うことができると考える。

3　全体目標
(1) 五十音表から単語の構成に必要な文字を選んだり，元に戻したりすることを通して，文字を見分けることができる。
(2) 絵カードを読み取り，文字チップで構成することを通して，音と文字を一致させたり，正しく構成したりすることができる。

4　個人目標

児童	個 人 目 標
A （3年，男）	(1) 絵カード等を見て，必要な文字を五十音表から選んだり，元の場所に戻したりすることができる。 (2) 身近な物の絵カード等を見て，単語を構成することができる。
D （6年，男）	(1) 文字カードを参考に，文字の形の違いを確認しながら，必要な文字を五十音表から選ぶことができる。 (2) 単語を文字チップで一字ずつ構成することで，音節に分けて発声したり，まとめて発声したりすることができる。

5　指導上の留意点・手立て

　本題材で取り扱う単語は，子どもにとって身近で関心の高いものにする。まずは，文字数の少ない単語（2～3文字）から扱うようにすることで，教材・教具の操作に慣れたり，学習の流れに見通しをもったりすることができるようにする。子どもの実態に応じて，徐々に構成する単語の文字数を変えたり，濁音を含む単語を構成したりして高次化を図る。

　単語を構成する学習で使用する絵は，「を」以外の清音を語頭にしたものを使用する（例えば「あり」，「いか」，「うま」，「えき」，「おに」など）。また，学習を進める際は，あ行から順番に各行ごとに取り扱うことで，すべての平仮名に触れたり，五十音表への認識を深めたりすることができるようにする。

　清音で単語を構成した後は，かるた遊びを設定する。使用する取り札として，絵のみ，絵と文字，文字のみの3種類を用意することで，絵と音，文字と音の対応ができるようにする。

6　指導計画（総時数 15 時間）

次	主な学習活動・内容	時数	資料・準備
一	1　身体の部位の名称（2文字まで）を読んだり書いたりする。 　(1)　人の絵を見て，部位の名称を答える。 　(2)　単語カードと身体の部位を合わせる。 　(3)　身体の部位を平仮名で書く。 　(4)　平仮名（清音や濁音，半濁音，撥音，拗音）の単語と絵を線で結ぶ。	2	・身体の部位を示す絵 ・単語カード ・プリント ・ホワイトボード
二	2　絵カード等が示すものを文字チップで構成する。 　(1)　絵カード等を選ぶ。 　(2)　文字カードを選ぶ。（子どもDとE） 　(3)　文字チップで名称等を構成する。 　(4)　文字チップを五十音表に戻す。 3　プリント学習を行う。（子どもAとB，C） 　・　個別のプリントを解く。	9	・絵カード ・単語カード ・文字カード ・文字チップ ・五十音表 ・ホワイトボード ・花丸カード ・プリント
三	4　かるた遊びをする。 　(1)　遊び方をについて話し合う。 　(2)　絵のみの取り札で遊ぶ。 　(3)　絵と文字の取り札で遊ぶ。 　(4)　文字のみの取り札で遊ぶ。	4	・かるた ・イラスト ・文字カード

Ⅱ 授業後の改善 （授業記録の一部を抜粋）

1 授業担当者で行った改善

目標，教えたいこと	子どもの様子	具体的改善策	改善後の様子
語頭が「か」行の文字の単語を，構成したり正しく読んだりすることができる。	文字の見分けを目標にしていたCが，正しく構成できた。 濁音を含む単語の構成を目標にしていたEは「きつね」を「ねきつ」と構成した。 （7月3日）	CとEの目標を変更する（Cの目標を濁音を含む単語の構成に変更する。Eの目標を清音の構成に変更する）。 （7月9日）	Cは，濁音のある単語を正しく構成することができた（写真3-6，3-7）。Eは3文字の単語を教師の発声を聞いて構成することができた。 （7月11日）

写真3-6　単語の構成をするC 　　写真3-7　答え合わせをするC

2 授業研究会（参観者）を通して行った改善

（小学部算数科「なかまあつめ」の授業研究会で出された教材・教具に関する意見を参考にした。）

目標，教えたいこと	子どもの様子	具体的改善策	改善後の様子
語頭が「な」行の文字の単語を構成したり，正しく読んだりすることができる。	語頭が「な」行の文字の単語を構成する際に五十音表から「な」行の文字を選ぶことに時間が掛かった。 （7月9日）	授業研究会で注目させたい部分を強調させた教材・教具が紹介された。それを受けて，取り扱う行に枠を付けることにした（写真3-8，3-9）。（7月9日）	枠があることで，スムーズに語頭の文字を選ぶ姿が見られた。 （7月19日）

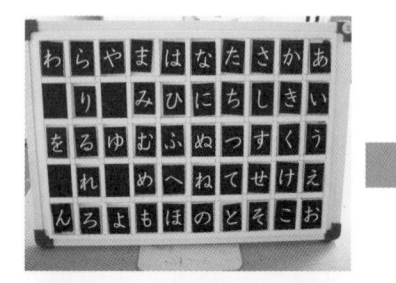

写真3-8　改善前の五十音表 　　写真3-9　改善後の五十音表

3 授業研究会（授業者）を通して行った改善

目標，教えたいこと	子どもの様子	具体的改善策	改善後の様子
構成した単語を，友達同士で確認したり答え合わせをしたりすることができる。	DとEで確認し合おうとするが，机上の教材・教具でお互いの顔が隠れてしまい見えにくい。 （6月28日）	机上の教材・教具をかごに整理してから確認し合うようにすることや机の位置変更に関する意見が出された。 （6月29日）	ホワイトボードを見せて「違うよ。」，「これだよ。」など，教え合う姿が見られた（写真3-10，3-11）。 （7月3日）
学習の導入部分でしりとりを行うことができる。	AとCはなかなか言葉が出てこない。また，待っている間に，姿勢が崩れてしまう。 （6月28日）	子どもの様子に加えて目標に迫る学習活動の時間が短くなっているとの意見から，しりとりの活動を省略する。 （6月29日）	導入から展開までスムーズに学習活動が流れた。姿勢の崩れが少なくなった。 （7月3日）

写真3-10 「教材を整理する」　　写真3-11 「問題を出し合う」

Ⅲ 授業と子どもの変容

1 授業の変容

　単語を構成する学習で作成した五十音表は，指定された行を探し出すことに時間が掛かり，目標である単語の構成に取り組む時間が少なくなることがあった。そこで，五十音表を改良し，指定された行に注目できるように枠を設けたところ，単語を構成する課題に数多く取り組むことができるようになった。

　また，構成した単語が正解かどうかの確認を，教師ではなく子ども同士で行うようにしたことで，これま

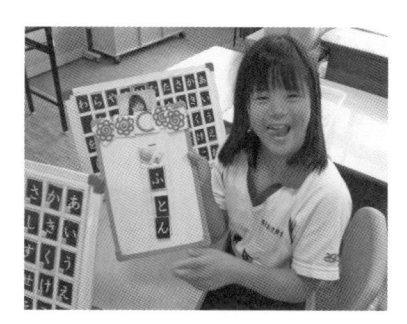

写真3-12 「正答を喜ぶ」

で以上に意欲的に取り組み，お互いに学び合う姿も見られるようになった（写真3-12）。

　このような改善の積み重ねで，当初設定していた目標を達成する子どもの姿も見られ，更に高い目標へのステップアップにつながった。

3 子どもの変容

Dは，会話を通したやりとりを好む一方，発音の不明瞭さや音節分解の難しさから，言いたいことが相手に伝わりにくいことがあった。また，手本の文字カードがあっても「あり」を「おり」や「めり」と構成することがあり，複数の文字に注意を向けることに課題が見られた。また，間違うことに抵抗があり，教師から指摘されると「もういい。」と言って怒り出すこともあった。

そこで，単語を構成する際には，教師の発音や文字カードだけでなく，トーキーペンも使用することにした。トーキーペンは，ペン先をシールに当てると，あらかじめ録音していた音声が流れるものである。シールを五十音表の文字チップに貼り，文字の音も音声で確認しながら単語を構成できるようにした。

その結果，自分で文字チップを選んだ後に，「これかな。」とトーキーペンで音を確認してから構成する姿が見られた。構成した単語はトーキーペンを使って一緒に読むようにしたところ，一文字一音を意識して読む姿が多く見られるようになった。また，音を自分で確認して訂正したり，教師から称賛されたりすることで意欲的に取り組むようになった（写真3-13）。学校で取り組んだ単語の構成課題を宿題として出したところ，家庭でも楽しく取り組むことができたとの報告があり，授業で習得したことが，家庭学習でも活用できた良い例となった。

写真3-13　トーキーペンの使用

Ⅳ　活用場面の様子

本授業でDが使用したトーキーペンを学級の朝の会でも使用することにした。これまで，Dは発音の不明瞭さ等から話したことが友達に伝わらず，朝の会の司会に苦戦する様子が見られた。しかし，トーキーペンを使用することで，Dの言いたいことが伝わりやすくなり，Dの指示に応じる友達の姿が多く見られるようになった。また，トーキーペンの使用だけで司会をするのではなく，トーキーペンに合わせて自分で一文字ずつ発音しようとするDの姿も見られた。

Ⅴ　成果と課題，本題材に取り組んだ感想等

本実践では，授業改善を行い，個人の目標達成に少しずつ近付けることができた。この学習で培った力が，将来的には，平仮名で書かれた情報の読み取りやコミュニケーション手段の広がりにつながっていくと考える。今後は，朝の個別学習や宿題などの授業以外の場面でも取り組み，学習の更なる定着を図ることが重要であると考える。授業担当者や学級担任，保護者と連携し，学びをより確実なものとしていきたい。

(2) 算数・数学科における実践

高等部数学科　　題材「速さの計算をしよう」

I　授業のデザイン

1　子どもの実態

　本グループは，1年生から3年生までの男女9人で構成されている。速さを公式に当てはめながら計算することができる子どもや，生活の中で体験的に触れたことがある程度の子どもなど，速さの理解に関する実態は幅広い。日常生活の様子から見てみると，どの子どもも，短距離走などでは「早くゴールに着いたほうが速い。」という理解はできている。しかし，作業学習等で「1時間に○個作ろう。」等の自己目標を設定する場面において，目標を達成するために「どのくらい早く作ればよいか。」と単位時間当たり量で考えることは難しい。この要因の一つとして，作業学習で実際に作った製品の出来高を予想したり，結果を確認したりする「仕事の速さ」を実際に考えることに対する経験不足が推測される。また，何分前に次の教室へ移動したら次の授業に間に合うかについて考えることは難しい様子が見られる。この背景には，速度を単位時間当たりの距離といった量として捉えることの難しさが推測される。

2　題材設定の理由

　速さは，加法性が成り立たないもの（内包量）である。子どもは，前題材「グラフを書こう」で折れ線グラフの書き方を学んでいる。そこで，実際に，時間と出来高の関係や，時間と距離の関係をグラフに書き視覚化することで，グラフの知識が深まるとともに「仕事の速さ」，「移動の速さ」について理解しやすくなると考える。また，「仕事の速さ」は，「移動の速さ」と違い，結果を実際に見ることができる。そこで，「仕事の速さ」→「移動の速さ」の順に学習することで，「速さ」をより理解しやすくなると考え，本題材を設定した。

3　全体目標

　時間と出来高の関係をグラフにまとめたり，速さの公式を使ったりして，到着時刻や将来の製品の出来高を予測することができる。

4　個人目標

生徒	個　人　目　標
A（1年，男）	時間と仕事量や位置などの関係を表した折れ線グラフや，速さの公式を使って，将来の出来高や到着時刻を計算することができる。
B（3年，女）	時間と仕事量や位置などの関係を表した折れ線グラフを使って，2者のどちらが速いかを求めたり，将来の出来高や到着時刻を求めたりすることができる。

5　指導上の留意点・手立て

　本題材では，実際に五感を活用したり学校生活の場面を再現したりしながら，速さを身近に感じることができるように工夫する。具体的には，「仕事の速さ」では，作業学習で取り組んでいる製品作りを通して，実際に決められた時間内にいくつ製品を作ることができるか数えることで，単位時間当たりの仕事量であることに気付くことができるようにしたい。

　「移動の速さ」では，50m走を通して時間を感覚として捉えたり，実際に時間と距離の関係を表やグラフに整理したりすることで，単位時間当たりの移動距離であることに気付くことができるようにしていきたい。

6　指導計画（総時数9時間）

次	主な学習活動・内容	時数	資料・準備
一	1　身の回りの「速さ」について知る。 　(1)　身の回りで速さが使われている場面について話し合う。 　(2)　インターネットや本で速さが使われている場面を調べる。 　(3)　調べたことをまとめ，発表する。	3	・ワークシート ・プロジェクター ・インターネット
二	2　「仕事の速さ」を計算する。 　(1)　タイル運びゲームをして，「仕事をする速さ」を体感し，速さについて考える。 　(2)　作業学習での製品製作の時間と出来高の関係をグラフで表し，「仕事の速さ」について考える。 　(3)　グラフや公式を使って，将来の出来高について考える。	3	・タイル ・作業道具（一式） ・ストップウォッチ ・計算機 ・グラフ用紙
三	3　「移動の速さ」を計算する。 　(1)　実際に50m走を行い，「移動をする速さ」を計測し，ワークシートに整理する。 　(2)　50m走での，距離と時間との関係をグラフに書く。 　(3)　グラフや公式を使って，100m走ったときの移動時間について考える。	3	・計算機 ・50m巻き尺 ・ストップウォッチ ・グラフ用紙

Ⅱ　授業後の改善　（授業記録の一部を抜粋）

1　授業担当者で行った改善

目標，教えたいこと	子どもの様子	具体的改善策	改善後の様子
最大値や最小値を，棒グラフと折れ線グラフから読み取ることができる。	Bはグラフから数字を読み取ることが難しい様子が見られる。（1月20日）	グラフの目盛りの間隔を広げて提示した。（1月27日）	グラフから気付いた特徴を発表する回数が増えた。（1月27日）
問題を解く中で，お互いに意見交換をしながら答えを導き出すことができる。	EとIはプリント課題に取り組むが，相互に意見を交換する姿が見られない。（12月5日）	スクリーンに応用問題を映し出し，みんなで話し合って答えを出す学習活動を設定する。（1月11日）	友達と意見を交換するなかで，グラフを読み取り，答えを導き出すことができた（写真3-14）。（1月27日）

写真3-14 応用問題に友達と一緒に取り組む様子

2 授業研究会（参観者）を通して行った改善

（小学部算数科「いろいろな形」の授業研究会で出た教材作りに関する意見を参考にした。）

目標，教えたいこと	子どもの様子	具体的改善策	改善後の様子
体感した速さを，公式に当てはめて計算式にすることができる。	CとGは単位に注目していなかったため，割る数と割られる数を間違う。（12月5日）	参観した授業ではやり方が一目で分かるように教材・教具が工夫されていた。そこで，速さの単位に着目できるように単位に色を付けて注目しやすいようにした。（12月13日）	計算する際に，単位まで読みながら取り組む姿が見られるようになった。正しく計算することができた。（12月20日）

3 授業研究会（授業者）を通して行った改善

目標，教えたいこと	子どもの様子	具体的改善策	改善後の様子
手順書を使って，自分で将来の出来高を求める活動を進めることができる。	Aは手順書の内容を読み取ることが難しい。（11月2日）	手順書に記載している情報量が多いとの意見が出された。1枚の手順書に二つの工程のみを記載するようにした。（11月17日）	手順書を参考にしながら，自分で解こうとする姿が多く見られるようになった（写真3-15）。（11月17日）
速さを構成する「時間」と「出来高」が比例関係であることを理解できる。	Hが，グラフの読み取りだけでは，比例関係にあるというグラフの特徴に気付くことが難しい姿が多く見られた。（1月13日）	ワークシートを隣同士交換して確認し合うことで，他人の気付きを共有できるようにしてはどうかとの意見が出された。（1月20日）	答えを導き出した根拠を伝え合う姿が見られた。比例関係に関する発言が聞かれた（写真3-16）。（2月3日）

写真3-15 手順書を参考に課題に取り組む

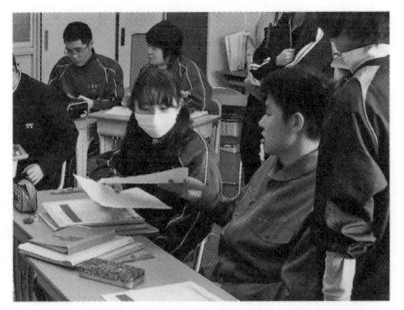

写真3-16 ワークシートの交換

Ⅲ 授業と子どもの変容

1 授業の変容

「仕事の速さ」の学習で課題の一つとなるのは，「時間」と「仕事の出来高」という異なる2量の比（例：個／分）を，いかにして子どもに理解できるようにするかである。「時間」と「出来高」の関係を自分でグラフに表すことで，「仕事の速さ」を理解できると考えたが，子どもはグラフを書くことに集中してしまい，「仕事の速さ」を理解するまでに至らない姿が見られた。そこで，グラフは教師から提示し，グラフの読み取りに時間を掛けるようにした。さらに，グラフから読み取ったことを友達と意見交換をする，教師から出された応用問題を友達と話し合って答えを出すなど，友達と関わり合う活動を設定した。その結果，答えだけではなく，答えを導き出した根拠を説明する姿が多く見られるようになった。

2 子どもの変容

Dは，速さの公式を使って仕事の出来高を計算することが難しく，教師に細かく質問する姿が多く見られた。理由として，「公式を覚えきれない。」，「仕事の出来高を覚えるまでの過程を整理できていない。」ことが考えられた。そこで，速さの公式と活動の流れを示した「手順書」を作ることで，課題解決ができるようするにするとともに，活動の最後にワークシートを友達と交換して説明し合うことで理解を深めることができるようにした。その結果，次第に仕事の出来高について正答する姿が多く見られるようになってきた。

Ⅳ 活用場面の様子

本題材で学習したことを発揮する場面として，体育科（5分間走）と作業学習（窯業班）を設定した。

体育科の5分間走では，活動後にAが自分の記録を折れ線グラフに付けて振り返りができるようにした（写真3-17）。継続して取り組んだ結果，自分の目標とする記録を立てる際，これまで付けた折れ線グラフから設定する姿

写真3-17 体育の後の様子

が見られた。それに伴い，速さを自分で調整しながら走る姿が見られるようになった。

　また，作業学習（窯業班）で目標とする出来高数を設定する場面では，Aが速さの公式を活用して，1時間当たりに作ることができた製品の数をもとに，3時間後に出来上がる製作数を予測して目標を書く姿が見られた。妥当な数を目標として設定することで見通しをもちやすくなり，目標達成のために意欲的に活動に取り組む姿が多く見られている（写真3-18）。

写真3-18　作業学習の様子

V　成果と課題，本実践に取り組んだ感想等

　本題材から，速さを理解できるようにするためには，①体験を伴う活動を取り入れること，②グラフなど視覚的に分かりやすいものを手掛かりにすること，③単位に着目できるようにすること，④答えを導き出した根拠を説明できるように友達同士で意見交換する機会を設定すること，⑤他の場面と関連付けながら指導及び支援を行うことが重要であると感じた。しかし，速さを理解するために必要な既習内容等については十分に整理できなかった。今後も，速さなど数理的な処理が難しい子どもは，どこでどのようにつまずくのか，どのような指導や支援が有効なのかを丁寧に探っていきたい。

(3) 音楽科における実践

中学部音楽科　　　題材「箏に親しもう」

Ⅰ　授業のデザイン
1　子どもの実態
　本グループは，1年生3人，2年生3人，3年生3人の男女9人で構成されている。これまで，タンブリンやカスタネット，トライアングル，小太鼓などの打楽器を使った学習に取り組む中で，音の違いを聴き比べたり，友達の演奏に体を動かしたり，楽譜を見て合奏したりする姿が見られるようになった。このような姿から，子どもたちは，楽器に興味をもち，友達と演奏することに対する関心が高まっていると思われる。

2　題材設定の理由
　そこで，今回，新たな楽器として，日本固有の和楽器である箏を用いて合奏する活動を設定した。子どもにとって箏は，テレビのコマーシャル等で聞いたり，校内演奏会で箏の演奏家に演奏してもらったりした経験から，興味・関心も高く馴染みのある楽器である。
　箏は，柱が可動であり自由に調絃を行うことができるため，子どもが知っている様々な曲に対応したり，パートに分かれて合奏する場面を設定したりすることができる。また，必要な音のみ柱を立てたり，弾く箇所と楽譜を色シールで対応させたりすることで，一人一人の子どもの実態に対応した演奏方法を工夫して指導することができる。
　このように，箏を使った演奏に取り組むことで，子どもは楽器を演奏したり友達と合奏したりすることの楽しさを，これまで以上に味わうことができると思われる。

3　全体目標
　箏の名称や基本的な奏法を理解し，簡単な曲を一人で演奏したり，友達と一緒に合奏したりすることができる。

4　個人目標

生徒	個　人　目　標
A （1年，男）	友達の言葉掛けに合わせて，力のコントロールに気を付けながら「チューリップ」を演奏することができる。
B （3年，男）	色楽譜と教師の指さしを手掛かりに音符を一つ一つ確認しながら，「チューリップ」を演奏することができる。

5　指導上の留意点・手立て
　箏は，子どもにとって初めて触れる楽器であることから，楽器の名称を知ったり，自由に弾いて音を出したりすることから始めたい。

その上で，基本的な奏法を身に付けることができるようにし，一人で演奏したり友達と一緒に合奏したりする学習活動を設定する。そこでは，馴染みのある曲を用いたり，実態に応じた楽譜（数字譜・色楽譜）を準備したりする（写真3-19，3-20）。また，実態に応じてグループを編成し，友達の様子を見ながら数字譜を歌って教えたり，友達の演奏に合わせて歌ったりするなど，互いに学び合う場を設定する。発表の様子はVTRに撮り，客観的に演奏している自分を見る場面を設定することで，次の時間の目標を自分で立てることができるようにする。

6　指導計画（総時数12時間）

次	主な学習活動・内容	時数	資料・準備
一	1　箏の名称や基本的な奏法を理解する。 （1）名称を知り，これからの学習の見通しと約束事を確認する。 （2）爪をはめて，力加減や手首の使い方などを意識しながら実際に弾く。	3	・箏 ・爪 ・長机 ・ホワイトボード ・譜面台 ・数字譜 ・色楽譜 ・メトロノーム
二	2　基本的な奏法を用いて，簡単な曲を演奏し，発表会を行う。 （1）子どもの希望を踏まえて演奏する曲を決める。 （2）発表会を行う。	9	

Ⅱ　授業後の改善 （授業記録の一部を抜粋）

1　授業担当者で行った改善

目標，教えたいこと	子どもの様子	具体的改善策	改善後の様子
色シールで示した楽譜（色楽譜）と，箏に貼った色シールを対応させて，曲を演奏することができる。	Bは意欲的に演奏する。楽譜が2段に分かれているため，上の段から下の段への視線の移動が難しい。 （1月13日）	2段に分かれている楽譜をつなげて1段にする。 （1月18日）	楽譜を目で追いかけることがスムーズになり，演奏に集中している姿が見られるようになった。 （1月26日）
友達の演奏に合わせて演奏することができる。	Dは友達と合わせる際，テンポが速くなってしまう。 （12月14日）	練習の際，友達の演奏に合わせて数字譜（写真3-19）を歌う活動を取り入れる。 （1月13日）	演奏の速さに合わせて数字譜を歌うことができた。それに伴い友達に合わせて演奏できる部分が増えた。 （2月3日）

2 授業研究会（参観者）を通して行った改善

（中学部国語科「おとをきこう，わけよう」の授業研究会で紹介された教材・教具を参考にした。）

目標，教えたいこと	子どもの様子	具体的改善策	改善後の様子
箏に触れることを楽しみながら，自由に演奏することができる。	Cは絃の感触や音色が気に入っている様子だが，数分で席を離れる。まだ演奏することに見通しをもてない様子である。（12月12日）	授業研究会で，単語の終わりを明確に示すシールが貼られた教材が紹介された。これを受けて，終わりが明確になるように色楽譜の最後の色を赤に変更した（写真3-20）。（1月17日）	最初は色楽譜に興味を示さなかったが，教師の指さしに合わせて行うことで一定時間演奏できるようになった。楽しんでいる姿も見られた。（2月3日）

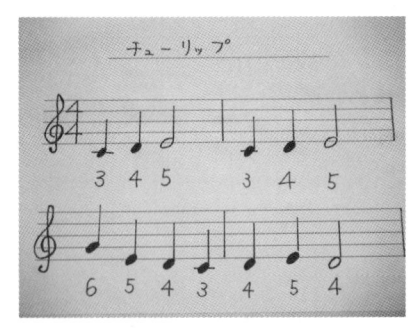

写真3-19　数字譜　　　　写真3-20　色楽譜

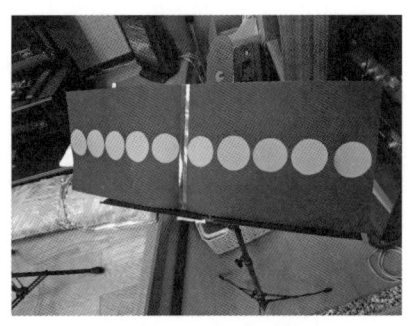

3 授業研究会（授業者）を通して行った改善

目標，教えたいこと	子どもの様子	具体的改善策	改善後の様子
色楽譜を手掛かりにして曲を合奏することができる。	タイミングがうまくつかめず合奏することが難しい。（1月14日）	2人組→4人組と合奏する人数を少しずつ増やしていってはどうかとの意見が出された。（1月16日）	合奏する人数を少しずつ増やしたことで，大きい集団でも合わせて演奏できる箇所が増えた。（2月6日）
前時の演奏の様子をVTRで振り返ることで，本時の目標を自分たちで考えることができる。	演奏のVTRを見るだけでは，何が良くて何を改善するのか把握しにくい。（1月13日）	VTRだけではなく，目標，良かったところ，改善点の経過を示した表を作成し提示してはどうかとの意見が出された。（1月16日）	VTRと表から前時の授業を想起しやすくなり，「今日はこれを頑張りたい。」と目標を考え，発表する子どもが増えた。（1月30日）

Ⅲ 授業と子どもの変容

1 授業の変容

取り組み当初,箏に初めて触れる子どもたちは,爪をはめて自ら絃に手を伸ばすなど箏に対する関心の高さがうかがえた。しかし,13本の絃を1本ずつ弾くことや,手や指の力が弱いために響きのある音を出すことが難しい姿も見られた。

写真3-21 授業の様子

そこで,①実態を考慮しながら選曲し,曲の演奏に必要な音のみ柱を立てること,②実態に応じて数字譜や色楽譜など教材・教具を工夫すること,③VTRを使って振り返りや目標を立てる場面を設定することの3点を中心的に授業を改善した。

その結果,子どもは自分の曲を演奏に取り組むことができるようになってきたが,友達と一緒に演奏する際,スピードやリズムを合わせることに苦戦している姿が見られた。そこで,まずはスピードやリズムを合わせる感覚を身に付けることができるように,歌を歌って合わせるようにしたり,合奏する人数を少しずつ増やしたりするなどの工夫を行った。

すると,次第に友達に合わせて合奏する姿が多く見られるようになった(写真3-21)。それに伴い,演奏の仕方を友達に教えたり友達に拍手をしたりするなど,友達同士で学び合う姿も見られるようになった。発表会では,子どもが箏を使った演奏を発表することができた。観客の友達や教師から拍手をもらうと,友達同士でハイタッチする姿が印象的だった。

2 子どもの変容

Aのグループ3人は,数字譜を用いて演奏する課題に取り組んだ。Aは,絃を弾く力が弱いため,他の2人に比べてうまく弾けずに表情を曇らせることがあった。次第に,友達と合わせて演奏する学習活動には,参加を嫌がるようになった。教師がAと相談したところ,箏を使って合わせることは難しいが,得意な歌であったら合わせて合奏できるのではないかとのことであった。そこで,合奏の際は,Aは箏を演奏するパートと友達の箏に合わせて歌を歌うパートの二つを設定することにした(写真3-22)。その結果,発表会では,友達と一緒に自信に満ちた表情で堂々と参加する姿が見られた。

Cは,取り組み当初,平調子という調弦法で調弦した絃を手のひら全体でたたきながら,自由に演奏する課題に取り組んだ。しかし,数分間で席を離れ,教師が呼び掛けると練習を再開するものの,数分後にはまた席を離れた。この原因として,いつまで練習するのか見通しをもちにくいことが推測された。

そこで,国語科の文字の音節対応で使用した教材・教具を参考にして,赤と青の色楽譜を作成した。終点を赤,それ以外を青とすることで,曲の始まりと終わりを明確にした。また,教師と一緒に決めた回数分,演奏を繰り返すよ

写真3-22 友達と合奏の練習

うに伝えた。その結果，一定時間着席して演奏する姿が増え，箏に耳を当てたり体を揺らしたりするなど，箏の音色を楽しむ姿も見られるようになった。

Ⅳ　活用場面の様子

Bは，打楽器を使った演奏の際，楽器を力一杯たたくことが多く，力のコントロールに苦戦している様子だった。しかし，箏は打楽器に比べて，指先を中心的に使用するため，力を入れすぎることなく，絃を順番に弾く姿が見られた。次第に曲を演奏する面白さにも気付き，主体的に取り組む姿が多く見られるようになった。

写真3-23　学習発表会

そこで，学習発表会の合奏場面で箏を使って演奏することにした。学習発表会当日は，音楽で身に付けた力を発揮して，ほぼ一人で演奏することができた（写真3-23）。多くの拍手をもらい，両手を挙げて喜びを表現していた。

また，その後の音楽の授業で，箏で演奏できるようになった曲を別の楽器で演奏するという学習活動を設定した。楽器は，箏と同じように必要な音の音板をはめるオルフ楽器を使うことにした。箏で用いたものと同じ色楽譜や色シールを用いることで，オルフ楽器を使って演奏することができた（写真3-24）。音板をそっとたたくなど少しずつではあるが力をコントロールする姿も見られるようになっている。

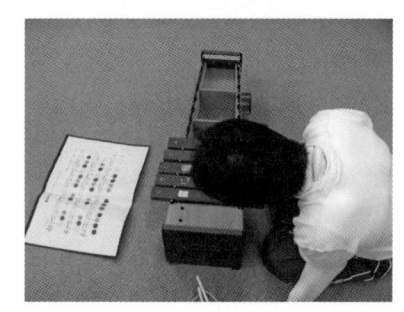

写真3-24　オルフ楽器での演奏

Ⅴ　成果と課題，本実践に取り組んだ感想等

箏は，数字譜であることから，簡単な奏法であれば本校の子どもも演奏することができると期待し，本題材を計画したが，予想以上に一人一人が意欲的に演奏に取り組み，新たな可能性を見いだすことができた。

今回の取り組みを通して，自分の感じたことを表現できる楽器の種類が増えたように思う。これはとてもうれしいことである。このように子どもの可能性を引き出すことができたのは，授業研究会において多くの教師から様々なアイデアをもらったからであろう。今後も子どもの話題を教師間で共有し合い，連携を大切にしながら，日々実践していきたい。

(4) 保健体育科における実践

高等部保健体育科　　　　題材「みんなで走ろう」

Ⅰ　授業のデザイン
1　子どもの実態

本学級は，高等部2年生男子6人，女子2人，計8人で構成されている。

走ることに関する実態を見てみると，指定された周数を一定のペースで走ることができる子どもや，途中で止まったり歩いたりする子どもなど様々である。どの子どもも決められた課題には取り組むことができるが，一方で，自ら目標をもち，意欲的に継続して運動するまでには至っていない。

他の教科等での学習の様子からも，校舎外で行う除草作業等で，作業が持続せず，短時間で疲れを感じている姿がうかがえる。子どもたちの現在の実態として，社会生活や職業生活に必要な体力が十分に付いていないことが考えられる。

2　題材設定の理由

このような実態から，本題材「みんなで走ろう」を設定した。高等部段階は，子どもの身体が最も成長し体力も高まる時期であることから，毎日継続的に運動できるように，本題材を朝の帯時間として設定した。

継続して一定の距離を走ることは，持久力を養成することができ，運動を習慣的に行おうとする意識の向上にもつながると考える。また，走った距離や周回数，時間などを記録として蓄積することで，自ら挑戦しようとするなど運動に積極的に取り組む気持ちをはぐくむことができると考える。

さらには，友達と一緒に取り組むことで，他者と一緒に体を動かすことの心地よさを味わったり，運動する意欲をこれまで以上に高めたりすることができると考える。

3　全体目標
(1) 周回数の目標を設定し，目標を意識して走ることができる。
(2) 友達と協力して運動することができる。

4　個人目標

生徒	個 人 目 標
A (2年，男)	(1) 目標の周回数を意識して5分間走をすることができる。 (2) 友達と二人組で準備運動をしたり走ったりすることができる。
B (2年，男)	(1) 体調に応じた目標数を設定し，5分間走をすることができる。 (2) 友達に声を掛けながら準備運動をしたり走ったりすることができる。

5　指導上の留意点・手立て

　指導に当たっては，できるだけ子どもが主体的に取り組む中で題材のねらいに迫れるようにしたい。具体的には，準備や進行，片付けなどの役割を子ども自身が行うようにすることで，運動する際に必要な一連の流れ（用具の準備→運動→片付け）を身に付けることができるようにする。その際，役割をホワイトボードに提示したり，用具をかごに入れてまとめたりして，友達と一緒に運ぶなど協力しながら行うことができるようにする。

　準備運動では，友達と一緒に体を動かすことの楽しさを味わうことができるように，二人組で行う運動を積極的に取り入れる。実際に走る場面においては，一定の距離を一人で走る運動と，集団で並んで走る運動を行う。一人で走る運動については，自分の走る周回数と体調等を考えながら，自分で目標を設定できるようにする。また，目標と照らし合わせて自己評価を行う活動を設定し，走ることに対して自ら意欲的に取り組むことができるようにする。集団で並んで走る運動では，実態に応じてハンガーやゴムなどの補助具を用いて，ペースに合わせて走ることができるようにする。

　さらに，学校での運動の経験を余暇につなげることができるように，保護者へ子どもの様子を伝え，スポーツ大会等への参加を呼び掛けるようにする。

6　指導計画（総時数70時間）

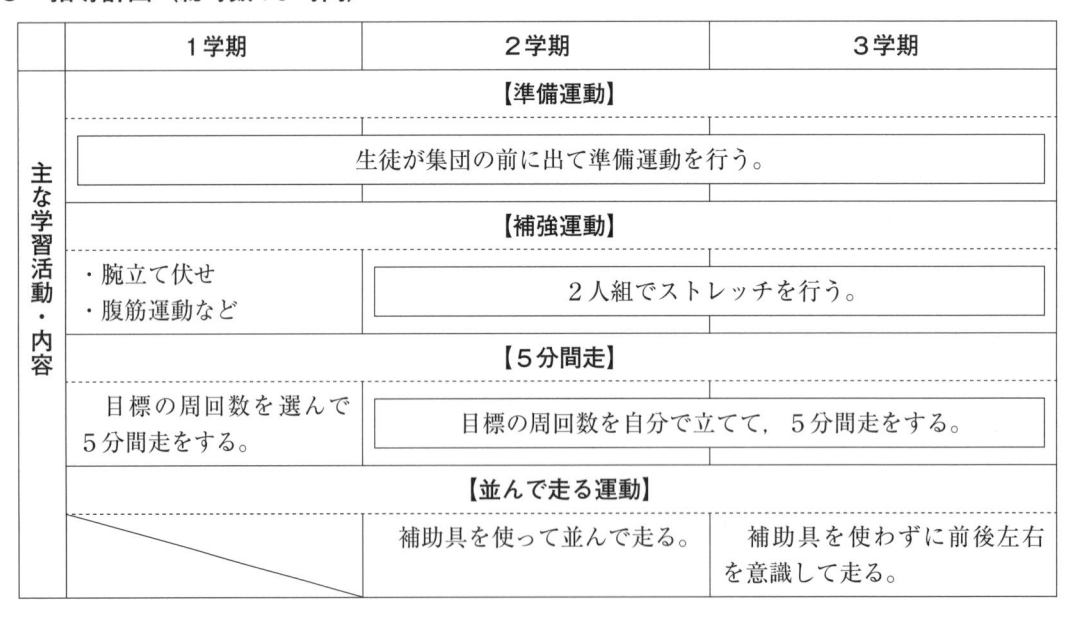

	1学期	2学期	3学期
主な学習活動・内容	【準備運動】		
	生徒が集団の前に出て準備運動を行う。		
	【補強運動】		
	・腕立て伏せ ・腹筋運動など	2人組でストレッチを行う。	
	【5分間走】		
	目標の周回数を選んで5分間走をする。	目標の周回数を自分で立てて，5分間走をする。	
	【並んで走る運動】		
		補助具を使って並んで走る。	補助具を使わずに前後左右を意識して走る。

Ⅱ 授業後の改善 （授業記録の一部を抜粋）

1 授業担当者で行った改善

目標，教えたいこと	子どもの様子	具体的改善策	改善後の様子
友達と声を掛け合いながら二人組で準備運動ができる。	AとCで声を掛け合って運動することが難しい。（5月16日）	教師が友達への言葉掛けのモデルを示すようにした。（5月18日）	Aの「1，2…」の号令に合わせてCが体を動かす姿が見られた。（5月24日）
運動ができていたかどうかを3段階で評価することができる。	Aは評価を時間内に書くことが難しくイライラしている。（6月7日）	時間内に評価でき，何を評価するのか明確になるように項目を一つに絞った。（6月14日）	教師が評価の書き方を教える時間も確保できた。Aは適切に評価できるようになってきた。（6月21日）

2 授業研究会（参観者）を通して行った改善

（高等部数学科「割合の計算」の授業研究会で行われた二人組で行う活動を参考にした。）

目標，教えたいこと	子どもの様子	具体的改善策	改善後の様子
二人組での運動を自分たちでスムーズに行うことができる。	二人組で準備運動を行う際に，教師からの言葉掛けがないと行うことが難しい。（9月13日）	数学科では二人組を固定したことが有効だったとの意見から，本題材でも二人組を固定する。（9月22日）	言葉を掛け合う姿が見られ，動きを合わせて運動する姿が見れらるようになった（写真3-25）。（11月8日）

写真3-25 二人組で行う運動

3 授業研究会（授業者）を通して行った改善

目標，教えたいこと	子どもの様子	具体的改善策	改善後の様子
適切な動きで準備運動を行うことができる。	AやHは屈伸運動で膝を深く曲げずに行っている。（6月16日）	一連の準備運動で終わらず，特定の運動を取り上げて指導する時間も設定してはどうかとの意見が出された。（6月23日）	時間を掛けて指導したことで，膝を深く曲げるAとHの姿が見られるようになった。（11月29日）
止まらないで走り続けることができる。	C, Dは何度も立ち止まる姿が見られる。Gは途中で歩くことが多い。（10月5日）	走り続けることを体感できるように集団で走る時間を多くとってはどうかとの意見が出された。（10月27日）	全員で走ることで，止まらずに走る姿が少しずつ増えてきた。（12月14日）

Ⅲ 授業と子どもの変容

1 授業の変容

　本題材で，毎日継続して一定時間走り続ける活動に取り組んだが，取り組み当初は，意欲的に活動する子どもの姿はあまり見られなかった。しかし，次第に時間になると自分から校庭に出て準備を始めたり，「僕は○周走ることが今日の目標です。」と伝えたりするなど，自分から積極的に参加する姿が多く見られるようになった。

写真3-26　教師が行う評価

　この要因の一つに，自分の走りを自己評価する学習機会を設定したことが挙げられる。評価用紙を作成して，個別に又は教師が確認しながら記入したが（写真3-26），自分で適切に評価できるようになるにつれて，運動に対する取り組みの姿勢に変化が生じたように感じている。自分で継続的に運動ができるようになることと，自分で目標を立て評価する力は大きく関連していると考える。

2 子どもの変容

　ここでは，上述した運動と自己評価の関連からBの事例を紹介する。
　Bは，自分で立てた周回の目標が達成できなくても，◎（目標以上）や○（目標と同じ）を付け，△（目標より少ない）に訂正するように教師や友達が伝えると怒ることがあった。当初，日常生活の様子から，Bは記録用紙に◎や○をきれいに並べたいという思いの強さから，△が混じることを嫌がっていると思われた。しかし，ある日，頑張って走っていたBが惜しくも目標に届かず「頑張ったけど△でしたね。」と伝えると怒らずに受け入れる姿が見られた。この姿から，Bが怒る原因は，記号の並びではなく，頑張ったことを自分自身で十分認識できていたため，△の評価を受け入れることができたと推測された。その後は，「さぼって△はだめだけど，頑張って△はすてきです。」と伝えるようにしたところ，次第に△を受け入れる姿が増え，それに伴い，目標に向かって諦めず最後ま

で走る姿も多く見られるようになった。

Ⅳ　活用場面の様子

　並んで走る運動場面では，取り組み当初，ペースを合わせることに苦戦している姿が多く見られた。そこで，並んで走る感覚を培うためにハンガーやゴムなどの補助具をペア間で握りながら走るようにした。次に，補助具を使用する日と使用しない日を交互に設定したり，走っている様子を写真で記録し子どもに提示したりした。その結果，現在では補助具がなくても並んで走ることができるようになった（写真3-27）。

取り組み開始時　　　　　　　題材終了時

写真3-27　並んで走る運動の様子

　Cは，運動に対する苦手意識があったが，日々の運動の積み重ねで自信が付き，友達と一緒に運動することが楽しいと答える姿が見られるようになった。ある日，Cから休日に行われる障害者スポーツ大会に参加したいとの申し出があった。その後練習に励み，スポーツ大会本番では懸命に走るCの姿が見られた（写真3-28）。

写真3-28　障害者スポーツ大会の様子

Ⅴ　成果と課題，本実践に取り組んだ感想等

　本実践では，評価場面を意図的に設定したが，評価を通じて自分の頑張りを友達，教師と共有することができ，そのことがひたむきに走る姿につながったと考えられる。今回は，具体的な周回数での目標に対する評価を行ったが，子どもが自分と向き合いながら学ぶ力をはぐくむために，今後は，意欲や気持ちに関する評価についても検討したい。

(5) 生活単元学習における実践

小学部生活単元学習　単元「なかまのいえにとまろう」（校内宿泊学習）

Ⅰ　授業のデザイン

1　子どもの実態

　　本グループは，3年生2人，4年生1人，5年生2人，6年生1人の計6人で構成されている。すべての子どもが校内宿泊学習を経験しており，調理や入浴など，校内宿泊学習で学んだことを家庭でも取り組んでいる。

　　しかし，これまでの宿泊学習や学校生活場面での様子を見てみると，友達と一緒に活動を共有し，集団で活動することの楽しさを味わっている姿は，多くは見られない。また，保護者からは，調理器具や入浴で使用する用具などを適切に使用したり，自ら進んで取り組んだりすることができるようになってほしいとの声が寄せられている。

2　単元設定の理由

　　そこで，本単元「なかまのいえにとまろう」において，買い物や調理，入浴，宿泊等の子どもにとって興味・関心がある活動を組み合わせ，友達と一緒に場や時間，活動内容を共有して取り組むことができるようにする。併せて，調理手順や身体の洗い方など生活上の基礎的技能を身に付けることができるようにするために本単元を設定した。

3　全体目標

(1) 校内宿泊学習に見通しをもち，友達や教師と集団で活動する楽しさを味わうとともに，集団行動の基礎的な態度及び技能を高めることができる。

(2) 調理や入浴などの身辺処理に関する活動を通して，その技能を身に付けたり，自分のことはできるだけ自分でしようとする意欲を高めたりすることができる。

4　個人目標

児童	個　人　目　標
A （3年，男）	(1) 自分の気持ちに折り合いを付けながら，友達と一緒に買い物や調理，入浴などの活動に取り組むことができる。 (2) 調理や入浴などの身辺処理の手順や用具の使用方法に対する理解を深め，できるだけ一人で行うことができる。
B （3年，女）	(1) 友達と物を介してやりとりを行ったり，集団での役割を果たしたりして集団活動における楽しさを味わうことができる。 (2) 調理や入浴などの身辺処理において，準備から片付けまでの一連の流れを行うことができる。

5　指導上の留意点・手立て

　単元開始時は，昨年度のVTRや写真を提示して校内宿泊学習に期待感をもって臨むことができるようにする。また，学習計画表の作成を通して，活動に見通しをもつことができるようにする。

　調理に関する学習では，買い物から調理，会食までの一連の流れを経験したり，実態に応じた手順表や調理用具を使用し，自ら調理に取り組んだりすることができるようにする。入浴に関する学習では，身体の部位や洗い方の手順に添って洗う練習をしたり実際に入浴したりして，意欲と技能を高めることができるようにする。

　また，活動全体を通して，友達とやりとりをする場面を設定したり役割を設定したりして，友達と一緒に集団で活動する楽しさを味わうことができるようにする。

　校内宿泊学習終了後は，校内宿泊の様子をVTRや写真で見て，自分や友達の様子から学習を振り返ったり，楽しかったことや頑張ったことを発表したりして，友達と一緒に達成感を味わうことができるようにする。

6　指導計画（総時数32時間）

次	主な学習活動・内容	時間	資料・準備
一	1　学習について知る。 　(1)　なかまの家に泊まる期日や活動内容を知る。 　(2)　学習計画表を作成する。	2	・昨年度のVTR ・昨年度の活動の写真 ・学習計画表
二	2　食事の献立を知り，調理学習をする。 　(1)　必要な食材や調理の手順を知る。 　(2)　調理学習をする。	10	・昨年度の調理活動の写真 ・VTR ・手順カード
	3　入浴や就寝の準備に関する学習をする。 　(1)　洗髪や身体の洗い方を学習する。 　(2)　パジャマに着替えたり，布団を敷いたりする。	7	・入浴道具 ・布団 ・入浴練習用道具
	4　荷物の準備や活動の準備に関する学習をする。 　(1)　荷物を考えたり確認したりする。 　(2)　掃除や道具運びをする。 　(3)　遊びの活動の準備をする。	3	・荷物カード ・掃除道具 ・宿泊道具
三	5　校内宿泊学習をする。	8	・宿泊道具
四	6　校内宿泊学習を振り返る。 　(1)　VTRや写真で振り返る。 　(2)　楽しかったことや頑張ったことをアルバムにまとめる。	2	・VTR ・写真 ・画用紙（アルバム用）

Ⅱ 授業後の改善 （授業記録の一部を抜粋）

1 授業担当者で行った改善

目標, 教えたいこと	子どもの様子	具体的改善策	改善後の様子
「おふろのうた」を, 歌ったり手順表を見たりすることで, 身体の洗い方を知ることができる。	Bは,「おふろのうた」から手順を覚えた様子。背中を洗う動きが難しそうだった。 （6月10日）	背中を洗うタオルとして, 手が回る長さのものを新しく作成した。 （6月12日）	タオルが持ちやすくなり, 背中にタオルを回しやすくなった（写真3-29）。 （6月18日）

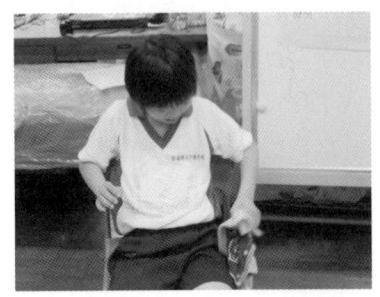

写真3-29 タオルを使って身体を洗う練習に取り組む様子

2 「参観者として参加した授業研究会」を通して行った授業改善

（小学部国語科「ぶんをつくる」の授業研究会で出された教師間の連携の取り組みを参考にした。）

目標, 教えたいこと	子どもの様子	具体的改善策	改善後の様子
教師の見本を見て, 身体の洗い方をまねることができる。	Aは, 身体のどこを洗うのか, 教師のどこに注目をしたらよいのか分からない様子で, 洗い方を模倣することが難しかった。 （6月14日）	授業研究会で話題となった教師間の連携から, CTは手順表（図3-2）を提示した後に見本を示し, STは動かし方が分からないときに一緒に動かすように役割を分担した。 （6月25日）	何をすればよいのか, どうしたらよいのか分かりやすくなり, 手足を洗う動きが出るようになった（写真3-30）。 （7月3日）

図3-2 手順表　　写真3-30 教師を模倣する様子

3 「授業者として参加した授業研究会」を通して行った改善

目標,教えたいこと	子どもの様子	具体的改善策	改善後の様子
友達とペアになってピザの生地を作ることができる。	DとFは,友達が作っている様子を見ていることが多く,協力しながら作っている姿はあまり見られない。 （6月8日）	二人で協力する活動（一人が混ぜて一人はボウルを支えるなど）を設定して,分かりやすく示してはどうかとの意見が出された。 （6月15日）	それぞれの役割を手順表に加えた。二人で一緒に作りながら「ありがとう。」と伝える姿が見られた。 （6月30日）

Ⅲ 授業と子どもの変容

1 授業の変容

入浴における授業の変容について「教材・教具」,「家庭との連携」の2点から述べる。

「教材・教具」については取り組み当初,入浴の活動手順を一覧表としてすべて提示していたが,子どもによっては,どこに着目したらよいのか分からない様子だった。そこで,めくり式の手順表に変更し,動作を一つずつ示しながらCTが見本を示すようにした。また,STが後ろから手をとって一緒に動かすようにした。その結果,順序よく身体を洗うことができるようになり,自分で手順表を操作して洗う姿も見られた（写真3-31）。

写真3-31　入浴練習の様子

「家庭との連携」については,単元開始前に,保護者にアンケートを実施し,家庭での入浴の手順はどうか,支援を要することは何か,誰と入浴することが多いかなどについて回答してもらった。そのアンケートをもとにして授業づくりを行い,学校で有効だった支援方法は連絡帳等で伝え,家庭でも取り組んでもらうようにした。その結果,学校,家庭の双方において,入浴時の着脱などに自分から取り組む姿が多く見られるようになった（写真3-32）。

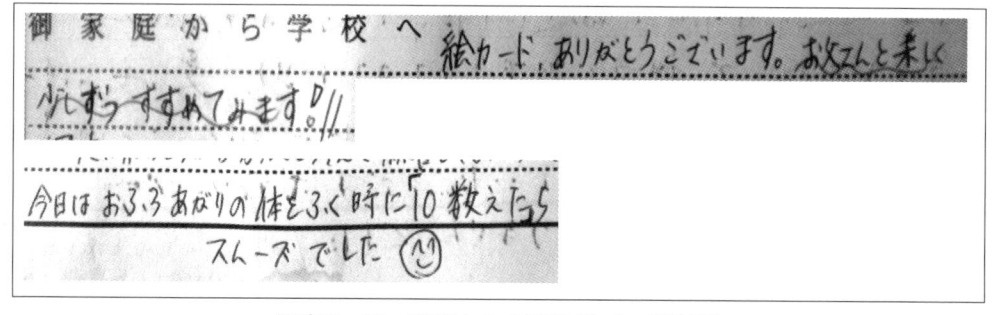

写真3-32　家庭からの連絡帳（一部抜粋）

2　子どもの変容

　Cは、入浴の際、大人からの言葉掛けがあれば身体を洗うことができていた。しかし、大人が頻繁に言葉を掛けたり、部位を指差したりしないと動きが止まることが多くあった。

　この原因として、Cが一連の手順を覚えていないことや、指示を待つ姿勢が身に付いてしまっていることが推測された。そこで、授業研究会において、Cが一人で体を洗うことができるための方法について検討した。他の教科等を担当している教師の「Cは様々な歌をとてもよく覚えている。」との意見から、「身体を洗う歌を作れば、それを覚えることで一人で洗うことができるかもしれない。」との方向性を得た。

　そこで、「おふろのうた」を作り、授業に取り入れて指導をしたり、DVDに録画して家庭でも取り組んでもらったりした。その結果、Cは「おふろのうた」を覚えて、歌に合わせて各部位を10ずつ数えながら身体を洗う姿が見られた。「上手だね。」と言葉を掛けるとにっこり笑うCの姿が見られた。家庭でも「おふろのうた」を歌いながら身体を洗う姿が見られているとの報告を受けた。

Ⅳ　活用場面の様子

　Fが、校内宿泊の際に持っていく物の準備をできるだけ自分でできるようにするために、準備物のチェック表を使用することにした。チェック表は、文字を読むことが難しく、情報量が多いとどこに注目したらよいか分かりにくくなるFの実態から、絵やイラストを使って1枚の用紙に四つの準備物を載せたものを作成した。その結果、家庭から自分でチェックしながらかばんに入れて準備していたとの報告を受けた。

　この自分で準備する力を他の場面でも発揮できるように、体育の水泳で使用する水着やビニール袋、バスタオル、水泳帽子などを一人で準備できるようにしたいと考えた。そこで、校内宿泊学習で使用したものと同様のチェック表を作成した。その結果、家庭で一人で準備できた姿が確認された。教師が「一人で準備したんだ、すごいね。」と言葉を掛けると、Fは大きくうなずいてうれしそうな表情を浮かべていた。

Ⅴ　成果と課題、本実践に取り組んだ感想等

　校内宿泊学習に向けて学校で学習したことを、校内宿泊学習当日やその後の家庭生活において自ら活用して取り組む姿が見られた。これは、本実践の成果であり、家庭と連携しながら学習を進めていくことの重要性を改めて感じた。

　今後も、家庭と連携を図りながら、授業で習得したことを様々な場面で活用できるように工夫していきたい。

(6) 作業学習における実践

中学部作業学習（窯業）　　　題材「皿を作ろう」

Ⅰ　授業のデザイン
1　子どもの実態
　本班は1年生2人，2年生2人，3年生2人の計6人で構成されており，全員が中学部で初めて窯業を経験する。これまでに子どもたちは，スプーン作りに取り組む中で，粘土や道具の基本的な取り扱いを覚えたり，活動内容に見通しをもって取り組んだりすることができるようになってきている。一方，一つの工程が終わると手が止まって次の工程に移れず，自分の作業に集中できなくなる子どもがいる。これは，作業手順の理解が十分でなかったり，失敗することに対する不安をもっていたりすることによると考える。また，教師への報告や確認をせずに自分なりの方法で作業を進めてしまう子どもがいる。これは，報告や連絡などを行う経験が不足していたり，その方法が十分身に付いていなかったりすることによると考えられる。

2　題材設定の理由
　皿は子どもにとって身近な日用品であり，製品をバザーで販売するため，見通しをもちやすく，意欲をもって取り組むことができる題材である。
　皿作りは，粘土をこねる，伸ばす，切る，成形するなどの作業内容を含んでいるため，子どもの実態に応じて作業工程を選定したり補助具を工夫したりすることができる。また，作業工程が一定であり分かりやすいため，見通しをもって取り組むことができる。さらに，作業工程を分担することで報告や連絡などの指導場面も多く設定することができる。

3　全体目標
(1) 自分の作業内容に見通しをもち，安全面に気を付けながら意欲的に作業に取り組むことができる。
(2) 挨拶や返事，報告，質問などを場に応じて適切に行ったり，自分で考え，判断して作業を進めたりすることができる。

4　個人目標

生徒	個　人　目　標
A （1年，男）	(1) 粘土切りや枠付きのプラスチックボウル，石こう型を用いて，作業に取り組むことができる。 (2) 挨拶や返事，報告をしたり，友達と関わったりしながら作業を進めることができる。
B （1年，女）	(1) 補助具を用いて粘土を同じ長さにそろえることができる。 (2) ゆっくりはっきりと，挨拶や返事，報告をすることができる。

5 指導上の留意点・手立て

作業時間や内容，流れなどを理解しやすいように，具体物や写真などの視覚的な手掛かりを黒板や机に提示する。また，子どもの実態に応じて，補助具等を工夫したり用具を準備・片付ける場所を固定したりして，できるだけ一人で活動できるようにする。

さらに，報告や連絡などの仕方を身に付けるために，「お願いします。」，「はい，分かりました。」などの作業場面で用いるような主な言葉を常時作業室に掲示する。

作業中に子どもから質問があった際は，「どうしたらいいと思いますか。」といった，子どもに考えさせるような問い掛けを意図的に用いて，自分で考えて解決しようとすることができるようにする。

6 指導計画（総時数85時間）

次	主な学習活動・内容	時数	資料・準備
一	1　作業分担を覚える。 　(1) 製品と工程，材料や道具の扱いについて知る。 　(2) 作業分担を決めたり，製作工程の手順を確認したりする。	13	・工程一覧表 ・手順カード ・補助具 ・作業内容表
二	2　手順を覚え，作業に慣れる（実態に合わせた製品作りを通して，手順を覚える）。 　(1) 製作手順を覚え，工程に必要な道具や材料を準備する。 　(2) 製作の各工程を正確に行う。	24	
三	3　丁寧に作業する。 　(1) 製品の良否を判断し，うまくいかない原因を考える。 　(2) 出来高や丁寧に作るポイント等の目標を立てて製作する。	40	・作業内容表 ・良品・不良品のモデル
四	4　販売活動の反省を踏まえて作業をする。 　○　販売の反省を生かして，新しい目標を設定したり，新しい製品を考えたりする（新製品の製作に取り組む）。	8	・VTR ・新製品の写真

Ⅱ 授業後の改善策　（授業記録の一部を抜粋）

1 授業担当者で行った改善

目標，教えたいこと	子どもの様子	具体的改善策	改善後の様子
作業内容に興味をもち，意欲的に製品作りに取り組むことができる。	Cは素材に対する興味はあるようだが，集中して取り組むことが難しく，退室することがある。 （4月19日）	粘土をたたいたり伸ばしたりすることが得意である様子から，それを生かした作業場面を設定する。 （4月19日）	たたら板への粘土の埋め込み，化粧土塗りを行うようにした結果，集中する姿が増えた。 （6月21日）
目標設定時，出来高よりも丁寧さを意識して皿作りに取り組むことができる。	Dは出来高の増減を意識するあまりに，丁寧さを十分に意識して取り組んでいない。 （6月9日）	作業内容確認表を改良し，作業ポイントを具体的に示す。 （6月25日）	「皿の水平を腰を下ろして真横から確認する。」等，留意点を意識して取り組むことができた。 （7月21日）

2 授業研究会（参観者）を通して行った改善

（高等部「朝の会」の授業研究会におけるメモの活用に関する取り組みを参考にした。）

目標，教えたいこと	子どもの様子	具体的改善策	改善後の様子
作業に対してこれまで以上に意欲的に取り組むことができる。	Dは，与えられた作業は一人でできるが，自分から意欲的に取り組む姿が少ない。 （7月13日）	授業研究会でメモを使った取り組みが報告された。そこで，高等部の作業学習に参加し，高いレベルでの製作手順や機械の操作方法などに触れて，それをメモにとり活用できるようにした。 （9月7日）	「こうしたらいいと思います。」と高等部で学んだ方法を自分から提案する等，意欲的に取り組む姿が見られるようになった。 メモのとり方は，国語科とも連携しながら継続した指導を行った。 （9月24日）

3 授業研究会（授業者）を通して行った改善

目標，教えたいこと	子どもの様子	具体的改善策	改善後の様子
友達を意識して活動をすることができる。	Eは担当している製品作りは行うことができるが，終わると椅子に座って待っている。 （7月3日）	分担されている作業が早く終わったら，他の子どもを手伝うようにしてはどうかとの意見が出された。 （7月13日）	友達を自分から手伝う姿が見られるようになった。手伝った子どもから感謝の声が聞かれ，うれしそうだった。 （9月7日）
作業の始まりや終わりの会を進行する子ども・教師に注目して話を聞くことができる。	A，B，Fは，進行する子どもや教師を注目せずに下を向いていることが多い。 （7月13日）	子ども間の距離について意見が出された。そこで進行する子どもと他の子どもの距離をとるようにした。 （7月20日）	空間的に余裕ができたことから，進行したり発表したりする子どもの姿が見やすくなり，注目する姿が増えた。 （9月10日）

Ⅲ 授業と子どもの変容

1 授業の変容

取り組み当初，作業の始まりや終わりの会の進行は教師が行っていたが，子どもが行うようにした。その結果，会の準備や片付けを自分たちで行う等，これまでよりも意識を高くもって授業に臨む姿が見られるようになった（写真3-33）。

作業場面では，動線に配慮して環境設定を工夫した。例えば，子どもがたたら機を使用する際，移動は，他の作業に取り組んでいる子どもの間を通らなければならず，その子どもの作業への集中を妨げることがあった。そこで，たたら機を作業台の近くに置くようにして，移動する距離を短くした。その結果，動線が単純化され，集中しながら継続して取り組む子どもの姿が多く見られるようになった。さらに，教師の基本的な立ち位置も見直すことにした。その結果，子どもが誰に報告や連絡をしたらいいのか分かりやすくなり，子どもから支援を要求したり質問したりする姿が多く見られるようになった。

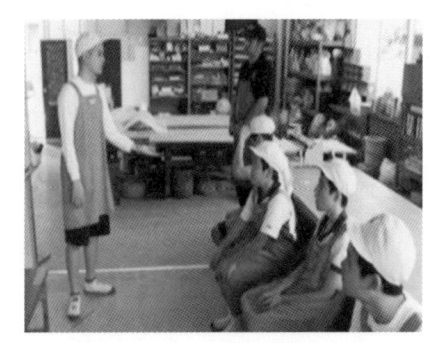

写真3-33 生徒が進行する姿

2 子どもの変容

Cは，取り組み当初，初めての作業であることの不安から，作業室に入ることが難しかったり，用意した粘土を数回触っては退室したりする姿が多く見られた。そこで，Cが安心して作業に取り組むことができるように，以下の2点で検討・改善を行った。

第一に，窯業を専門とする教師に授業を見てもらい，Cの得意な粘土をたたいたり伸ばしたりすることを，作業工程に位置付けてはどうかとの助言があった。そこで，Cの作業工程に，たたら板への粘土の埋め込み，化粧土塗りを新たに位置付けた。

写真3-34 作業に取り組む姿

第二に，授業研究会において他の教科等を担当している教師から，Cは「10」を区切りとすることができるとの意見が出された。そこで，Cが活動の見通しをもつことができるように，ひも状粘土を10本入れることができるトレイを作成した。さらに，Cは音声言語での指示に加えて，身振りサインを行うことで理解が促進されるとの意見から，簡単な身振りサインを伴う指示を行うようにした。

その結果，Cは，6月には粘土をひも状に伸ばしてトレイに入れ，たたら板に埋め込み，化粧泥を塗るという一連の手順を覚えたり，口頭やサインによる指示（「座ります。」，「待ちます。」など）を理解して活動したりすることができるようになった。現在では，道具の準備・片付けや台ふき，完成したたたら板の運搬も一人で行うことができるようになった（写真3-34）。

Dは，新しい製品作りへの関心が高く，手順表や教師による部分的支援で，ほぼ一人で製作することができてきた。そこで，これまで以上に意欲的に作業ができるようにしたいと思い，高等部の作業学習に参加し，憧れの先輩と一緒に作業学習に取り組む機会を設定した。その結果，先輩から教えてもらったことをまとめたメモを見ながら，これまで以上に手順や良品を作るためのポイントを意識して，自分の製作活動に取り組む姿が見られるようになった（写真3-35）。

写真3-35　先輩から学ぶD

　ひも作りに取り組んでいるFは，一つ仕上げるのに時間がかかり，教師が仕上げの工程を手伝うことがあった。そのときFは，どことなく寂しげな表情だった。最後まで自分たちで完成させたいとの思いがあるように感じた。そこで，教師ではなく，分担を早く終えた子どもがFのひも作りを手伝うようにした。その結果，笑顔で取り組むFの姿が多く見られるようになり，最後まで完成させると，Fも他の子どもも達成感を感じている様子だった（写真3-36）。

写真3-36　友達との関わり

Ⅳ　活用場面の様子

　Cの粘土の埋め込みが得意であることを生かし，数学科で数字の順序を学習する教材・教具として，数字を埋め込むことができるソフトマットを使用して作成した。その結果，最後まで課題に取り組んだり繰り返し課題に挑戦したりする姿が見られた。また，美術科における粘土を使った学習では，作業学習での経験から，安心した表情で粘土を伸ばしたり，道具を使って模様を付けたりして創作活動を行うCの姿が見られた（写真3-37）。Cにとって粘土が安心して自分を表現できる素材になっていると思われる。

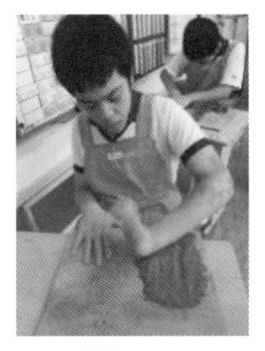

写真3-37　美術科での取り組み

Ⅴ　成果と課題，本実践に取り組んだ感想等

　子どもが，作業学習に意欲的に取り組めるようにするためには，一人一人の様子から作業工程や授業環境の妥当性，友達と関わる場面設定などについて，随時検討・改善し続けていくことが重要であった。また，授業改善には，学部内での日常的な語り，授業研究会などによる教師間の連携が必要不可欠であった。今後もチームとして授業改善に取り組み，子ども一人一人の目標を適切に設定し，妥当性のある評価ができるようにしたい。

【引用・参考文献】
・秋田喜代美・キャサリン・ルイス（2008）　授業の研究 教師の学習　明石書店
・安部博志（2010）　発達障害の子どもの指導で悩む先生へのメッセージ　明治図書
・安藤隆男（2002）　自立活動における個別の指導計画の理念と実践　川島書店
・石塚謙二監修・全国特別支援学校知的障害教育校長会編著（2012）　一人一人の活動と参加を高める領域・教科を合わせた指導　明治図書
・稲垣忠彦・佐藤学（1996）　授業研究入門　岩波書店
・大熊徹編著（2010）　「活用型」学習の授業モデル　明治図書
・太田俊己・木村宣孝編著（2010）　特別支援学校新学習指導要領ポイントと授業づくり　東洋館出版社
・太田正己（2003）　特別支援教育の授業研究法　黎明書房
・大南英明編（2010）　特別支援学校新教育課程編成の手引　明治図書
・鹿児島大学教育学部附属養護学校　研究紀要第2集～第16集
・鹿児島大学教育学部附属養護学校（平成7年）　鹿大附養の学習指導案の書き方
・鹿児島大学教育学部附属特別支援学校研究紀要　第17集～第19集
・片岡美華（2012）　個別の教育支援計画と学びのユニバーサルデザイン　66-70　岡崎祐士・青木省三・宮岡等監修　こころの科学163号　日本評論社
・小池敏英・雲井未歓・吉田友紀（2011）　肢体不自由特別支援学校における重度・重複障害児のコミュニケーション学習の実態把握と学習支援　ジアース教育新社
・国立特別支援教育研究所（2010）　キャリア教育ガイドブック　ジアース教育新社
・坂元昂（1976）　教育工学の原理と方法　明治図書新書
・瀬川榮志（2007）　国語科基本用語　明治図書
・佐藤学（2010）　教育の方法　左右社
・竹沢清（2010）　評価と記録　清水貞夫・藤本文朗編集代表　キーワードブック障害児教育〔改訂増補版第2刷〕　116-117　クリエイツかもがわ
・田中耕治（2007）　授業を構成する要素．田中耕治編　よくわかる授業論　16-17　ミネルヴァ書房
・浜田寿美男（2004）　学校という場で人はどう生きているのか　北大路書房
・肥後祥治（2010）　子供たちの行動上の問題への挑戦　明治図書
・福元康弘（2012）　学校全体を元気にする授業研究会　30-33　実践障害児教育 Vol.470
・藤原義博（2012）　特別支援教育の授業づくりのコツ　小林真・阿部美穂子・村中智彦編著　富山大学人間発達科学部附属特別支援学校　学苑社
・淵上克義（2005）　学校組織の心理学　日本文化科学社
・古川久敬（1999）　構造こわし―組織改革の心理学　誠信書房
・堀公俊（2005）　問題解決ファシリテーター　東洋経済新報社
・森脇健夫（2011）　授業づくりと学びの創造　学文社
・文部科学省（2008）　小学校学習指導要領解説総則等編（平成20年6月）
・文部科学省（2008）　中学校学習指導要領解説総則等編（平成20年3月）
・文部科学省（2009）　高等学校学習指導要領解説総則等編（平成21年3月）
・文部科学省（2009）　特別支援学校幼稚部教育要領・小学部・中学部・高等部学習指導要領（平成21年3月）
・文部科学省（2009）　特別支援学校学習指導要領解説総則等編（幼稚部・小学部・中学部）（平成21年6月）
・文部科学省（2009）　特別支援学校学習指導要領解説総則等編（高等部）（平成21年6月）

おわりに

　特別支援教育には教育の原点があるとよく言われます。その訳を考えますと，まず一人一人の子どもたちの実態に対する徹底した理解があります。そして，一人一人の子どもたちにふさわしい，適切な指導や必要な支援がなされるからでしょう。

　本校は，知的障害のある児童生徒が通う特別支援学校です。その子どもたちが，今を，そして将来をよりよく生きていけるよう，毎日の丁寧な授業を大切にしています。子どもたちが学ぶ楽しさを味わう授業は，教師の授業の構想力にかかっていると言っても過言ではないでしょう。授業を構想し，あれこれ想像を巡らし，そして指導案に表現します。当然，表現する術を知らなければならず，指導案で表現できたとしても実際の授業ではなかなかうまくいきません。予想外の出来事が起こります。授業者が自分の意図を，より適切な言動として表現できないこともあります。自分の意図が伝わっているかどうかは，子どもたちが教えてくれます。最終的には，より臨機応変な対応のとれる教師を目指すべきでしょうが，これはそう簡単に身に付くものではありません。それを身に付ける近道は，あのときこうしたほうがよかったな，次はこうしようなど，授業の振り返りを丁寧に行うことです。子どもの姿を思い出しながら授業について考えることが，思考の幅を広げます。しかし，一人で考えても行き詰ってしまうことがあります。そのようなときは同僚の先生方と一緒に考えると，たくさんのアイディアを得ることができます。

　本校の授業研究会では，授業者と参観者の間で率直な意見交換がなされます。互いの経験則の学び合いや，新たな経験則の創出があります。授業や子どもたちに対する，新たな気付きの観点の学び合い，教え合いは教師力の伸張に繋がります。また本校は，毎年数回校内研究会を実施し，鹿児島大学教育学部の先生方や鹿児島県教育委員会等のご指導を受けています。さらに，定期的に公開研究会を実施して，全国の先生方から御意見をいただいています。このように，日々成長する子どもたちに負けないように，わたしたち教師も，常に学び続ける姿勢を大切にしています。

　本書は，これまで積み重ねてきた研究の成果や実践的知見を，教職を目指す学生，特別支援学校，特別支援学級の先生方，小・中・高等学校等，通常の学級の先生方の研究や実践に役立てていただければという思いで出版しました。しかしながら，思わぬ方向性の違いや，まだまだ検討したほうがよいということもあると思います。そのような点についてお気付きの方は，ぜひご指摘くださるとありがたいです。

　最後になりましたが，本書の出版に至るまで研究を重ねてきました職員，出版に際して多大なる御協力をいただきましたジアース教育新社の加藤勝博様，的確なアドバイスをくださいました同編集部の佐々木隆好様，市川千秋様，そしていつも私たちにたくさんのことを教えてくれる子どもたちと保護者の皆様に深く感謝申し上げます。

鹿児島大学教育学部附属特別支援学校長　　新名主　健一

執筆者一覧

◇ 鹿児島大学教育学部特別支援教育教員養成課程

　教　授　肥後　祥治
　准教授　雲井　未歓
　准教授　片岡　美華

◇ 鹿児島大学教育学部附属特別支援学校

〔小学部〕　　　　〔中学部〕　　　　〔高等部〕
　有田　成志　　　山之口和孝　　　小久保博幸
　四ツ永信也　　　脇　　博美　　　佐藤　　誠
　篠原　麻葉　　　前潟久美子　　　四元　明美
　上屋　文惠　　　中村雄治郎　　　今村　広海
　新條　嘉一　　　初村多津子　　　東屋敷　卓
　中島絵理子　　　甫立　将章　　　鶴田　智美
　白土　暢之　　　黒木　里香　　　飯母有沙子
　柳元香菜美　　　内倉　広大　　　宮内　文久
　福元　康弘　　　北園菜保美　　　渡邉　千鶴
　　　　　　　　　　　　　　　　　川添　直人

〔養護教諭〕蕨迫美由紀

〔校長〕新名主健一　〔副校長〕岩本　伸一　〔教頭〕萩之内　靖

特別支援教育の学習指導案と授業研究
―子どもたちが学ぶ楽しさを味わえる授業づくり―

平成25年 2 月 1 日　初版第 1 刷発行
令和 7 年 3 月12日　初版第11刷発行

- ■編　著　鹿児島大学教育学部　肥後祥治／雲井未歓／片岡美華
　　　　　鹿児島大学教育学部附属特別支援学校
- ■発行人　加藤　勝博
- ■発行所　株式会社 ジアース教育新社
　　　　　〒101-0054 東京都千代田区神田錦町1-23 宗保第2ビル
　　　　　TEL 03-5282-7183　FAX 03-5282-7892
　　　　　E-mail：info@kyoikushinsha.co.jp
　　　　　URL：http://www.kyoikushinsha.co.jp/

- ■表紙カバーデザイン　土屋図形株式会社
- ■印刷・製本　シナノ印刷株式会社

Printed in Japan
ISBN978-4-86371-213-3
定価はカバーに表示してあります。
乱丁・落丁はお取り替えいたします。(禁無断転載)